Memory-Enhancing Techniques for
Investigative Interviewing

★

The Cognitive Interview

★

Ronald P. Fisher and R. Edward Geiselman

認知面接

目撃者の記憶想起を促す心理学的テクニック

ロナルド・フィッシャー
エドワード・ガイゼルマン ［著］

関西学院大学名誉教授
宮田 洋 ［監訳］

高村 茂
横田賀英子
横井幸久 ［訳］
渡邉和美

関西学院大学出版会

認　知　面　接

目撃者の記憶想起を促す心理学的テクニック

Memory-Enhancing Techniques for Investigative Interviewing:
the cognitive interview
by Ronald P.Fisher and R.Edward Geiselman
Copyright ©1992 by CHARLES C. THOMAS PUBLISHER, LTD.
Japanese translation rights arranged with Charles C. Thomas Publisher
through Japan UNI Agency, Inc.,Tokyo.

本書を父ルーベン・フィッシャー、母フェイ（フィッシャー）ブラウンシュタインに捧げ、その愛と導きに永遠に感謝する。ロナルド・フィッシャー

　本書を妻シンシア・ジェイ・ガイゼルマンに捧げる。そのインスピレーションは、私の努力を価値あるものに導いた。エドワード・ガイゼルマン

日本語版への序文

『認知面接――目撃者の記憶想起を促す心理学的テクニック』（Memory enhancing techniques for investigative interviewing: The Cognitive interview）が日本語に翻訳されるのは非常に喜ばしいことです。そして、翻訳という手のかかる作業に取り組んでくださった宮田洋先生、高村茂、横田賀英子、横井幸久、渡邉和美の皆様に感謝を申しあげます。最近、日本を襲った自然災害や原子力災害の中でこのようなプロジェクトに取り組まれたのは非常に難しいことだったに違いありません。

犯罪や犯罪以外の捜査は、世界のすべての国で行われています。したがって、効果的な面接方法が世界各国の捜査員によって学習され、実践されることは大切です。認知面接を日本の捜査員の方々の中に広げていくためには、北米や西欧の社会を超えて技術の範囲の拡大を目指す長い道程を進むことになるでしょう。この本は、認知面接がもっている有益性を伝えるのに大きな影響力をもっているはずです。

日本と西洋との文化の相違という観点から、私たちはこの本が日本の捜査員の方々にどのように受け止められるか非常に強い関心をもっています。一方で、面接の根底にある認知過程は文化の違いを超えて共通したものをもっているので、北米や西欧の捜査員たちが見てきたように、日本の捜査員たちも認知面接の認知に基づく部分が実に効果的であることに気がつかれることに期待しています。他方、認知面接の社会的要素やコミュニケーションの要素は文化によっていくらかの違いがあると思うので、日本の捜査員たちがこれらの要素を部分的に修正する必要があると思います。私たちは、日本の捜査員たちからのフィードバックが、他の文化圏にも適用できるように認知面接を改変し、さらに再構築する大きな助けとなることを期待しています。

難しい問題が多いときに、熱心にこの仕事を行われた翻訳者の方々に重ねて感謝を述べたいと思います。認知面接は、あらゆる種類の捜査に適用されるように意図して開発されたもので、犯罪や事故について単に

詳細な情報だけを引き出すためのものではありません。したがって、私たちは日本の捜査員の方々がこの本を読み、好ましい、興味深い、そして健全な経験の中で詳細な報告を作成されることを願っています。

2011 年 4 月 4 日

    ロナルド・フィッシャーとエドワード・ガイゼルマン
      『認知面接——目撃者の記憶想起を促す心理学的テクニック』の著者

序文

　記憶の想起を促進するための面接テクニックに関するわれわれの関心は、非常に素朴な形で発展してきた。友だちや家族が、鍵や眼鏡などの品物をどこかでなくしたり、おき忘れたりしたときに、日常の会話の中でそれを思い出す手助けをした経験も少なくない。同様に友だちが誰かの名前や電話番号、住所などを忘れてしまったときにも、思い出す手助けをして、その悩みを解消してあげた経験も何度かある。

　当初、認知科学（記憶、知覚、注意、言語、その他の心的活動）に関する専門的取り組みから生まれた技術が、そうしたことに役に立つとは思っていなかった。今にして思えば、後に記憶想起を促進させるために用いられているテクニックの多くが、われわれが大学で講義してきた科学的な実験研究と直接的に結びついていることを確信するようになった。そして、記憶とその詳細を思い出して供述させる能力を重視する捜査面接を業務としている専門家にとって、科学的な実験の成果が有効であることも、すぐに確信した。当然ながら、その対象としては日常的に被害者や目撃者に面接を行い、その記憶から詳細な供述を探り出している警察の刑事を念頭においた。ロサンゼルス警察やメトロ・デイト警察の協力により、われわれはこの問題の体系的な検討に取りかかり、認知面接を開発するための実験、ならびに実務研究のプログラムを開始することができた。

　初期の開発段階から複数の警察組織と密接に連携しながら、訓練のためのワークショップを開催し、時には興味深い刑事事件における被害者や目撃者に対する面接も行ってきた。この本の企画は、われわれが10年かけて獲得した知識を、捜査面接を将来行う可能性のある読者と共有することである。

　この本で書かれた研究の多くは、学術雑誌、単行本、会議における講演など、専門的かつ研究者向けの情報源でも公表してきた。現時点でのわれわれの目標は、これまでに見いだした知見のすべてを一つの凝集し

た研究成果として整理し、マニュアル形式で公開することによって、実際に捜査面接を行う人が活用できるようにすることである。記憶の想起とコミュニケーションに関する概念的背景を紹介することによって、読者は実践的な提案が、なぜ、どのように機能するかについて、よりよく理解できると思う。また、当然なことではあるが、実際に実務で使えることが最も重要な目的である。

この本で紹介する面接事例の大部分は、実際に警察が取り扱った事件から抜粋したものである。これらの事例に関して、すべての個人情報（人名、電話番号、車両のナンバー・プレートなど）は変更しているので、文中で紹介する情報と本当の事件の間に類似性があれば、それは完全に偶然の結果である。

この本の表紙には二名の著者のみが記されているが、多くの人や組織より、知見および資源を提供していただいた。われわれは米国連邦司法省（研究助成 USDJ-83-IJ-CX 0025 & USDJ-85-IJ-CX-0053）に謝辞を申し述べたい。司法省の援助がなければ認知面接を開発する研究は、決して企画されなかったであろう。また、この研究を支えてくれた多くの地方警察の捜査員、特にジョン・ファーレル警視とメトロ・デイト警察の強盗課の方々、ロサンゼルス警察のマイク・ニールセン警部とマーチン・ライザー博士、ロサンゼルス保安官事務所のトム・サーケル刑事にも感謝を申し述べたい。

研究の実施期間中におけるデータ収集やその分析に関する多大な苦労を、デービッド・マッキノン、ハイディ・ホーランド、キム・オールリ、ゲイル・バーンスタイン、デービッド・レイモンド、ミシェル・アマドール、リン・ユルコービッチ、モニカ・バルハフティク、キャシー・キグリー、デービッド・タッカー、アレックス・トーレス、ミシェル・マッコレー、デニス・チンらの研究助手が献身的に担ってくれた。最新の知見の多くは、警察や他の捜査機関を対象に開催した訓練ワークショップで公開することによって発展してきたものである。中でもロンドン市警察のリチャード・ジョージ巡査部長、イスラエル警察のポリグラフ課および全米大学競技協会の調査員の方々には研究成果の公開に際して貴重な意見を頂い

たので、特に感謝を表明したい。この本の大半は、二人の主著者の一名、ロナルド P. フィッシャーがすばらしい労働環境（多少のスカッドミサイル攻撃を除けば）と研究仲間の支えを受けてハイファ大学における有給休暇期間中に執筆したものである。最後になったが、この本の初稿に対して貴重な示唆を与えてくださったブライアン・カトラー博士、アラン・フィッシャー博士、ジャネット・フィッシャー博士に心から感謝の意を表したい。

目　次

日本語版への序文 …………………………………………………… i
序　文 ………………………………………………………………… iii

第1章　はじめに …………………………………………… 1

第2章　目撃者の記憶の複雑性 …………………………… 9
　記憶と忘却 …………………………………………………　11
　認知面接 ……………………………………………………　14

第3章　面接のダイナミックス …………………………… 17
　目撃者の主体的関与の促進 ………………………………　18
　ラポールの形成 ……………………………………………　23
　　個性を尊重した面接　24
　　共感とその伝達　26
　面接官と目撃者の期待感と目標の違い …………………　30
　目撃者の関心事についての理解 …………………………　31
　目撃者の行動の修正 ………………………………………　32
　地域・警察間の良好な関係 ………………………………　33
　要約 …………………………………………………………　35

第4章　目撃者の記憶想起を制約する諸要因の克服 … 37
　目撃者の不安コントロール ………………………………　38
　目撃者の自信の強化 ………………………………………　43
　目撃者の中で抑圧された情報への対処 …………………　46
　目撃者とのコミュニケーションの促進 …………………　48
　　相対的判断と絶対的判断　49
　　再認と再生　50

　　　　非言語的反応　51
　　詳細な描写の促し ………………………………………… 52
　　　　有益な回答　53
　　　　独自のコミュニケーション問題を有する面接対象者　55
　　　　　酩酊した目撃者／非英語圏の目撃者／子ども
　　要約 ………………………………………………………… 60

第5章　面接の実務管理 …………………………… 63

　　面接の実施場所 …………………………………………… 63
　　　　犯罪現場での面接　64
　　　　警察署での面接　66
　　　　目撃者の家での面接　67
　　　　目撃者の職場での面接　68
　　　　電話での面接　69
　　面接の実施時期 …………………………………………… 69
　　目撃者に対する複数回の面接実施 ……………………… 71
　　面接効果の持続 …………………………………………… 76
　　要約 ………………………………………………………… 77

第6章　面接の基本技術 …………………………… 79

　　質問の語法 ………………………………………………… 80
　　　　誘導質問と中立質問　81
　　　　否定的な語法　83
　　　　多重質問　84
　　　　文法的に複雑な質問　86
　　　　業界用語や専門用語　86
　　クローズ質問とオープン質問 …………………………… 87
　　　　クローズ質問とオープン質問の戦略的利用　90
　　質問のペースとタイミング ……………………………… 92
　　口調 ………………………………………………………… 95
　　面接官の理解の向上と目撃証言の記録 ………………… 96
　　　　目撃者の会話速度の減速　97
　　　　メモの取り方　98
　　　　テープレコーダーの使用方法　99

目撃者の供述の振り返り ………………………………… 101
　　要約 ………………………………………………………… 102

第 7 章　認知の原理 ……………………………………… 103

　　心的資源の限界 …………………………………………… 103
　　心的表象 …………………………………………………… 105
　　　　心的処理を反映する記憶コード　106
　　　　記憶されている特徴　107
　　　　表象の多様性　108
　　　　　　知識の精度 / 概念コードとイメージコード
　　記憶検索 …………………………………………………… 113
　　　　文脈の再現　114
　　　　集中力　114
　　　　複数の検索の試み　115
　　要約 ………………………………………………………… 116

第 8 章　記憶促進のための実務テクニック ………… 117

　　元の出来事の文脈再現 …………………………………… 118
　　集中力 ……………………………………………………… 121
　　　　集中力の維持　122
　　　　　　無線 / アイ・コンタクト / クローズ質問とオープン質問 / さえぎり
　　複数の検索の試み ………………………………………… 128
　　　　検索回数を増やす　128
　　変則的な検索 ……………………………………………… 132
　　特定情報の想起 …………………………………………… 135
　　要約 ………………………………………………………… 139

第 9 章　目撃者に対応した質問法 …………………… 141

　　個々の目撃者の専門知識 ………………………………… 142
　　個々の目撃者のイメージ ………………………………… 144
　　　　目撃者の心的イメージの判断　145
　　　　心的イメージから情報を読み取る心理学的過程　147
　　　　探査戦略の組み立て　155

要約 …………………………………………………… 159

第10章　イメージ的・概念的記憶コードの探査 …… 161

　イメージコードの探査 ……………………………………… 161
　　　準備行為　161
　　　イメージの活性化　162
　　　イメージの探査　163
　　　不完全な自由報告に対するフォロー・アップ探査　165
　　　残存イメージの探査　166
　　　先に活性化されたイメージの再探査　167
　概念コードの探査 …………………………………………… 167
　要約 …………………………………………………………… 175

第11章　認知面接の順序 ……………………………… 177

　導入 …………………………………………………………… 178
　　　目撃者の不安コントロール　179
　　　ラポールの形成　179
　　　目撃者が中心的役割を担うことの確立　180
　　　記憶とコミュニケーションの最大化　180
　自由報告 ……………………………………………………… 181
　　　全体的な文脈の再現　182
　　　報告の要求　182
　　　情報的価値のない描写　182
　　　不安の高い目撃者　183
　　　詳細な事実関係の再探査　184
　　　目撃者の表象の見極め　184
　　　目撃者のイメージの記録　185
　　　探査戦略の組み立て　186
　記憶コードの探査 …………………………………………… 186
　　　心的イメージの活性化　187
　　　目撃者を導くことによって得られる一般的報告　187
　　　フォロー・アップ探査　188
　　　残存イメージの探査　188
　　　先に活性化されたイメージの再探査　188

　　　　概念コードの探査　189
　　　面接の振り返り ………………………………………… 189
　　　面接の終了 …………………………………………… 190
　　　　人定情報の収集　190
　　　　面接が効果的に働いている時間の延長　191
　　　　ポジティブな最終印象　191
　　　要約 …………………………………………………… 192

第12章　面接事例と分析 ……………………………… 195

　　　事例1：宝石店強盗を第三者として目撃した目撃者 ……… 196
　　　事例2：銃撃された被害者 ……………………………… 214

第13章　認知面接習得のための訓練プログラム ………… 229

　　　13の基本スキル ……………………………………… 230
　　　練習スケジュール …………………………………… 233
　　　予想されるエラー …………………………………… 235
　　　フィードバック ……………………………………… 235

付録A　認知面接の実施に関する参照ガイド …………… 239

付録B　研究の要約 …………………………………………… 241

参考文献 ……………………………………………………… 251

索引（人名索引）……………………………………………… 261

索引（事項索引）……………………………………………… 266

訳者あとがき ………………………………………………… 275

訳者略歴 ……………………………………………………… 278

第1章

はじめに

　犯罪捜査において目撃情報は明らかに重要であるが、協力的な目撃者に対していかに効率的な面接を実施するかに関して、驚くべきことに警察ではほとんど専門教育が行われていない（Sanders, 1986）。ランド社（Rand Corporation, 1975）の調査によると、調査対象となった半数以上の警察組織では、新任捜査員に対してさえも正式な訓練を一切行っていないと報告されている[1]（イギリスの警察における同様の系統的訓練の欠如については、Cahill & Mingay, 1986 を参照）。警察科学に関する大部分のテキストでは、効果的な面接テクニックについての問題は完全に除外されているか、あるいはさわりの部分だけが掲載されている（たとえば、Harris, 1973; Leonard, 1971; More & Unsinger, 1987; O'Hara & O'Hara, 1988）。この正式な訓練の欠如のためか、警察は時に捜査の流れの中で目撃者面接に関して、厳密とはいいがたい姿勢を往々にして貫いてきた。ある警察官は自らの面接アプローチについて、「目撃者に対しては、何が、どこで、なぜ、いつ、どのように、ということだけを尋ねたらそれでいい」と評している。そのため警察官が、このような面接を実施することにより回避できるはずのミスを頻繁に犯し、潜在的に価値のある情報の獲得に失敗しているとしても驚くべきことではない。この本の目的は、警察あるいは他の捜査機関の「面接官」が、協力的な目

---

[1] マイアミとロサンゼルスの警察官に対するわれわれの非公式調査では、協力的な目撃者に対する面接に関して、誰一人として科学的訓練を受けていないことが判明した。彼らが受けた訓練は、捜査面接の公的・法律的必要要件に焦点を当てた内容であった。容疑者の取調べに関する科学的訓練を受けた刑事はいたが、そのテクニックは紛れもなく協力的目撃者に対してではなく、容疑者から情報を引き出すためにのみ用いられる異なる内容のものであった。

撃者から最大限の関連情報を引き出すことを可能にするような体系的アプローチを紹介することである（訳注：執筆スタイルに関して原著では、頻繁に用いられる用語である"eyewitness"と"interviewer"を、それぞれ E/W および INT という省略形で表記していたが、本書は「目撃者」と「面接官」と統一して表記した）。

われわれの研究は主に警察関係者とともに実施されてきたので、この本の用語は、警察捜査の観点から表現されている。しかし認知面接は、認知に関する一般的な原理に基づいているので、警察官、消防官、検察官、刑事および民事を扱う弁護士、私立探偵など捜査面接に従事するすべての人に有効である[2]。あらゆる捜査面接において、回答者の心から関連情報を抽出するという中心的な問題はすべて同じである。したがって、警察と同様に記憶の科学に関する訓練を受けていない警察以外の組織に属する捜査員も、認知面接からメリットを受けることができる。われわれは認知面接の基本概念を、それぞれ独自性のある捜査状況に適合するように、簡単な修正を加えることを推奨する。

残念なことに、世の中には目撃者から報告されるべき情報を阻害する多くの要因が存在する。多くの人は将来的に出てくる結果を恐れたり、公判出廷が面倒であるなどの理由から、単純に「事件に巻き込まれたくない」と思っている。また、明らかに純真に見える目撃者が本当は事件関係者であり、できる限り情報を明かそうとしないこともある。さらに、人によってはコミュニケーションスキルがあまりにも低いため、効果的な面接の実施が困難な場合もある。事実上、これらのハードルに打ち克つ術はほとんどない。これらの要因は社会という制御不能なシステムの中に組み込まれているからである。われわれの興味は、刑事の仕事をより効率化する改善可能な捜査上の問題にのみ向けられている。ここでの大きな問題の一つは人間の記憶にのしかかる限界であり、事件を気にかけていようが無関心でいようが、捜査に協力的であろうがなかろうが、

2　付録Bに要約されているフィッシャーとキグリー（Fisher & Quigley, 1991）を参照のこと。そこでは、過去に食べた食事のメニューを再生させる公衆衛生分野で行われる面接を改良するために、修正された面接テクニックが紹介されている。

被害者であろうが無邪気な傍観者であろうが、これはすべての目撃者が直面する問題である。先に述べたような克服できない捜査上の阻害要因とは対照的に、目撃者の記憶は適切な面接により確実に促進することが可能である。この本の目的は、目撃者の想起能力を向上させることにより、捜査を支援する面接テクニックを紹介することにある。

　認知面接は過去数年間で発展し、そこにはいくつかの専門分野からのアプローチが盛り込まれている。多くの心理学者が過去30年間研究してきた認知心理学の理論や実験的知見に、われわれは大きな信頼を寄せている（そのために「認知面接」と命名した）。それに加えて捜査面接と関連する他の専門領域、たとえば、ジャーナリズム、口述歴史、医学的面接、心理療法面接などからの研究成果を引用した。そして記憶促進のための面接に関して、信頼性の高い理論的基礎を構築し非常に多くの実践研究を積み重ねて、これらの原理を明確なものにした。この実践研究の中には、現場で事件を担当する刑事とわれわれが「ともに歩んだ」経験が反映されている。警察官あるいは私立探偵の両者に対して、われわれ自身が何件かの面接を実施した。実務の調査研究の大部分は、経験豊富な刑事が実施した何百時間にもわたる面接の録音テープを詳しく聴取・分析したもので、最終的には、実験に参加した刑事たちから、従来と異なるこの面接テクニックに対する意見を聴取した。それゆえ認知面接は、さまざまな関係者、研究手法、関連専門領域におけるアイデアを幅広く取り込んだ折衷的アプローチといえよう。

　われわれは科学的立場からの訓練を指向しているので、研究プログラムを通して終始一貫して固守してきた指針は、認知面接の長所が科学的に証明された場合にのみ、認知面接を推奨するということであった。このアプローチが直感的にはいかに理にかなったものであっても、また、その概念がいかに多くの「専門家」に承認されていようとも、われわれの究極的な関心は、認知面接の有効性が客観的データで支持されるか否かということであった。要するに実務で試された時に、果たして、認知面接は従来から用いられていた標準的な警察面接（訳注：認知面接の開発以前からアメリカで使用されていた目撃者面接であり、認知面接の基

礎研究の実験において、しばしば認知面接の効果を測定する対照群として比較されている）よりも本当に多くの情報を引き出すことができるか？という点であった。

われわれは多くの読者が、今、述べたような疑問を自然に抱くと予想したので、付録Ｂには科学的証拠となる論文の要約を添付している。さらに興味のある捜査員の方には、研究の詳細が記載されている原著論文を読まれることを推奨したい。要するに、認知面接の実験による検証では、多くの異なる実験状況において、収集された情報量が十分に増加することが示された。つまり、大学生や大学生以外の目撃者、初心者やベテランの捜査員、刑事あるいは民事でも、さらに最も重要なことであるが、実験室のみならず実際の犯罪被害者や目撃者に対する実務においても効果が認められている。

現在までに、実際の犯罪被害者や目撃者を対象として、捜査実務における認知面接の有効性を検証する二つの独立した調査研究が実施されている。その一つはアメリカのメトロ・デイト警察（マイアミ）で行われ（Fisher, Geiselman, & Amador, 1989）、もう一つは、イギリスにおいて、さまざまな警察機関に所属する捜査員を対象として実施された（George, 1991）。アメリカの研究では、経験豊富な刑事によって認知面接の訓練後は、訓練前より47％も多くの情報が引き出された。イギリスの研究でも、刑事は訓練前に比べると訓練後は55％も多くの情報を収集した。興味深いことに、認知面接の訓練を受けたが面接が改善しなかったただ一人の刑事（アメリカの研究における）は、自分の面接方法を変更しなかった者であった。

それでは、その他の記憶促進技術、特に催眠と認知面接をどのように比較すればいいのであろうか？科学的な文献によると、催眠はその効果が一様でないことが示されている。催眠が記憶促進をもたらしたという研究者もいれば、効果を見いだせなかったという報告もある（レビューについては、Smith, 1983; Orne, Soskis, Dinges, & Orne, 1984を参照）。催眠に対して否定的な立場からみると、法科学的捜査に催眠を応用する大きな危惧は、目撃者が誘導質問や誤誘導質問に対して、非常

に被暗示性が高まるということである（Putnam, 1979）。それに対して、認知面接では誘導質問がもたらす影響を比較的受けにくい（Geiselman, Fisher, Cohen, Holland, & Surtes, 1986）。さらに催眠は長い訓練期間を必要とし、面接時間も非常に長引くのに対して、認知面接は短期間で習得が可能であり、ほんの少しの時間延長で効果的面接が行える。つまり認知面接は催眠に比べ記憶促進の手法としての信頼性が高く、誘導を受けにくく、より容易に習得・実践が可能である。

われわれの知る限りでは、認知面接以外で科学的検証を受けた別の面接テクニックは、いくつかのイギリスの警察機関で使用されている方法である「会話の管理」だけである。ジョージ（George, 1991）の記述によると、この会話の管理とは「事実を明らかにするために、（予断をもたない）オープン性と、開かれたコミュニケーション手段を軸とする社会的スキルおよびコミュニケーションスキルを面接官に習得させることを目的とした」（p. 4）ものである。ジョージによると、会話の管理に関する公的な検証において、会話の管理の方法が犯罪の目撃者や被害者の記憶想起を高めることが示されたが、それはほんの僅かであり認知面接でもたらされる効果よりは、かなり低かったと報告されている。さらに、会話の管理における捜査員の訓練（5日間）は、認知面接の訓練（2日間）より多くの時間が必要とされる（研究の詳細については、付録Bを参照）。ただし会話の管理を擁護する立場からいえば、その主たる対象は取調べにおける容疑者であり、協力的目撃者ではない。

認知面接は効果的な捜査手法であるが、その有効性は捜査状況によって異なる可能性がある。まず認知面接の主な貢献は、物的証拠が豊富な犯罪とは対照的な、目撃者の供述証拠が中心となる店舗強盗や暴行のような事件に対してであろう。二点目として、認知面接は協力的な目撃者を想定して開発されている。意図的な情報の隠蔽をもくろむ目撃者に対しては、認知面接を用いても「落とせない」であろう。三点目として、認知面接の実施は標準的な警察面接よりもいくぶんか時間が必要である[3]。したがって、面接を実施する十分な時間がある時に最大の効果が発揮される。最後に、認知面接は面接官側にとっても、かなりの精神的集

中が要求される。瞬時的判断が求められるのと同時に、従来の警察面接よりも高い柔軟性が要求される。そういう意味で、認知面接の実施は標準的な警察面接よりも困難であるが、実践を積むことで当初必要とされる精神的集中の大半は、自動的に行われるようになる（第13章の認知面接習得のための訓練プログラムを参照）。

研究において予想していたある注目すべき結果は、一部の面接官が、他の者より一貫して多くの情報を引き出したという事実である。上手い面接官とそうではない面接官の相違点として、容易に変えられない本人のパーソナリティ特性が反映されることは疑う余地もないが、本当に関心のあることは、未知なる重要な面接スキルが学習されるかどうかということであった。われわれの研究では、大部分の面接官が新しいテクニックを習得し、面接の有効性が向上したことが実証された。この本の目標は、すべての面接官がより多くの目撃情報を引き出すことができるような成功をもたらすテクニックを紹介することにある。

この本は主に実務に携わる捜査員を対象としているので、認知の理論よりも実践的テクニックに重点をおいたハウツー形式で執筆されている。しかし読者には、ここで提案したテクニックの基礎となる科学的原理を、十分理解していただかなければならないと考えている。そのため背景となる科学的根拠を記述し、また、その理論をより深く検討したいと望む読者のために文献目録も掲載した。ただし、本来この本がもつ実践的な指向性を保つため、背景理論や実験的知見については、できるだけ詳しい脚注を該当するページに紹介した。なぜ、このテクニックが効果を発揮するかについて理解を深めたい読者には、脚注を入念に読まれることをお奨めする。われわれは、十分に確立された認知心理学の原理や最新の実験的知見に反する法律実務に関しても論じているので、特に

---

3 今までに実施された二つの実務における調査研究では、認知面接は、標準的な警察面接よりも長い時間を必要としていない（Fisher, Geiselman, & Amador, 1989; George, 1991）。しかし、いくつかの実験室研究においては、いくぶん長い時間を必要としたが、この付加的な時間が認知面接が標準面接より優れている原因ではない（Fisher, McCauley, & Geiselman, 1994）。

法律家の読者は脚注に目を通されることを推奨したい。

　以下に、各章で扱う主題について短い要約を示す。「目撃者の記憶の複雑性」（第2章）では記憶と忘却について、特にそれがいかにして目撃の想起に応用されるかについて検討する。ここでは、記憶促進における面接官の役割を検討するとともに、認知面接の概要を最後に述べる。「面接のダイナミックス」（第3章）では、面接における相互作用的特性に焦点を当てる。捜査に対して面接官と目撃者が期待するものにはいくらかの違いがあることに着目し、いかにしてこの違いを乗り越えるか、そして通常、面接の構成者がいかに他者に影響を与えるかについて目を向けた。「目撃者の記憶想起を制約する諸要因の克服」（第4章）では、目撃者の想起を制約する主要因をいくつか紹介し（不安、自信、そしてコミュニケーションスキル）これらの限界を克服するいくつかのテクニックを解説した。

　続く二つの章は、面接のより実践的側面について検討する。「面接の実務管理」（第5章）は、いつ、どこで面接を実施するかという問題を取り上げ、同一目撃者に対して複数回面接を行う場合に生じる問題について検討した。「面接の基本技術」（第6章）では、面接の基本部分、つまり質問の語法、異なる質問形式（たとえば、オープン質問と直接的なクローズ質問）の長所と短所などを取り扱った。

　「認知の原理」（第7章）は認知に関する基本原理、つまり情報がいかにして目撃者の心に表象されているか、また、それがいかにして記憶から検索されるかについて吟味する。第7章と密接に関連する次章の「記憶促進のための実務テクニック」（第8章）では、第7章で述べた認知の原理を、想起される情報量を増加させるために使用可能な実践的面接テクニックに転用する問題が述べられている。続く「目撃者に対応した質問法」（第9章）は、基本的ではあるが頻繁に破られる効果的面接のルールについて話題を展開する。すべての関連情報は目撃者の心の中にあるという事実から見ると、面接官ではなく目撃者自身が面接の中心的役割を担う。面接官は目撃者が情報を想起できるように、ただ援助するだけである。しかし、情報を想起できるように援助するということは、情報

がどのように目撃者の心に記憶として貯蔵されているかに左右される。「イメージ的・概念的記憶コードの探査」（第10章）では記憶が心的イメージ形式か、あるいは抽象的概念形式で貯蔵されているかに応じて、その情報を導き出すテクニックについて述べる。そしてテクニックに関する個別的な要素のすべてを説明した後に、「認知面接の順序」（第11章）に移る。ここでは面接全体の系統的な一連構造を考察し、面接の序盤、中盤、そして終盤において用いられるべき、異なるアプローチやテクニックを紹介する。この章は前章までに示した知識を統合するもので、ある意味ですべてをパッケージ化したものである。

　残りの章は、これまでに学習したスキルを磨き、実務に認知面接を適用する手助けとなることを目的として書かれている。「面接事例と分析」（第12章）は、よい面接テクニックとまずいテクニックを明らかにさせるコメントを添えて、二つの面接からの引用を紹介する。最終章の「認知面接習得のための訓練プログラム」（第13章）では、認知面接を学習するための効果的手続きを示した。この章では、われわれが多くの警察や他の捜査機関に対して訓練ワークショップを開催した経験が述べられ、認知面接を学びたいと思う捜査員および指導教官の双方を視野に入れた内容を示している。「認知面接の実施に関する参照ガイド」（付録A）は、捜査員が活用可能な使いやすいガイドを提供するもので、捜査員はこのガイドを面接の実施準備の段階において、特に有効に活用することができるであろう。最後の「研究の要約」（付録B）は、認知面接のテクニックに関するわれわれの主張を実証的に示したもので、ここで紹介された研究は心理学者や科学的調査の訓練を受けた警察官によってアメリカ、ドイツ、イギリスで実施されたものである。

第2章
目撃者の記憶の複雑性

　ビバリー・チェイス（Beverly-Chase）で、たった今、150万ドル相当の貴重品が金庫から奪い去られた。20分以内に、制服警察官や刑事からなる警官隊が群衆を整理し、捜査を始めた。この強盗に関しては、当惑した8人の目撃者の印象以外には物的証拠は存在しない。その目撃者とは、中途半端に警戒中であった警備員、犯人の一人に直接向き合ったという出納係、視界の端で少しだけ犯人たちを見たというもう一人の女性出納係、白髪のおじいさんである預金者と5歳の孫、うろたえている旅行者、物見高い通行人である。なんとさまざまな観察者がいることか！　しかしながら、事件への着手可能な材料はそれだけである。指紋もなければ、服の切れ端が残っているわけでもなく、タイヤ痕があるわけでもない。何もない、8人の困惑した目撃者以外には何もない状態である。
　ビバリー・チェイスの強盗事件を解決する鍵は、他の事件と同じように警察がコンタクト可能な8人の目撃者から可能な限り客観的な情報を集め、細切れの情報をつなぎ合わせて犯罪の全貌を知ることである。この事件では、科学捜査研究所からの援助は期待できない。他の事件で物的証拠が存在する場合においても、捜査の成功は目撃者の供述の質と量にかかっている。
　捜査過程における目撃証拠の重要性は軽視することはできない。それは捜査の初期段階から犯人の逮捕段階、最後の裁判段階に至るまで常に重要な位置を占めている。裁判では、目撃者の記憶が訴訟ドラマの焦点となることがしばしばある。犯罪捜査過程に関する包括的研究において、ランド社（Rand Corporation, 1975）は、事件が解決するか否かの主要

な決定因は、目撃者の供述の完全性と正確性にあることを報告している。この公的な報告は、多くの法執行機関の事件担当者の個人的感情をうまく表している（Sanders, 1986）。その一方で、被告側弁護人も目撃証言の重要性について、同じような主張をしている（たとえば、Visher, 1987）。依頼人の弁護を推し進めてくれるような目撃者からの証拠が多ければ多いほど、被告側はより有利になる。つまり、すべての関係者が、より完璧でしっかりとした目撃証言から恩恵を受ける。犯人をより効果的に追及し、裁判にかけることができて、無実の人間が逮捕されて誤って有罪になる可能性を低下させることができる。

　目撃者から得られる証拠が、刑事事件の結果を決定づける可能性は大変高いため、情報は広範囲かつ正確である必要性がある。理想的には、目撃者の報告は詳細、正確かつ完璧であることが望ましい。それによって、警察が無実の人々を誤認することなく真犯人を逮捕し、陪審員が罪人を有罪にして無実の人を釈放するよう決定することが容易にできるだろう。残念ながら理想的な目撃者から得られる完璧な報告と、実際の目撃者から得られる断片的で、時に不正確な報告の間には大きな溝がある。犯罪に関する目撃者の供述を耳にしたことがある者であれば誰でも、忘れるはずのない体験が日常的な生活経験と同様に、意識から薄れていくことをすぐに実感することになる。記憶の溝は多く存在し、それらは時にはただ空白のまま残され、ある時には尤もらしい推測で埋められる。最悪なのは記憶が歪められ、それが鮮やかで説得力のあるものに見えても、実際には不正確である場合が存在するということである。悲しいことには、現実世界の目撃者は理想とは甚だしくかけ離れているのである。その証言は部分的に不正確、不完全で信頼できないことが知られている（Loftus, 1979, ただし、付録Bの脚注3も参照）。

　目撃記憶に関する問題に対処するために、いくつかの法廷的アプローチがとられている。一つの「解決策」、これは検察側が巧妙に導入することがしばしば見られるのだが、記憶に関する問題を単純に無視することである。たとえば当該事件はあまりに重大かつ特異であったから目撃者の心の中に永遠にくっきりと残り、結果的に想起も完璧であるに違い

ない、と主張するようなものである。同様に誤ったもう一つのアプローチ、これは被告側によるものであるが、記憶に関する問題を誇張するということである。つまり、目撃者の想起が誤りやすいことは広く認識されているのであるが、それが頻繁に強調される。そして、さらにほとんどすべての証言に根拠がないという結論に結びつけてしまうのである。そこで、より期待がもてて、しかし過去にはほとんど用いられなかったアプローチは目撃者の想起の限界を認識し、さらに重要なことであるが、目撃者の想起を向上させるための行動をとるということである。

　刑事事件に関する目撃者の想起を向上させるには、二つのアプローチがある。一つの可能性は、環境に対してより注意深い観察者になるように、一般大衆を教育することである。そのようなアプローチは理論的には可能であろうが、人、金ともに巨額のコストを必要とするため非現実的である。さらに近年の研究で、目撃者の行動における主要な側面（たとえば、顔の認識）については、うまく訓練することができないことが示されている（Ellis, 1984）。たとえ適切なスキルが訓練できたとしても、犯罪のトラウマを受けている間に、そうしたスキルを使うことはできないだろう。したがって、われわれの最終目標は、(a) 無理がなく、(っ) 訓練可能であり、(c) 目撃者が落ち着いて精神活動を十分コントロールできるときに実施できるようなテクニックを開発することによって、目撃者の想起を向上させることであった。

記憶と忘却

　認知面接のメカニズムを理解するためには、どのように記憶が作用し何が忘却をもたらすのか、について正しく評価することが必要である。多くの心理学者は、記憶を符号化、貯蔵、検索の三段階（訳注：記憶の三段階〔encoding, storage, retrieval〕に関しては、符号化、貯蔵、検索あるいは記銘、保持、想起と表現されるが、本書では基本的に第２章のような認知心理学に関する専門的な解説においては符号化、貯蔵、検索の訳語で表現した。また、一般的な捜査の流れに関する文

章での retrieval については想起という訳語で表現した。）に分けている（Melton, 1963）。符号化の段階では、出来事が知覚され目撃者の心の中に表象される。この最初の符号化という登録段階に続き、出来事に関する心的記録は後で活用されるために貯蔵される。検索段階では、貯蔵された心的記録が活性化され想起という意識的な事象となる。

　ある意味、記憶は機械的なファイリングシステムに類似していると考えることができる。ファイルが最初につくられ（符号化）、後で使用するために保存される（貯蔵）。そして、最後に、システムから検索される（検索）。機械的ファイリングシステムは、人間の記憶ほど複雑でも動的なものでもなく実に単純である。時に考えられてきたように、出来事に関する心的記録は、その出来事と正確にうり二つではない。心的記録は、むしろ出来事、周囲の文脈（訳注：文脈とは、ある出来事が符号化されたときの周辺的環境〔場所、天候、日時など〕であり、検索のための手がかりとなる〔詳しくは、第6章を参照〕）、観察した人間のそのときの気分や思考、関連する経験に関する一般的な知識、その他多くの影響要因が交差した複雑なクモの巣のようなものである。たとえば銀行強盗の心的記録は、目撃者の恐怖感、生理的な状態、銀行強盗の映画を最近見たことがあるか、重要な会議への出席を引きとめられているという目撃者の考えなどを反映しているかもしれない。

　犯罪が符号化された後は、貯蔵された心的記録が、すでに貯蔵されている他の情報と接触することで変容する可能性もある。典型的な銀行強盗の発生状況に関する固定観念、他の目撃者との会話、強盗事件について単に思い返すこと、強盗事件を意識的に想起しないよう抑圧することが心的記録を変えてしまうこともある。記憶の最終段階である心的記録の検索は、課題の中で最も困難な部分かもしれない。人間の心は、何十億もの事実を貯蔵することができる（Landauer, 1986）。課題全体の規模は、何十億もの詳細で多くの類似性がある出来事の目録から検索する作業であり、膨大なものである。

　記憶の符号化と貯蔵の段階に関しては膨大な科学的知識があるが、これらの知識の多くは、典型的な犯罪における目撃者の想起を向上させる

目的に応用することは不可能である。犯罪がこれから起こるという警告などはほとんどないため、目撃者はあらかじめ、犯罪発生時に効果的な符号化戦略を選択する準備などできていない。貯蔵段階では、心的記録に作用する影響力のほとんどが意識に浮かばないレベルにあるため、これまた、このプロセスを変容させるためにできることはほとんどない。一方で検索段階は、多くの場合、意識的なコントロールのもとにある（Klatzky, 1980）。目撃者が、犯罪場面を意識的に思い浮かべる可能性が最も高い段階である。確かに、トラウマティックな出来事の詳細を検索することは明らかに困難なことではあるが、検索段階は最も容易に変更かつ改善可能な記憶の段階である。認知面接が記憶の検索段階を強化することにより、目撃者の想起の向上を目指していることは驚くべきことではない。

記憶に関するよくある誤解は、学習された出来事が「記憶の貯蔵庫」にあるか否かで想起の可能性がすべて決まる、というものである。多くの人々が情報は、「記憶の貯蔵庫内」にあって正確に想起できるか、「記憶の貯蔵庫外」にあって想起できないかのいずれかだと思っている。ある物事が他の物事よりも学習されやすいこと、したがって、より想起されやすいことは明らかな真実ではあるが、多くの人々は、忘却とは情報が記憶システム内にある場合でも起こるという可能性を見落としている。先ほどのファイリングシステムのたとえでは、ファイルがシステム内にある場合でも、そのファイルを引き出すことができないこともある。分かりやすい説明としては、ファイリングシステムの間違った場所を探していた、ということになるかもしれない。誰もが人の名前を思い出せなかったが、後で思い出したという経験をもっている。われわれは、名前が「記憶の貯蔵庫外」にあったからではなく、名前をうまく検索できなかったために最初に名前を想起できなかったのである。[1] すべての出来事は記憶のどこかに貯蔵されており、かつ、すべての忘却は不適切な検

---

1 いくつかの実験結果においても、このような検索が原因である忘却現象が報告されている。古典的な一連の実験としてタルビングら（Tulving, 1974; Tulving & Thomson, 1973）は、以前、忘却されていた情報であっても異なる検索手がか

索のために生じているのかもしれない。そのような主張は明らかに推測の域を出ないが、少なくとも忘却という現象のいくつかは、不適切な検索によって生じることが、はっきりと明らかになっている。この事実は、捜査における面接官にとって重要である。なぜならば面接の手続きを通じ、面接官は間接的に目撃者の検索のためのプランをコントロールしており、面接官が目撃者の記憶の検索をより効果的に導くことができれば、より多くの情報を発見することが可能となるからである。

認知面接

　認知面接は、記憶とコミュニケーションという目撃証言における二つの主要な要素に焦点を当てている。目撃者は、まず犯罪における出来事の全詳細を意識上に引き出し、さらに、その情報を捜査員に伝える必要がある。これら双方のプロセスが適切に機能した場合にのみ面接は成功する。

　認知面接において中心となる記憶の原理は、導かれた検索という概念である。すべての関連情報は目撃者の心の中に存在するから、面接の目的は目撃者がその情報にアクセスできるよう手助けをすることである。必要とされる情報にアクセスする、もしくはアクセスしないのは、目撃者であって面接官ではないことに注意する必要がある。結果として、面接は目撃者の心的な働きにより導かれなければならない。捜査員が面接の中心人物になり、目撃者が補助的役割しか果たさないことがあまりにも頻繁に生じている（Fisher, Geiselman, & Raymond, 1987）。対照的で

りが与えられれば再生可能であることを示した（検索手がかりとは、再生されるべき情報に関するヒントである。たとえば、「苗字は、Lの文字で始まる」といったものである）。最も極端なケースでは、最初は再認されなかった出来事が適切な検索手がかりが与えられると、後で正しく再生されることがあった。たとえば目撃者が複数の車両ナンバーが列挙されたリストを提示されたときには、自分が見た車両ナンバーを見分け（再認）られないかもしれないが、別の機会に逃走車の写真を提示されたときには、その車両ナンバーを再生できることもある（再認と再生は第4章を参照）。

あるが、上手な面接官とは目撃者がどのように関連知識を貯蔵しているかについて推論し、目撃者がその知識を検索するために記憶を隅から隅まで探せるように、さりげなく導くことができる人である。認知面接では、(a) 面接官が、目撃者の出来事に関する心的表象を推論する支援を行い、(b) 目撃者が面接の中心人物になることを確かなものとするテクニックを示し、(c) 目撃者が特定の記憶にアクセスすることを促すための検索戦略を提供することによって、記憶を向上させる。

情報が目撃者の心の中に貯蔵されていても、その知識を活性化するだけでは面接の成功は必ずしも保証されない。二つ目のハードルは、情報を効率的に面接官に伝えることである。もし目撃者と面接官の交互作用を、単純なコミュニケーションシステムとみなすとすれば、問題の原因を二つに分けることができる。一つは、目撃者が意識上の記憶を言語による描写に変換することであり、残る一つは、面接官が目撃者の描写を理解し記録することである。さらに、これはコミュニケーションシステムであって、単に二人の独立した人間が存在するわけではないのだから、それぞれの話し手は相手のニーズや能力を承知しておく必要がある。表現力が豊かな話し手である目撃者は、自身の意識上の記憶について完全な描写を生み出すことができるに違いない。それのみならず、面接官に対して理解しやすく意味のある形で描写するに違いない。同様に、面接官は有能な聴き手となり、目撃者の心理的なニーズや能力を知っておく必要がある。認知面接は、(a) 目撃者が、完璧かつ明瞭な返答を行う手助けをし、(b) 面接官が目撃者の返答を理解、記録する手助けをし、さらに最も重要なこととして、(c) 面接官が目撃者の心理的なニーズを理解し、逆に面接官の捜査上のニーズを目撃者に伝える手助けをすることによって、コミュニケーションを一層充実させるものである。

認知面接は、料理法のレシピのように意図されたものではない。あらかじめ決められた一連の質問を単に暗記しただけでは、効果的な面接を遂行することは不可能である。本書で繰り返し述べているように、面接は大いに交互作用的で、さらに自発的であるべきである。有能な面接官となるためには、ちょうど良き航海士のように適切な判断を下し、予期

せぬ状況が生じた際には、進路を変更できるだけの柔軟性をもつ必要がある。われわれは認知面接を一般的な指導原理としながらも、常に分別ある判断と予期せぬ事態に対処できるような柔軟性を合わせもって、この認知面接を用いるべきものと紹介するものである。

第3章

面接のダイナミックス

　面接について検討するにあたり、明確なことから述べていくことにしよう。まず、すべての関連情報は目撃者の心の中に貯蔵されていて、面接官の目的はこの知識をできる限り多く引き出すことである。単純に考えれば、この問題は読書にとてもよく似ていると思われる。本に書かれた意味を理解し、本文すべてを読んでいけばいいのである。しかし残念ながら、この単純なたとえでは人間に対する面接を説明するにはまったく当てはまらない。本は受身的であるが目撃者は能動的であり、目撃者と面接官の関係はダイナミックである。目撃者は面接に参加し、その面接過程をつくり変えてしまう。ここで最も重要なことは、目撃者と面接官の双方が互いの行動を変容させるということである。いかにすれば面接官は、目撃者が情報を提供する能力や意欲に影響を及ぼすことができるのだろうか？　より適切なたとえをすると、目撃者と面接官は面接中に正常に機能するか、もしくはまったく機能しないような関係をつくり、一つのチーム努力の結果として最終的な成果を生みだすということになる。

　本章で検討するテーマは、(a) 面接において、目撃者の主体的な関与を促すこと、(b) 目撃者とラポールを形成すること、(c) 目撃者と面接官のもつ要求や期待感の違いを理解すること、(d) 目撃者の行動を修正すること、(e) 地域・警察間の良好な関係を促進させることである。

目撃者の主体的関与の促進

　典型的な捜査面接が、特に事件発生直後に行われる場合、目撃者は捜査員こそが面接をコントロールしていく人物であると思うだろう。多くの場合、目撃者は直近に被害に遭遇しているか、あるいは犯罪を見た者としての受動的な役割を担っている。その結果、おそらく目撃者は自信を失っているだろう。一方、捜査員は強力な組織である警察を代表する権威者として見なされる。捜査員は犯罪を解決する能力をもっているか、そうでないとしても目撃者にはそのように映るだろう。この状況は病院における患者とどこか似ていて、患者は医師が主導権をとって適切な質問をし、健康上の問題が解決することを期待している。こうした状況のダイナミックスにより面接の開始時には、捜査員がその場をコントロールし、目撃者は二次的な役割を担っていることになる。このような期待感があるために捜査員は最初に目撃者に出会うときに、あまりにもおとなしくふるまうわけにはいかない。捜査員は、まず主導権を握り積極的に面接を進めていかねばならない。

　捜査員が、目撃者よりうまく面接を導くことができると思われる理由は、いくつかある。最も重要な点は、捜査員はトラウマを受けた可能性のある目撃者より、ずっと冷静であるということである。このことは目撃者が傍観者的立場ではなく被害者の場合に特に当てはまり、性的暴行のような個人的被害を受けている場合には、なおさらである。面接官は自分の感情をうまくコントロールすることができるので、より柔軟かつオープンに面接中に予期せず生じた手がかりを調べなければならない。また面接官は、犯罪行動についてより多くの経験と知識をもっている。したがって面接官は、犯罪のどの側面が当面の問題と関連があり、より深く探査（訳注：面接官の具体的な質問に応じて、目撃者が自らの記憶を詳細に調べる〔probe〕状態を本書では統一して「探査」と表記した）するに値するかを判断できる立場にある。他方、一般的な市民は、犯罪に関する知識をほとんどもち合わせておらず、重要な情報と重要でない

第 3 章　面接のダイナミックス　19

情報を区別することは不可能である。同様に犯罪捜査は面接官の専門領域であるから、面接官は効果的な面接を実施するための事前訓練を受けている。一方、目撃者は目撃の専門家ではなく、有能な被面接者となるための行動に関して訓練も受けていない。面接官に求められている役割、すなわちより強い自制心と職業的専門性の結果として、面接官は目撃者よりも、より効果的に面接をリードする潜在性をもっている。

　目撃者の方が、面接をリードするのにより適していることを示す要因は一つしかない。それは、まさに**目撃者が関連情報のすべてをもっているということである**。すなわち、目撃者のもっている情報が捜査の対象であるので、面接官ではなく目撃者が面接中の心的作業のほとんどすべてを行うべきであろう[1]。しかし、目撃者に心的作業のほとんどを行ってもらうためには、目撃者が自分は面接には欠かせない中心的役割を担っていると感じる必要がある。もし目撃者が捜査員こそがリーダーであり、もっぱら一人で面接の場をコントロールしていると感じるなら、目撃者は受動的になり捜査員がその作業の大部分を行うことを期待してしまうだろう。そこで目撃者は自発的に情報を提供する代わりに、捜査員が質問をしてくることを待つことになる。目撃者がそのような受動的役割を担ってしまえば、収集可能な情報はより少なくなってしまう[2]。**効果的な**

1　このことは面接官がリラックスし、目撃者に話したいことを何でも話させ、面接をコントロールさせればよいという意味ではない。面接官は面接中に多くの決定をする必要があり、それは本書全体を通して明らかであろう。また、本来の目的から逸脱しないように、目撃者の語りを導く必要性もある。しかしながら結局は、情報を提供するという重荷は目撃者の肩にかかってこざるを得ない。

2　面接官は通常、幅広く詳細な情報を引き出すためには多くの質問をする必要があると信じている。しかし実際には、巧みな面接官のほとんどは、限られた数の質問をして目撃者に話の大半をしてもらうように促している。認知面接に関するある実験において（Geiselman, Fisher, MacKinnon, & Holland, 1985）、われわれは認知面接を実施した面接官が尋ねた質問数と、標準的な警察面接を実施した面接官が尋ねた質問数を比較した。認知面接を実施した面接官は、標準的な面接官よりも平均質問数が少なかった（54.9 と 68.9）。それにもかかわらず認知面接を実施すると、標準的な面接官よりも、かなり多くの情報を引き出していた（正確な事実を引き出した数は、41.15 と 29.40）。同じように、より劇的な結果（より少ない質問が、より多くの情報を引き出す）がイギリスの警察においても得られている（George, 1991）。

面接の鍵は、目撃者が面接の中心的役割を担っていること、情報をもたらすために主体的に関わる必要があることを伝えることである。

　目撃者に面接中の会話のほとんどを話すよう促すことは、表面的には面接官が面接の支配権を、放棄しているように見えるかもしれない。しかし実際は、面接官が常に支配権を維持している。面接官が望むのであれば、面接を中断することも議論の話題を変更することもできる。それでもなお、提供される情報量を最大限のものとするために、面接官は目撃者自身が情報の流れを方向づけていると**確信するように**、目撃者をリードしなければならない。

　目撃者が面接のより主体的役割を担い、より自由に話をするよう促す特定のテクニックがいくつかある。最も直接的な方法は、面接官が、**関連情報のすべてをもっているのは目撃者であるので、話の大部分は目撃者にして欲しい**とはっきりと伝えることである。面接官は次のような言葉を、ガイドとして用いることができる。

　　メアリ、犯罪を見たのはあなただけです。私は犯罪を見ていないので、何が起こったのか、あなたが私に話してくれることを頼りにしています。私の質問を待たないで、あなたに話の大部分をして欲しいのです。さあ、今日の早朝に何が起こったのか、できる限りすべてのことを話してみてください。

　このアプローチを、次の引用で用いられているアプローチと比較してみよう。これは強盗被害者との実際の面接を一字一句、正確に再現したものである。

　　面接官：犯人について説明してもらえますか？
　　目撃者：ラテン系の少年で、だいたい23歳から25歳くらいでした。
　　面接官：どのくらいの身長でしたか？
　　目撃者：まあそうですね、5フィート3インチ（約160cm）くらいでしょうか、それと、青いオーバーを着ていました。
　　面接官：私が質問をしますので、あなたは聞かれたことだけにお答えください。

　面接官の最後の言葉の後、残りの時間において目撃者が最低限の情報

以外は自分から話さなかったことは驚くべきことではない。

　直接的に伝えることに加えて、面接官は適切な質問法を用いることで、面接への主体的な関与を目撃者に促すこともできる。一般的に、オープン質問（たとえば、「犯人の顔について自由に話していただけますか？」）は、クローズ質問（犯人の目は何色でしたか？　傷がありましたか？　長髪でしたか？　など）で短い返答を求めるよりも、目撃者の主体的関与をさらに促すことができるだろう。オープン質問はその名が示すように目撃者に長めの返答を促すが、クローズ質問は一語もしくは短い語句での返答を促す。オープン質問で要求される長い返答を行うときは、目撃者は主体的な関与者としての役割を果たす。対照的にクローズ質問によって、一語もしくは短い語句での返答をした後、目撃者は受け身に戻って面接官の次の質問を待ってしまう（より詳しい分析については、第6章の「クローズ質問とオープン質問」を参照）。これからいえる教訓は、**「オープン質問を中心にする」**ということである。

　次に紹介する引用では、面接官がクローズ質問をすることによって、目撃者が受け身になり自発的に提供される情報が最小限になっていることに注目して欲しい。

　　面接官：犯人はあなたよりも、どのくらい高かったですか？
　　目撃者：私よりも、ほんのちょっと高かったです。
　　面接官：とてもやせていましたか？　太っていましたか？
　　目撃者：中肉程度でした。
　　面接官：白人でしたか、黒人でしたか？
　　目撃者：黒人でした。
　　面接官：長髪でしたか、短髪でしたか？
　　目撃者：短髪でした。
　　面接官：坊主頭に近いくらいに、とても短かったのですか？
　　目撃者：ええ。

　面接における二つ目のエラーは、**返答の途中で目撃者の話をさえぎる**ことである。これもまた、目撃者が面接において主体的役割を担うことを妨げてしまう。このエラーは、面接官が犯すエラーの中で、おそらく

最も一般的でかつ最も重大なエラーである。なぜなら、さえぎるということは目撃者でなく面接官を面接の中心に位置づけてしまうからである。対照的に目撃者が返答を最後まで行う余地をもたせ、次の質問をする前に間（ま）（訳注：間〔ま〕とは、数秒間の小休止である。詳しくは、第6章を参照。）をおいて、目撃者が返答に情報を追加できる余地をもたせることは、目撃者が中心的役割を担うための助けとなる。

　録音された面接を分析したわれわれの研究（Fisher, Geiselman, & Raymond, 1987）では、最も有能な面接官は、多くのオープン質問で尋ね、めったに相手の話をさえぎらず、全体的に話のほとんどを目撃者にさせていた。不幸なことに、このアプローチは、他のほとんどの捜査員には用いられていなかった。典型的な面接では面接官は26回のクローズ質問を行い、オープン質問はたった3回であった。この現象はアメリカの警察で見られたものであるが、イギリスの警察でも同様である（George, 1991）。このエラーに組み合わせて誤りを悪化させるのは、警察が頻繁に話をさえぎってしまうことである。最初に犯罪について話すように頼んだ後、警察は目撃者が話し始めて平均7.5秒以内にさえぎっていた。こうしたエラーを犯す傾向はとても強いので、面接官は、より多くのオープン質問で尋ねて、話をさえぎることを避けるように特に注意を払うべきである。

　以下に示す銃撃の目撃者に対する面接の引用は、この問題の典型例である。この面接では、目撃者がオープン形式で話し始めてから約4.5秒で最初のさえぎりが発生した。続く二回目のさえぎりは、通常のストップウオッチで計ることができなかった。面接官が話をさえぎるのが、ストップウオッチをスタート、ストップするより早かったからである。

　　面接官：あなたご自身の言葉で、一つのまとまった話として、45分前に、あなたとボーイフレンドに起こったことを話していただけますか？
　　目撃者：私たちは車の中に座っていました。私は彼の膝の上に横たわっていました。
　　面接官：（さえぎり）だいたい何時くらいでしたか？　覚えています

か？
目撃者：12時かそこらだったと思います。時間については実際のところよく覚えていません。
面接官：分かりました。
目撃者：えーと。
面接官：（さえぎり）あなた方の車は、たった今、われわれが車を見つけた場所である、公園の北東角に停められていたのですね？
目撃者：ええ。
面接官：分かりました。
目撃者：えーと。
面接官：（さえぎり）あなたは前の座席にいて……

ラポールの形成

　身体的もしくは心理的な被害に遭った被害者に対する警察の面接において、よく見られる特有な障害の一つは、必要とされる情報の多くがとても個人的な内容であるということである。それは多くの人にとって、親しい友人を除き開示したくない種類の情報である。そのような個人的な事柄に関する供述を引き出そうとする場合、その前に捜査員は目撃者の心に信頼感とラポールを形成する必要がある（Prior & Silberstein 1969; Wicks, 1974 も参照）。その点において、捜査員の仕事は心理療法家の仕事に似ている。心理療法家は治療の初期で、心に秘めた感情が表出される前に、自分のクライアントと個人的絆を築いておかねばならない。しかし一つの重要な違いは、捜査員は多くの場合、目撃者に面接する機会が一、二回しかないが、心理療法家は数週間もしくは数カ月に渡る多くのセッションの過程で心理療法を計画することができるという点である。残念なことに捜査員には、心理療法家が行うような洗練されて、その上時間のかかるテクニックを同じように使う贅沢は許されていない。その代わりに捜査員は、簡単に実行できる方法に頼らざるを得な

い。それと同じくらい重要なこととして、捜査員は、面接の初期段階で目撃者を遠ざけてしまうというエラーを回避しなければならない。これらの目標に従って、われわれはラポール形成を手助けするために二つのガイドとなる原理を提案する。一つは個性を尊重した面接を行うことであり、もう一つは共感を発展させ、それを伝達することである。

個性を尊重した面接

克服すべきハードルの一つに、警察の捜査は没個性的になりがちであるという傾向があげられる。通常、面接官と目撃者の双方は、期待されている役割を果たすかのように互いに応答する。目撃者の視点からは、捜査員はまさに職務を遂行する警察機関の代表者である。捜査員にとっては、たとえば今回の事件は典型的な住居侵入の一つであり、被害者は捜査員が一年を通して見てきた多数の被害者の一人にすぎない。人が一個人としてではなく、固定観念で互いに応答を始めたときは、効率的なコミュニケーションにとっての障壁が常に築かれてしまう。うまくいった面接のいずれにおいても認められる一つの重要な要素とは、面接官ができる限り、相手の個性を尊重しながら面接を行うことである。**面接官は、目撃者をその人にしかない固有の要求をもつ個人として扱う必要がある。また、面接官は味気ない公的機関の代表者としてではなく、どこの誰々さんとして確認ができる誠実な一個人としてふるまう必要がある。**

個性を尊重した面接を行うための最も直接的な方法は、**目撃者をできる限り名前で呼ぶこと**である。子どもや若年層はファーストネームで呼ぶべきで、年配の成人はファーストネームかラストネームのうち、適切と判断される方のいずれかで呼ぶべきである。確信がもてないときには、面接官は目撃者が自己紹介の際に使った名前を用いるか、あるいはどのように呼ばれたいか、はっきりと尋ねるべきである。

また、個性を尊重した面接を行うためには、面接官は目撃者のメッセージを注意深く聴くことに専念しながら、積極的傾聴（訳注：積極的傾聴とは、相手の言葉と心に熱心に耳を傾けることであり、具体的には言語

的フィードバック〔相手の供述内容の要約や、相手の言葉を反復して会話を展開するなど〕と非言語的フィードバック〔発言に対する頷きや適切なアイ・コンタクトなど〕により行われる）スキルを使うことが必要である。ある有効なテクニックとして、定期的に**目撃者が述べた最後の発言を繰り返し、その後、関連するコメントか質問を行う**とよい。たとえば目撃者が、「最初に殺人犯が銃を取り出したとき、恐怖を感じました。」と報告した場合、面接官は、「最初に殺人犯が銃を取り出したとき、恐怖を感じたのですね。それは恐ろしい出来事ですね。その場面について何を思い出すことができますか？」といって続けるとよい。目撃者の言葉を反復することは、面接官が目撃者の話をよく聴いているということを、相手に伝えているのである。

　積極的傾聴は非常に集中力を必要とするので、**面接官は面接開始前に、偶発的に起こりそうな要件に対する配慮をしておかなければならない**。そうすることで、面接官は注意をそらすことなく耳を傾けることができる。面接官の心が目撃者の話を聴いているときに別の要件で取り乱されると、面接官はうまく話を聴くことができない。

　捜査報告書を読み、先に目撃者を聴取した捜査員と話をして面接の事前準備をしていると、面接官は事件の詳細な部分を熟知してしまうことがある。これらの情報は、面接官にいろいろな手がかりを与えるかもしれないが、同時にそれは面接官が目撃者のすべての報告を積極的に傾聴することを妨げてしまう可能性もある。面接官は、こうした**面接前の予断に過度にとらわれないよう努めるべきであり**、そうすることで、より積極的に**目撃者の話を傾聴することができる**（Stone & DeLuca, 1980 も参照）。

　面接は何度も行われるために、面接官は繰り返し使う個人的な常とう句をつくり上げる傾向がある。たとえば、われわれが調査したある面接官は複数の面接で次のような表現を用いていた。それは、「この捜査において、さらに私の手助けになるようなことで、他にお話し願えることはありますか？」といった表現である。これは明らかに丸暗記の一節であり、目撃者に簡単に見破られてしまう。このように**丸暗記された紋切**

り型の話し方は、面接を没個性化するので回避すべきである。

　単に警察の捜査員としてではなく、一人の個人としての面接官に返答するように目撃者を促すには、面接官自らがそのようにふるまう必要性がある。目撃者と会話を始める冒頭において、面接官は**目撃者が話にのってくるような面接官自身の個人的、経歴的な情報をいくつか差し挟むことが可能である**（Chelune, 1979）。たとえば、事前捜査もしくは壁の写真から目撃者に子どもがいることが分かれば、面接官も同じ年頃の子どもがいることを伝えるのもよい。

　通常、面接中のどこかの時間帯において、捜査員は公的な捜査記録の作成のために、目撃者の人定・経歴情報を収集することになる。これは実に人間味のない作業で、面接官は相手を気遣う一人の人間というよりも、お役所的な国勢調査員のように見えてしまう。したがって、面接官は自分をそのような公的役割から切り離す努力をすべきである。こうした**面接の形式ばった部分を取り扱う場合、「警察が要求していること」として片づけることが可能であり**、そうすることによって、あたかも面接官自身は、それとほとんど関係がないかのようにふるまえる。面接官は次のように述べるとよい。

　　最初に、あなた自身に関する情報についていくつかの質問をさせていただく必要があります。これは標準的な警察の手続きなので、すべての事件でこのようなことをしなければならないのです。

共感とその伝達

　目撃者が非常に個人的な出来事を面接官に話すかどうかは、目撃者の苦境が面接官に理解されていると目撃者が信じるか否かによって、ある程度決定される。この典型的な例としては、思春期の子どもが両親の質問に対し「親は分っていない」というような理由から、一語か二語でしか答えないという場合がある。しかし、思春期の子どもは同世代の友達には長々と話をする。つまり情報は存在しているのである。情報を引き出すとは、面接官が目撃者の感情に近づき問題をその人の視点から理解することが可能であると、目撃者に伝えることを意味している[3]。共感的

スキルを展開するための単純なテクニックは存在しない。それは面接官がちょうど、「目撃者の代役を務める」かのように、出来事を目撃者の視点から見ようとする基本姿勢に他ならない。しかし、これは多くの警察の捜査において著しく困難なことである。なぜなら、犯罪は捜査員にとって日常的な出来事であるのに対し、目撃者にとっては人生でたった一度の経験かもしれないからである。それでもなお、**目撃者の信頼を得るためには、面接官は目撃者の視点から出来事を見る必要がある**。面接前の一、二分をかけて、被害者がどのような経験をしたのかについて考え、自分を目撃者の立場において想像してみるだけでも、捜査員にとっては役に立つかもしれない。

目撃者の苦境に共感することは、職務のうちの半分くらいに相当する。目撃者に話をしてもらうには、面接官が目撃者の感情を理解していることに気づいてもらわなければならない。したがって、その過程における第二段階は、面接官が自らの共感を目撃者に伝達することである。**面接官は、自分が理解していることを示す何らかのフィードバックを示す必要がある**。その最も直接的な方法は、周期的に「私は、その襲撃についてのあなたの（恐怖、不当性、無力…などについての）感情を理解することができますよ。」と述べることである。

相手を気遣う発言がごく自然にできる捜査員もいれば、こうしたアプローチに戸惑いを感じる捜査員もいるだろう。面接官が自分の面接スタイルに、これらのコメントを周期的に挟みこむ習慣が一度身についたら、他の適切なコメントと同じように無意識的で自然な感じになってくる。

個性を尊重した面接を行うことや、共感を展開させて伝達することに加え、次に信頼感を築くためのごく単純なテクニックについて紹介したい。これらの提案の根底にあるテーマとは、**目撃者の健康面への配慮やその人の発言への興味といった面接官の個人的親近感を伝達する**ということである（Wicks, 1974 も参照）。

---

3 共感する能力は非常に重要なものであり、行動療法、精神分析、人間性療法（Rogers, 1942）のいずれにかかわらず、有効な心理療法のすべてにおいて必要な要素と考えられている。

面接開始時に、面接官は目撃者との握手など**最小限の身体的な接触を行うよう努めるべきである**（Alagna, Whitcher, Fisher, & Wicas, 1979）。ただし、特に面接官と目撃者が異性の場合には、面接官は接触が過度に密接にならないように注意する必要がある。

　目につくような傷が目撃者にある場合には、それがどのような種類のものであっても、**面接官はさりげなくその傷を見て、何か不快な症状がないか尋ねるべきである**。面接官は、目撃者が傷を診てもらうために医師を訪れたか、不快を軽減するためにどのような処置がなされたかを尋ねてもよい。仮に病院からの報告書によって、負傷の状態について既に知っているとしても、面接官が心配していることを示すために尋ねるべきである。同様に表面上は見えないような傷を負っていることを面接官が事前に知っている場合でも、それについても尋ねるべきである。

　目撃者と面接官との「ラポールもしくは疎外感」という観点から、次に紹介する二つの面接の冒頭を比較してみよう。目撃者に対する人道的関心を誠実に示した最初の面接官の方が、まったく思いやりが伝わってこない二番目の面接官よりも、その後の面接でかなり多くの情報を引き出したことは、特に驚くほどのことではない。

面接1：目撃者と面接官のラポールが適切に形成されている

　面接官：今日の具合はいかがですか？ 少しはよくなりましたか？
　目撃者：ええ。
　面接官：入浴しましたか？
　目撃者：ええ、昨夜は温かいお風呂に入りました。
　面接官：よかったです。クレジットカードやその他すべてのものも停止しましたか。
　目撃者：はい。
　面接官：あなたの持ち物を見つけたという人からの連絡は、まだありませんか？
　目撃者：ないです。
　面接官：分かりました。とにかく、できるだけ肩の力を抜いてくだ

さいね。

面接2：配慮に欠ける面接官による目撃者に対する疎遠な扱い
面接官：さて、あなたの名前は？
目撃者：ルイーズ・ターナです。
面接官：ルイーズ・ターナさん。リンカーン・ロード134番地にお住まいですね？
目撃者：はい。
面接官：そこに住んでどのくらいになりますか？
目撃者：だいたい1年半です。
面接官：分かりました、誰とお住まいですか？
目撃者：娘とです。
面接官：さて、昨晩狙撃された人ですが……

　多くの面接における情報収集は、事件の全体的枠組みを把握するために、おおむねオープン質問で開始される（第11章を参照）。もし、**面接官がそこで語られることと同じような経験をもったことがあれば、面接官はその経験を目撃者に伝えるべきである**。次のような言葉、「私には、あなたの今のお気持ちが理解できます。私自身、以前、侵入盗の被害にあったのです。」がガイドラインとして役に立つかもしれない。ただし、こうした話は短めに終わらせる必要がある。そうでなければ、面接官が面接の中心となるリスクがある。
　目撃者の話の信憑性を疑うような強い理由が特になければ、目撃者の話は真実の供述として扱わねばならない。もし目撃者が潔白ではなく実際には犯罪に関与している場合、いずれ捜査の過程でそのことが判明し、その人を再聴取する時間も充分あるだろう。仮に無実の目撃者が疑いをもって扱われると、その後の捜査への協力が失われる。それと同様の理由で、面接官は目撃者が嘘をついているという確信がない限り、**批判的なコメントをしたり、対決するような質問をすることも避けるべきである**（Prior & Silberstein, 1969; Wicks, 1974 も参照のこと）。また同じよ

うに、矛盾した話が出てきた場合にも、面接官はその話について直ちに厳密な追求をしてはならない。なぜなら、それが原因で目撃者がその後の面接で自由に話せなくなる可能性が出てくるからである。それとは反対に面接官は、目撃者に関連性があると思われることについてすべて話してもらい、報告する際には何も省略しないよう促すべきである（第4章の「目撃者の中で抑圧された情報への対処」を参照）。もし矛盾が生じたり、二人の目撃者の供述に一貫性がない場合には、面接官は目撃者から供述の大部分を引き出した面接の後半で、話が合わない点に対処すべきである。

　面接官が目撃者の供述にどの程度関心をもっているかは、面接官の質問の性質や非言語的行動によっても伝達される。アイ・コンタクト（視線を合わせること）は、特に面接の初期段階のラポール形成時には、続ける必要がある（ただし、アイ・コンタクトが面接後半に妨害要因となることについては、第8章の「集中力」を参照）。そうすることが適切と思われる場合には、面接官は面接の間、目撃者の正面に座り、心もち体を少しだけ前方に傾けて、自分が話に関心をもっていることを示すように努力すべきである。

面接官と目撃者の期待感と目標の違い

　理想的な面接では面接官と目撃者は同じ期待感と目標をもち、共通の解決策に向かって力を合わせる。しかし実際には、面接官と目撃者の関心事は異なっていることが多い。面接官にとっての第一の目標は犯罪、特に犯人について詳細な描写を引き出すことであり、面接官の関心は主に事件の終結に有効な情報を収集することにある。それと比較すると、ほとんどの目撃者のそのときの関心事は、特に被害者である場合には捜査に関係のないものである。一般的に、その激しい怒りや恐怖といったものは吐き出す必要がある。被害者らは怖ろしい行為を経験したばかりで、その過程において身体的な暴行を受けていることが多い。当然、ほとんどの人が強い不当感を感じている。すなわち「あいつが私の金を奪

う権利などない。私はその金のために一生懸命働いて稼いだんだ。奴はそれをただ、奪い去ったのだ。」といった感情であり、世の中は不公平であり、まともな行為は報われないという気持ちで一杯である。中には、犯罪に遭遇したことに自責の念を感じている者もいる。それは、あのような襲われやすい所に身をさらすべきでなかったとか、あまり抵抗することができなかったとかである。現実的に防御できた可能性にかかわらず——多くの場合はできないのであるが——目撃者の関心の中心は自分の行動にあって、犯人の行動ではない。どのような事件でも、多くの場合、目撃者は捜査には重要ではない犯罪の諸側面に心を奪われている。

　ここで取り入れたい考え方は、目撃者と面接官は共通の目標をもったチームとして作業するということである。したがって、二人のプレーヤーの期待感と目標を統合するために、何ができるであろうか？　はっきりしていることは、どちらの側も相手の立場にもっと気づく必要があるということである。面接官は目撃者が必要としている事柄に対し敏感になる必要があるし、目撃者もまた、捜査員が必要としている事柄に向き直る必要がある。ただし、われわれは各プレーヤーが共通の目標を取り入れるという課題をチーム努力としてここでは概念的に説明しているが、二人のプレーヤーの行為を統合する重荷は面接官だけにのしかかっている。面接官のみが巧妙に面接の流れをコントロールし、全体像を見る冷静さをもつ唯一の参加者である。面接チームの各プレーヤーが共通目標に関心を払うことが望ましいであろうが、おそらく、目撃者は自らの個人的要求にのみ注意を払うので、事実上は、捜査員が面接官とまとめ役という二つの役割を果たすことになるであろう。面接官は目撃者の関心事を理解すると同時に、自分が捜査で必要とすることを目撃者に伝達しなければならない。

目撃者の関心事についての理解

　面接官は、出来事を詳しく供述するように目撃者に働きかける前に、まず目撃者の心を占めている事柄について述べる機会を与える必要があ

る。目撃者の恐怖、不当感、無能感といったものには、面接官にとって捜査の本質となる情報はほとんど含まれていない。それでもなお、これらの感情が発散されなければ、捜査の成功に対する障害となる可能性がある。だから面接官は、**目撃者が面接の冒頭にこれらの感情を表現するように促す必要がある**。目撃者がこれらの感情を「放出」した後、面接官はその捜査的ニーズを展開する導入部分として、放出された感情を用いることができる。たとえば、ある目撃者は犯罪の不当性で頭が一杯であると仮定しよう。面接官はこれらの不当性に関わる感情を、自分のアプローチを展開するために用いることが可能となる。面接官は「そのために、警察がここにいるのです。罪を犯した人間を司法の場に必ず連れ出すためなのです。」と示すことができる。同様に、財産を失ったことを憂慮している目撃者に対しては、面接官は捜査の成功いかんで、財産を取り戻せる可能性があると伝えることができる。一般に捜査員の役割とは、捜査員の共感について説得力のある説明を行い、目撃者が述べる目標に向かって働きかけることである。

一たび目撃者が、自分と捜査員が共通の目標に向かって作業していることを自覚したら、面接官は目撃者に捜査をうまく遂行させるために必要な情報とは何かを、知らせることができる。たとえば面接官は犯人逮捕のためには、犯人と逃走車両に関する詳細な供述が、まず必要であることを直接的に伝えることが可能である。目撃者が犯人について述べることが詳しくなるほど、警察が犯人を逮捕する可能性はより高くなる。繰り返しになるが全体的な考え方としては、**目撃者と面接官が同じ関心事を共有し、目撃者が述べた要望をかなえるためには、面接官が求める種類の情報を目撃者が提供することが不可欠であることを目撃者に確信してもらう**ということである。

目撃者の行動の修正

面接をうまく遂行するには、面接官に対する目撃者の態度だけではなく、目撃者の目に見える行動にも影響を及ぼす必要がある。後の章で論

じるが、目撃者が記憶をうまく探査するにはリラックスする必要がある。目撃者はそれと同時に、面接官が目撃者の供述を正確に理解し記録できるように、会話の速度をゆっくりさせる必要もある。行動を修正するための最も直接的な方法は、面接官が必要なことをはっきりと述べることである。たとえば「あなたが、おっしゃったことすべてを書き留めることができるよう、もう少しだけ、ゆっくりと話していただけますか。」というような表現である。おそらく、目撃者の会話の速度をゆっくりさせる要求だけなら、このような直接的アプローチが有効かもしれない。しかし、それが逆効果になり他の兆候を強めることもある。目撃者が不安そうに見えるとか、リラックスするように努力すべきと目撃者に伝えることは、その人をさらに不安にする可能性がある。そのような場合、間接的なコントロール手法がより効果的かもしれない。

　二人の人間の交流過程において、時間経過に伴い一方の人の行動がもう片方の人の行動に似てくる傾向があることが見出されている（Matarazzo & Wiens, 1985; Webb, 1972）。したがって、一人の話す速度が遅くなれば、もう一人の会話の速度も遅くなる。それはちょうど、二人の人が一緒に歩いていると、お互いの歩調が合ってくる傾向に似ている。この現象は、さまざまな言語的、非言語的行動で明らかになっており、共時性の原理と呼ばれている。面接官は共時性の原理を活用し、自分が望ましい話し方のモデルを示すというだけで目撃者の行動に影響を及ぼすことが可能である。**面接官は冷静で安定感のある声で話し、リラックスして行動することにより、目撃者にも同じように行動するよう、うまく導くことができる。**同じ理由で、事件の話をする間、目撃者に座っているように促したければ、面接官は二脚の椅子を用意して自分がその一つに座るべきである。

地域・警察間の良好な関係

　目撃者が捜査以前に面接官と接触する可能性は低いので、目撃者が面接官に示す最初の態度は、地元警察全体に対する態度を反映しているだ

ろう。もし警察が有能で、地域の要望に敏感に反応していると思われていれば、目撃者はより協力的になる。他方、警察は信頼できないとか市民の要望に鈍感であると見なされていると、面接官は不利な立場から面接を開始しなければならないし、目撃者の信頼獲得のために懸命に努力しなければならない。ポジティブに見なされる立場から面接を開始できることが、面接官に有利なことは明らかである。

　それでは、良好な地域・警察間の関係はどのようにして築かれるのであろうか？　この本は個々の面接官に向けたものであり、警察運営についての全般的業務を念頭においたものではないので、以下のコメントは個人に対するものに限定する。ほとんどの面接官は事件の被害者や目撃者との面接という場面で、地域市民と交流する。事実上、地域・警察間の関係を向上させる能力は、面接官がどれだけ上手に面接をやり遂げるかにかかっている。どのようにして面接官は、単に一人の個人に面接を実施するだけで地域全体に影響を及ぼすことができるのだろうか？　面接は、たった一人の回答者に対して実施されるが、面接の内容については他の大勢の人がすぐに知ることになる。なぜなら目撃者は、おそらくその面接の印象について、友人、親戚、近所の人に伝える可能性が高いからである。犯罪と捜査の双方が、目撃者の人生においては特異な出来事であり、自然と多くの会話がその内容で占められることになる。したがって、個々の目撃者に対してうまく面接を行うことは、複数の人々に印象を残す可能性がある。これらの人々が将来的に捜査上の目撃者になる可能性もあり、警察に対するその予備的態度が、面接官の現在の捜査におけるふるまいを反映したものであるかもしれない。うまく実施された面接は、その後の情報収集を円滑にし、反対に、うまく進まなかった面接は、将来の捜査において乗り越えるべき障害を一つ多くつくってしまうことになる。

　それではどのような特別なテクニックを使えば、目撃者に対してポジティブな態度が伝わるのだろうか？　実際に事件を解決することは、一人の捜査員の統制力が広く及ばないような解決要因によりもたらされるのであるが、それを除けば面接官の熱意、共感、敬意というような態度

が主要因としてあげられる（地域・警察間の関係を形成する上で、一般市民に敬意をもった態度を示すことの重要性を紹介するものとしては、ロサンゼルス警察が最近出した、クリストファー委員会〔Christopher Commission Report〕の報告を参照のこと；Rohrlich, 1991）。熱意は、捜査員が周到な面接を実施し、新しい情報を引き出すためにあらゆる達成方法を試みることによって伝わる。**面接後しばらく、おそらくは数日後、面接官は新たな情報について何か思い出すことがなかったか、目撃者に確認するために電話をする必要がある。**

　熱意については捜査員側に多くの努力が必要とされるのに対して、純粋な共感や思いやりについては、実質的には何の作業も必要としない。それは単純に被害者の苦しみを理解し、それを伝えるということだけである。そうした共感について相手に述べる機会はいろいろなところにある。それは、ラポール形成中の最初の段階かもしれないし、面接の最後でポジティブな印象を残す段階かもしれない。ここで面接官は、**自分の気遣いをいい表すような言葉や、可能であれば危機が解決されるであろうという見込み、関連する緊急事態が生じたときにどうすべきかについて参考となるメッセージを伝えることができる。**面接官は、特に最近被害に遭遇した人に対しては、一般的に人が他人に対して行うような簡単な礼儀作法を示すべきである。面接の最後に面接官は、**捜査における目撃情報の重要性を説明し、時間的に拘束する状況下で思い出してくれたことに対して賞賛の言葉を述べ、目撃者に深く感謝することによって目撃者の関与をさらに強くする必要がある。**

要約

1. すべての関連情報は、目撃者の心の中に貯蔵されている。したがって目撃者は面接中、心理的に主体となり情報を生み出す必要がある。それは受身的な態度や、面接官が適切な質問をするまで返答を待っているのとは対極的である。面接官が目撃者に心理的に主体であるよう促すためには、目撃者に直接要求してもよいし、間接的方法として、クロー

ズ質問とは逆の）オープン質問で尋ねてもよい。面接官は、オープン質問に対する目撃者の返答をさえぎってはならない。

2. 面接官は、目撃者と良好なラポールを築く必要がある。それによって目撃者は、安心して個人的な情報を伝達することができる。よいラポールは、個性を尊重した面接を実施し、共感しながら伝達することで形成することができる。個性を尊重した面接を実施するためには、面接官は積極的に聴き、目撃者に対して独自の個性をもつ一個人として接することが求められる。面接官は目撃者の苦しみに共感し、さらにその共感を効果的に目撃者に伝達する必要がある。

3. 目撃者と面接官の面接に対する期待感と目標は異なっている。面接官は目撃者に、捜査に関連する情報を提供することがその人の目標を叶える最善策である、ということを伝えねばならない。

4. 面接官が目撃者の行動を修正するためには（例：会話の速度を減速させる、リラックスしてもらう）直接要求してもよいし、自らが適切な行動モデルを示す共時性の原理により間接的に行ってもよい。

5. 地域・警察間に良好な関係が確立されていれば、目撃者はより協力的になるであろう。捜査員は熱意をもって職務を遂行し、共感や思いやり、目撃者への尊敬の念を示すことによって良好な関係を築いていくよう努力することが必要である。

第4章

目撃者の記憶想起を制約する諸要因の克服

　最善の状態で動機づけが高く、はっきりものをいう回答者を対象にしているような場合でも、面接を上手にやり遂げるには困難が伴う。過去に面接経験のない回答者は、不安を感じていて、自分の記憶をうまく思い出すことができないことがある。犯罪捜査における面接のほとんどが最悪の条件下で行われるが、その場合、難易度は何倍にも大きくなる。目撃者は、本物の法執行機関の捜査員から面接を受けるという状況に不安を感じているだけでなく、また自分の生命を危険にさらすような恐ろしい行為を間近に目撃したか、あるいはその犠牲者になったばかりである。

　犯罪に対する恐怖心と、すばやい犯罪の発生のために、大部分の目撃者は事件直後にはほとんど想起ができない。このことは、問題をさらに悪化させる。なぜなら最初に不安を覚えた目撃者は、出来事を述べる能力に対する自信を失うことがあり、結果的に想起が抑制されてしまう。さらに悪いことに目撃者は明確に意識して注意を向け、その記憶内容の正確性に自信がある事実でさえも、報告することをしばしばためらってしまう。そして最後に、警察の面接官はコミュニケーションスキルが乏しく、犯罪に関係ある活動にもほとんど経験がない一般市民に対して、基本的な記憶に関する仕事があたかも困難なものではないかのように、一瞬の出来事をまるで熟練したニュースレポーターのように説明することを要求するのである。目撃者の役割は本当に大変であり、警察の面接官が自らの職務を効果的に遂行するためには、目撃者がもっているいくつかの制約を克服しなければならない。

目撃者の不安コントロール

　ほとんどの事件において犯罪の目撃者、あるいは被害者となることで生じる強い覚醒状態は、出来事の知覚に対する妨害となる（Loftus, 1979; Peters, 1988）。犯罪事実は目撃者の心の中に、そのまま永遠に刻み込まれるという考えは誤りである。まさに身の安全に対する脅威という理由で、犯罪事実を正確に知覚し想起することは困難である。犯罪発生時における目撃者の恐怖は、出来事を正確に知覚する能力を阻害するという事実に、捜査員はほとんど関心を示していない。犯罪はすでに発生し、捜査員は目撃者が経験した最初の知覚をコントロールすることができないからである。捜査員の実際的な関心は、面接時にまだ不安が継続しているだろうか、そして、この継続的不安が事実を想起する目撃者の能力を阻害するのではないかということである（Lipton, 1977; Reiser, 1980）。したがって、面接官の目標の一つは、面接時における目撃者の不安を最小限に抑えるということになる。

　面接が犯罪発生の直後に実施されると、犯罪の原体験に伴う不安が沈静化していないため、目撃者は面接時に不安を示すであろう。たとえ面接が犯罪の数時間後、数日後に行われたとしても、犯罪を思い出すという行為が過去の意識を呼び戻し、犯罪に付随する不安を蘇らせるため、目撃者は、また不安を感じてしまう[1]。

　目撃者は自分の感情や精神活動に対するコントロールの喪失感をもっているので、不安や恐怖の結果として活力の低下が生じる。問題なのは、

1　出来事は、それが発生したときの心理的文脈に従って記憶の中に符号化される（第2章を参照）。この原理は、符号化特定性原理と呼ばれ（Tulving & Thomson, 1973）、以下のことが提示されている。すなわち、(a) 目撃者の目撃時の心理的状態を再現させることが、物事の想起を促進する、(b) ある物事の想起は、目撃時の心理的状態の再現を引き起こす、という二点である。前半の (a) の法則が、質問における出来事の再生の補助として活用できるのである（第8章の「元の出来事の文脈再現」を参照）。しかし、後半の (b) の法則は諸刃の剣であり、トラウマティックな出来事の再生の場合には潜在的に付随するネガティブな結果を招く可能性がある。

目撃者の恐怖感情は異常であるという（誤った）思いこみが生じ、これが無力感を引き起こすことである。目撃者が、無力感に対処することを援助するための効果的なテクニックは、**恐怖心を受容して、その状況では恐怖心を感じることが自然であると伝える**ことである。面接官は手短に「あなたは、今、本当にショックを受けていることとお察しします。」といえばよい。この言葉は、目撃者が自らの恐怖を語るきっかけとなり、恐怖を吐露することで恐怖を理性的に取り扱うことが可能になる[2]。当然ながら、明らかに危険な状況を怖がることは、少しも不自然なことではない。にもかかわらず、目撃者が自分の不安は異常だと確信している場合は、面接官は、その思いこみを修正する援助をしなければならない。それは多くの場合、第三者、特に警察のような権威のある人物が遭遇した状況を危険と定義づけ、それに伴う恐怖は当然で理解ができることを示せばよい。目撃者の恐怖心を外に吐き出させた後は、面接官は、「本当に危険な状況でした。誰もがあなたと同じ様になるでしょう。」とさらにつけ加える。具体的な事件の例を紹介することもまた、非常に効果的である。面接官自身が、危険な状況でいかに感じたことがあるか、あるいは他の目撃者がいかに反応したかを話すことができる。これらの具体例は、詳しく正確に述べる必要はない。その目的は、客観的に見て危険とみなせる状況における恐怖は自然なことであり、したがって容認できるという点を単に伝えることである。

　恐怖や不安は、突然、何の前触れもなく現れるということもあり、混乱を生じさせる。不快な体験とそれに伴う情動反応は、不意に生じたときには非常に強力である。犯罪発生直後に実施される面接では、事件発生時からの恐怖がそのときにもなお継続し、目撃者は自らが冷静であることを期待していないから、この驚愕という感情は現れない。むしろ目

---

[2] 多くの面接官は、目撃者の感情が表出されることに不安を感じ、この問題を直ちに回避しようと努めるであろう。しかし目撃者の感情が吐露される過程において、面接官が支持的に対応すれば、目撃者が面接官に対して強いラポールを形成し、その結果、後に続く面接の質が向上するだろう。身体犯被害に遭遇した事件の多くで見られるように、ラポールの形成は、質問する内容が個人的に深刻な事柄である場合には特に重要である（第3章）。

撃者が当初のショックから回復する十分な時間が経過した、数時間から数日後に実施される面接において、より問題になるのである。目撃者が出来事を供述する際に、恐怖や不安を感じる可能性があることを前もって予期させることによって、この「驚愕効果」は対処可能となり、面接における予測不能性を制御することができる。面接官は事件に関する供述を求める前に目撃者に対し、事件について話す過程で、実際に発生したときの恐怖や不安を少し感じるかもしれない、と伝えることが可能である。もし、**目撃者が事件発生時の恐怖をいくらか感じたとしても、それは本当の遭遇時に比べたら、それほど強烈ではなく、現在は目撃者がその感情をコントロールすることができると伝えることは重要である。**面接官は以下のように提案すればよい：

> あなたが、再び事件のことを思い出そうとすると、いくぶん不安を感じるかもしれませんが、実際に遭遇したときの気持ちに比べたら、かなり弱くなっているでしょう。また、そのときに比べたら、現在は自分の感情をうまくコントロールできることと思います。いつでもいいですから、話を止めたいときは自由に止めて、そしてリラックスして、落ち着いてください。それはまったく問題ありません。私に話してくださいね、そうすれば、中断しますから。あなたは今、自分をコントロールできることを忘れないでくださいね。

強烈なトラウマ体験について供述してもらう際に、心理臨床家がその出来事を別の人間が体験したことのように話させて患者を支援するテクニックが、被害者の負担を軽減する（つまり、「私に」の代わりに「彼に」あるいは「彼女に」という第三者的立場から描写させる話法）。その結果、被害者は直接的な事件当事者ではなく、あたかも傍観者のように、出来事から安全な距離をおいて観察しつつ、事実について述べることができるであろう。そうすると、「犯人は私に銃を向けた」と述べる代わりに、「犯人は彼女に銃を向けた」という描写になる。このテクニックは、強姦被害者（Latts & Geiselman, 1991;Reiser, 1980）や虐待された子ども（Geiselman, Saywitz, & Bornstein, 1993）に有効である。

このテクニックの若干の欠点は、本来の（一人称）形式でなされる供

述ほどは、記憶が詳細化されないことである[3]。しかし、このテクニックは捜査を遂行する上で、目撃者の感情状態が面接の主たる障害となるトラウマティックな事件で有効に機能する。

随分前から、人間の感情はある程度、自らの行動に対する解釈から生じることが知られている（James, 1890）。自分が早口で喋り、また筋肉が緊張していると感知することにより、われわれは不安であると体験し、自らに不安というラベルづけを行うのである。人間の顕在的行動が変化すると、人間の感情もその新しい行動により近い内容に適合するよう変化する。そこで、面接官は目撃者の顕在的行動を変化させることにより、目撃者の不安を低減させる援助が可能となる。これは目撃者に対して、ゆっくりと深呼吸を促すことで実施できる。**面接の冒頭で、まだ出来事に関する正式な供述を収集する前に、面接官は目撃者にリラックスして、ゆっくりと深く息を吸って、ゆっくりと吐いていく数回の深呼吸をするよう勧めるとよい**[4]。面接官は、一、二回、自らが手本を示し、目撃者とともに数回の深呼吸を実行すべきである。

さらに巧妙に目撃者をリラックスさせ、そのペースを落ち着かせる方法として共時性の原理（第3章）がある。これは面接官が落ち着いて、冷静にゆっくり喋ると、目撃者がそのパターンに追従する傾向があると

---

[3] 目撃者が他者の視点をとる場合、特定の個人的文脈に関する手がかりの一部が喪失し、結果的に、対象となる犯罪について自らがもっている一般的知識に、より依存して事実を再構成することになるだろう。したがって、面接対象となる特定の犯罪に関する詳細な情報の一部は報告されず、その罪種に関して一般的によく見られる典型的行為が代わりに報告される可能性がある（Bartlett, 1932; Fisher & Chandler, 1991 を参照）。

[4] ここで示すリラクゼーション手法は、催眠で使用される方法と類似している。それでは認知面接は、催眠に対して単なるしゃれた名前をつけただけであろうか？ この点に関しては、催眠と認知面接は異なる機能を有することを実証する複数の実験により、その考えを排除することができる。たとえば、催眠は誤誘導情報に対する実験協力者の被暗示性を亢進させるのに対し（Putnam, 1979）、認知面接では被暗示性を亢進させていない（Geiselman, Fisher, Cohen, Holland, & Surtes, 1986）。また、ユイルとキム（Yuille & Kim, 1987）は、催眠における誘導的要因は記憶促進手法としては、効果がないと論じている。むしろ催眠は、文脈の再現など認知面接で使用される複数のテクニックを催眠状況下でも適応することによってのみ、記憶を促進させる（Timm, 1983 も参照）。

いう理論である。全般的に、**面接官は終始一貫してリラックスした口調で話しかけるべきである。**

どの犯罪においても、その他の出来事よりストレスの高い出来事が存在する。当然のことながら、犯罪において最もストレスの高い内容に関する質問は、差し障りのない質問よりも大きな不安を目撃者にもたらす。犯人が被害者を脅した内容に関する質問は、経歴や人定質問（たとえば「お勤めはどこですか？」）よりも確実に強い不安を誘発する。さらに、その質問によって誘発された不安は、返答後もすぐには消失しないであろう。ストレスが生じた悪影響は、その後の複数の質問あるいは面接終了まで続く可能性がある。われわれが調査した面接において、ある刑事が、犯人が銃を取り出して被害者を脅した内容に関する質問を行った。この質問は目撃者を非常に動揺させ冷静さを喪失させる事態となり、その質問だけでなく、続く五つの質問にも答えられない結果を招いた。正確な情報を収集するためには、捜査員はこれらストレスの高い質問を面接のどこかで実施しなければならないのは明らかであり、絶対にそれを回避することはできない。しかし、**重要な詳細情報の大半を引き出した後、つまり面接の終盤まで、最もストレスの高い質問を保留することで、**ストレスによる悪影響を最小限に抑制することが可能である[5]。

もし面接時に目撃者が過剰な恐怖や不安を示した場合は、すぐさま対処することが絶対に必要であり、情報収集を継続してはならない。不安状態が高じた目撃者に詳細な情報を求めても、適切な描写ができず、それが目撃者の自信を低下させ、残りの面接では実体のない供述しか得られない事態を招くことがある。

もちろん面接官としては、目撃者の不安が低下した後日に再度面接を実施して、同じ質問を尋ねることも可能である。しかし、すでに最初の面接で不正確な応答をしてしまうと、その後の面接で正確な応答を行う

---

5 このテクニックは、最も暴露的な質問（通称「爆弾」）を面接の最後まで残しておくジャーナリズムにおける面接と類似している（Metzler, 1979）。根底にある概念には共通性があり、要するに面接を不十分なまま終結させる可能性がある質問を発することで、残りの面接を台無しにしたくないという考えである。

可能性は少なくなる[6]。

　高い不安状態で面接された目撃者は、その面接を自分の感情的な欲求に対して無神経であると受け取り、結果的に面接官に対する疎遠感を感じる場合がある。**面接時に目撃者が過剰な不安を示した場合には、面接官は直ちにその不安に注目しなければならない。目撃者が落ち着きを取り戻したときにのみ、面接官は事件の描写に立ち戻るべきである。**面接の再開時には、面接官は当たり障りのない複数の質問から開始して、以前にストレス反応を導いた核心部分には徐々に近づくべきである。もし、目撃者の極端な不安が継続している場合には、面接を強制することなく中断して後日に再開する方が得策である。

目撃者の自信の強化

　目撃者の役割、つまり何の前ぶれもなく突然発生した恐ろしい事件を詳しく述べるということは、困難であると誰でも理解することができる。そのような困難な課題に直面すると、目撃者は適切な供述を行う能力に自信を喪失することがある。目撃者の自信の欠如は、必要な精神活動への集中を妨げるので、その課題は以前にも増して困難になる（West, 1985）。自信が低下した人々は適切に記憶を探る代わりに、面接官の質問を聞くとすぐに「憶えていません」という反応を頻繁に行い、自らの記憶の探査を不十分なまま放棄してしまう。この現象は、日常生活の想起能力にさえ自信を喪失しがちな高齢目撃者に最も顕著に見られ、小さな子どもでも同様である（Geiselman, Saywitz, & Bornstein, 1993）。後に述べるように人間の自信の度合いは、その年齢に関係なく時間経過に従い変動するものである。われわれの目的に対して最も重要なことは、目撃者の自信のあり方が、面接官のコントロール下にある面接自体の経過を部分的に表しているという点である。オーケストラのごとく効果的

6　最初の質問への返答が目撃者の記憶を変容させ、後の面接で誤反応がより生じ易くなる（Fisher & Chandler, 1991; Raaijmakers & Shiffrin, 1980 を参照）。

な面接をうまく指揮できるかは、目撃者の自信を維持し、低下を防ぐ面接官の能力に依存する。

　目撃者の自信を強めるために有効と思われるいくつかのテクニックを紹介する前に、この直前の文章を読んで、おそらく読者に生じたであろう一つの疑問に関する説明を行いたい。つまり、もし面接官が自信のない目撃者に自信をもたせたら、単に多くの誤情報の発生をもたらすのではないか？　という問題である。まず、認知面接には誤反応を増加させるという兆候は認められていない[7]。この理由は、目撃者が短絡的な推測から回答することを抑止する機能が組み込まれているからと思われる（本章後半の「目撃者の中で抑圧された情報への対処」を参照）。しかし、仮に多少の誤反応が認められたとしても、追加的に導き出される正確な情報はそれを上回るであろう。捜査を進める手がかりがほとんどない場合には、なおさらである。多くの捜査員が直面している問題は、誤った手がかりが多すぎるということではなく、正確な情報が十分ではないということである。さらに自信の度合いと正確性の相関は、多くの場合かなり低い。つまり自信の低い目撃者も、自信の高い目撃者と同じくらい正確であることが多いのである（Deffenbacher, 1980）。だから面接官は、目撃者にあまり自信がないという理由だけで、情報を述べることをためらわせてはならない。

　面接中、**面接官は目撃者の供述に対する自らの興味を示すための適切なフィードバックを与え、目撃者が自信を保つよう援助することが可能である。目撃者が今話した内容について詳しく聞くというフォロー・アップ質問もまた効果的である。**たとえば、「それは興味深いですね。犯人が被っていた帽子に関して、どんなことでも構わないので、もう少し話してくれませんか？」というようないい方である。より細かなレベルとして、面接官がさりげない言語的強化（たとえば「なるほど」あるいは

---

[7]　一つの例外を除き（Kohnken, Finger, & Nitschke, 1991）、これまでに行われてきたすべての実験研究（付録Bを参照）において、認知面接で生じる誤反応数は、標準的な警察面接を越えなかった。誤反応が生じた場合にも、誤反応率（誤反応数を全反応数で除した値）は、標準的面接に比べ認知面接の方が常に低かった。

「うんうん」）を定期的に差し挟むことも可能である。回答者は一般的にこれらの手がかりに気がつかないのだが、述べられる情報量は増加するのである（Greenspoon, 1955）。

　非言語的サインも面接官の興味を示し、目撃者の自信を維持するために使用することができる。面接官がいくぶん前傾姿勢を取る（相手を威嚇しない程度に）、あるいは、定期的なアイ・コンタクトは、ともにこのような目的のためのテクニックといえる。

　フィードバックを与える際、**目撃者が特定の供述をした直後に、面接官が直接的で、特別な意味を含むようなフィードバックを示すことは避けるべきである**（たとえば、「正解です」あるいは「その通りです」）。なぜなら、面接官が目撃者に同意した兆候と解釈されるからである。その結果、人為的に目撃者の確信度が増加して、特定の供述に関する目撃者の記憶を変容させる恐れがある。同じ理由で、**面接官は自らのふるまいをコントロールし、特定の反応に対する驚きを示さないようにする必要がある**。驚きを示すことは、その供述が間違っているというサインとして、目撃者に解釈される可能性が生じるからである（Flanagan, 1981も参照）。

　目撃者の自信は、面接官のフィードバックに対する反応だけでなく、面接における回答の実績にも影響される。目撃者が質問に対して首尾よく返答しているときは、その自信は増加する。一方、返答に失敗した場合、特に複数の質問に立て続けに答えられないときは、自信は低下する。したがって、目撃者が返答不能になるような質問を連続して発する事態は避けるべきである。**目撃者が、直前の二、三の質問に対して適切に答えられない場合、面接官は質問をより簡易なレベルに変更すべきである**。必要に応じて、後に目撃者がその自信を取り戻したときに、より難易度の高い質問に戻ることができる。そして、面接官から話題を変える際には短い休息（ほんの数秒で十分である）を挟み、別の関係のない行為（たとえば、一杯の水を勧める）を行うことで面接を中断すべきである。また、面接官が面接を再開するときには、話題を変えることを明確に伝える方がよい。たとえば、「さて、これから別のことを検討しましょう。」とい

うようにいうことができる。そして、明確な応答が引き出せる可能性が高い二、三の簡単な質問から開始する。

目撃者の中で抑圧された情報への対処

　目撃者は重要な事実を憶えていても、それを報告することを差し控えることが面接中によく見られる。これから説明するように、情報の報告を差し控える理由は理解可能なことであり、一般的に心に浮かんだことは何でも話すように目撃者に働きかけることで面接は改善される。

　まず、第一に多くの人間の常として、目撃者も信頼できない人物と見なされることを望まない。そのため、先に話した内容と矛盾するという理由で、時に情報が差し控えられる。しかし、一般的社会通念と異なり報告内容に一貫性がないことが、必ずしも記憶が不正確なことを示すわけではない。複数の実験状況下において、一貫性のない主張が、一貫した主張と同等もしくはそれ以上の正確性を有することも示されている（Fisher & Cutler, 1991）[8]。

　もし目撃者が一貫性のない話をしたとしても、面接官は即座にその矛盾を突いてはならない。なぜなら、そのような行為は目撃者の自信を低

8　想起に一貫性がないことは、目撃証言の不正確性の指標として法曹界では頻繁に用いられ、目撃者の追求に際してやり手の弁護士が好む戦術ではあるが、この主張を支持する実験的知見は存在しない（たとえば、Bailey & Rothblatt, 1971を参照）。われわれが知っている唯一の実験的試みでは（Fisher & Cutler, 1991）、模擬の窃盗行為を目撃した実験協力者が「窃盗犯」を、二つの異なる場面（面接）で描写し、その後、写真台帳（訳注：目撃したターゲットを含む複数の写真で提示）あるいはラインナップ（訳注：ターゲットを含めた実際の人物数名を提示）で犯人役の識別を試みた。目撃の一貫性と想起の正確性の相関は驚くほど低かった。二つの面接条件で一貫性のない反応をした目撃者は、一貫した反応をした者に劣らない正確性を示した。この弱い相関しかないという結果は、面接における描写の正確性と写真台帳やラインナップにおける識別の正確性の双方で認められた。

　ただし、この結果を解釈するにあたっては、われわれの実験における目撃者たちは、嘘をつくように動機づけされていないという点を考慮しなければならない。したがって、われわれの知見、つまり供述の非一貫性と正確性に相関関係がないということは、目撃者が真実を伝えようとする場合にのみ適用されるのであり、実際の多くの事例には適応できないかもしれない。

下させるからで、むしろ、面接官は現在の面接段階において可能な限り情報を引き出し、その後に目撃者に供述の矛盾点を説明するように求めるべきである。目撃者の信頼性を疑う十分な根拠がない場合には、面接官は断定的に矛盾点の追求をすべきではない（Stone & DeLuca, 1980 を参照）。矛盾点は、目撃者が供述において悪意のない勘違いをしているか、目撃者の供述に対する面接官の誤った解釈が反映されていることもある。高圧的でない方法で、目撃者にその供述を異なる観点から詳しく説明するように求めることで、付加的に正確な情報が導かれることもある（第7章の「複数の検索の試み」を参照）。

　人が情報を省略する二番目の理由は、話が脱線してしまうとか、現在、自分が話している問題とは関係がないと見なすことである。事件の経過を供述する典型的方法は、最初から順番に話すことである（Burns, 1981）。時に供述をしている最中に、人は先に話した出来事について思い出すことがある。順番を気にせずに何でも事実を話すように教示を受けていなければ、人々は話がすべて終了するまで思い出した出来事について報告することを差し控えてしまうだろう。そのときが来るまでには、人間の心理状態は変化するだろうし、先ほど浮かんでいた考えは心の空白部分に消失し、おそらくは再び発見されないことであろう。この現象は特に、話の主題と密接な関係があまりない些細な事実に該当する。同様の理由で、今述べているのとは違う話題なので、思い出した事実は「場違いである」と見なされて、人は事実を話すことを差し控えることがある。繰り返しになるが、心に浮かんだときに事実を述べず、「より適切な」ときまで話すのを差し控えていると、その事実が意識化されることは、もう二度とないかもしれないのである。

　最後の理由は、目撃者がその情報は取るに足らないことであり、捜査的価値がないと判断して情報を差し控える場合である。このように勝手に自分で省略してしまう行為は、面接の手助けになるどころか有害である。なぜなら、一般市民である目撃者の大部分は、どのような事柄に捜査的価値があるかないかの知識をもっていないからである。いかにその情報が些細なことでも、その情報を想起するという行為によって、まさ

に捜査的価値を有する関連事実の口火が切られる可能性がある。目撃者が、些細なことと見なした情報を話すのを差し控えることは、価値ある情報をも差し控えていることを意味している。

　対処ルールは簡単である。思いついたことはすべて、心に浮かんだらすぐに話すように目撃者に促すことである。面接の冒頭において、面接官は目撃者に対し心に浮かんだ反応はどれも省略せず、些細なことである、今話すのは場違いである、もしくは先の話と矛盾すると感じても、思いついたことはすべて話すように指示する必要がある。供述の全詳細については、最後に面接官が取りまとめるので、目撃者が自分でうまく整理して話せているか、筋道だっているかについては考える必要はないと、伝えることも有効である。面接官が第一に考慮すべきは、目撃者からできるだけ多くの情報を引き出すことであり、秩序だった形式で表現させることではない。

　しかし、心に浮かんだ事を省略してはならないという教示は、単に面接官を満足させる目的で、真実に関係なくでっちあげの供述をした方がよいのかという誤解を、目撃者に生じさせてしまう可能性がある。当然ながら、これは誤情報を生み出す原因であり望ましくない。**面接官は、目撃者に推測やねつ造はしないようにはっきりと注意しなければならない**。その場合には、「もし分からなくても、事実をつくり上げればよいというわけではありません。」というか、あるいは、よりきっぱりと「もし分からないとしても、構いません。分からないとだけいってください。質問に答えるという目的のためだけに、事実をつくり上げることはしないでください。」と伝えればよい。

目撃者とのコミュニケーションの促進

　目撃者が犯罪を注意深く観察していようが、あるいは何気なく見ていようが、大部分の人々にとって事実を詳しく述べる能力はかなり限られている。ニュースレポーターは別にしても、大部分の市民は、その日常生活において非常に念入りで詳細な描写を要求されることはまれであ

り、こうした課題には不慣れである。しかし、目撃者の描写能力の優劣に関係なく、念入りに実施される面接によって、引き出される供述の質を高めることができる。

相対的判断と絶対的判断

目撃者の供述を改善させる一般的技術として、**比較のための具体的基準点を定める**方法がある。複数の研究で、ほぼすべての人において絶対的判断よりも相対的判断の方が優れていることが示されている（Miller, 1956）[9]。たとえば大部分の人にとって、一人の人間の身長を正確に指摘する（絶対的判断）ことは困難であるが、二人の人間を比較してどちらの人の背が高いか判断する（相対的判断）ことはとても正確に行える。もし目撃者が犯人の身長を述べることができない場合は、面接官自身あるいは目撃者が知っている誰かと比較して、犯人の身長について尋ねることが可能である（Rochester, N.Y.P.D., 1981 も参照）。基準点と供述される対象の類似性が高まるほど、判断は正確になるであろう。

色彩に関する絶対的判断を下すことは特に困難であり、中でも表現されるべき対象が、白、黒、茶、赤、ピンク、オレンジ、黄、緑、青、紫などの標準的色彩に該当しない場合は、なおさらである（Rosch, 1973）。しかし、たとえばアクアマリンブルーといった色彩を描写するための十分な語彙をもっていなくても、その対象となる色彩が基準とする色よりも青がかっていたか、緑がかっていたかを正確に示すことは可能であろう。色彩の描写を助けるために、面接官は簡単な色見本（塗装

---

9 ミラー（Miller, 1956）による古典的研究では、幅広い知覚次元（音の大きさ、明るさ、色彩など）において、実験協力者は、おおよそ7カテゴリー（±2カテゴリー）程度でのみ正確な弁別が行えたと報告されている。たとえば、実験協力者は音の強度に対して、おおむね7つの異なるカテゴリーからその中の一つに分類することに関しては、誤反応を示すことなく可能であった。そして7カテゴリーを越えると、音の分類に誤反応が生じ出した。しかしながら、絶対的判断を行った場合には、これら7カテゴリーで限界を示したが、その課題が相対的判断、たとえば、「次に示す二つの音のどちらが大きいですか？」のような場合、実験協力者はより優れた弁別が可能であった。

店などで入手可能なさまざまな色パッチ）を携帯して、目撃者に対象となる色を基準色と比較してもらうことができる。

再認と再生
（訳注：再認とは、複数の項目から自分が目撃したターゲットを選ぶことであり、再生とは、目撃した内容を口頭や筆記で再現することである）

関連する現象として、人間は、物事の再生より再認の方が優れているという事実がある(Kintsch, 1970)。[10] たとえば目撃者が凶器の銃に関して、回転式であったか自動（装填）式であったかについて、述べられない場合を想定する。しかし、目撃者は代表的な回転式拳銃と自動式拳銃が示された写真からは、正しい選択を行える可能性が高い。同様に車の型式に不慣れな目撃者は、特定の車種を描写することは不可能であっても、車の一覧図から選択することはできるかもしれない。われわれは面接官が、**典型的な凶器、車両、その他の詳しい知識を必要とする物品に関する写真集や一覧図を携帯し、目撃者に対してしかるべき選択肢を指摘してもらう、あるいは目撃対象物が選択肢のうちいずれかと、どのように異なるか説明を求める**ことを推奨する。

多くの事件でそうであるように、一覧図や写真集が手もとにない場合は、面接官は言葉による選択肢を示すことも可能である。たとえば、目撃者が犯人の帽子を説明する場合、面接官は可能性のあるさまざまな選択肢（野球帽、水兵帽など）を言葉で述べることができる。

面接官が選択肢を示すときは必ず、目撃者の反応にバイアスを与えないように注意することが必要である。もし、選択肢が少ない場合は、**面接官は可能性のある選択肢のすべてを**提示しなければならない。しかし該当する可能性のある選択肢が非常に多くて、すべてをリストアップすることが不可能な場合には、面接官はどれも一切提示しないか、あるいは、示した選択肢が可能性のある多くの選択肢のうちのほんの代表例にすぎないことをはっきりと伝えるべきである。

---

10 通常、人々は物事を再生するより再認する方が優れているが、物品、人、出来事について再生が可能であるが、再認はできないという状況も存在する可能性もある（Tulving & Thomson, 1973）。

非言語的反応

　面接において、情報の大部分は言語的に伝達される。面接官は、質問を尋ねるために言語を用い、目撃者は回答を伝えるために言語を用いる。言語とはコミュニュケーションの代表的な手段であるが、すべての事柄に適応できるわけではない。複雑な行動や馴染みの薄い対象などに関する事実については、言語的に描写することが困難な場合がある。言語による描写が困難な出来事や対象については、目撃者に行動の身振りを求める、対象の絵を描いてもらうなど、何らかの方法で非言語的に反応させる方が望ましい[11]。

　われわれが観察した中で非常に興味深い面接の一つに、航空機事故の目撃者面接があった。その目撃者は、飛行機がコントロールを失ったときに、どのような状態で機体が傾いたかを言語的に表現することに非常に苦労していた。もし飛行機の動きを示すために、目撃者に飛行機の模型を与えていたら、より正確で分かりやすい表現が確実にできたであろう。同様に交通事故の供述を引き出すには、(a) まず、目撃者に事故が発生した交差点の図面を描いてもらうか、その図面を示す、(b) 次に、事故に関係した車の模型を渡し、(c) 最後に、事故関係車の動きが分かるように目撃者に模型を動かしてもらう、という手続きでより正確で包括的な描写を引き出すことができる。もし目撃者が事故当事者、たとえば事故機のパイロットであり、その行動を特定することが重要であるような場合、理想的には、類似の型の飛行機の中で面接を実施して、事故当時の行動を再現することで、行動を伝達できるようにする必要がある（Greenwald, 1970 を参照）。

　非言語的反応は、面接対象者が幼い子どものように言語スキルが未熟

11　慣れ親しんだ物品でさえも言語的に表現することは困難であるが、その場合でも、非言語的には容易に表現可能な場合がある。たとえば、人間は特定のドル紙幣のサイズを言語的な表現で試みると、大きな誤反応を生み出す。しかし基準こなる紙幣に比べて、手渡された一枚の紙が大きいか小さいかを触覚的に弁別することに関しては、非常に正確である（Leibowitz & Guzy, 1990）。

で限界がある場合に特に有効である（本章の「独自のコミュニケーション問題を有する面接対象者」を参照）。

詳細な描写の促し

　たいていの人は、念入りで詳細な描写を行う訓練や経験をもち合わせていない。われわれの日常生活では、おおまかな描写で通常は事が足りる。たとえば、他人に「その一杯のコーヒー」を渡してくれるように頼むけれども、「水性状の濃い茶色がかった液体の入った、表面に細い青縦縞のある 4.5 インチの陶器製容器」を渡してくれとは頼まない。したがって目撃者の大部分は、有効な捜査面接のために最も重要な要因、つまり物事を詳細に描写するスキルはほとんどもっていない。

　念入りかつ詳細な応答は、表面的応答よりも時間がかかる。そのため面接官は、**面接に入るとき、応答には必要なだけ時間をかけなければならないことを、目撃者に説明しなければならない**（Prior & Silberstein, 1969 も参照）。われわれは面接官が頻繁に、面接は「ほんの少し」しか時間を取らないと説明しているのを耳にしてきた。この導入形式では目撃者は表面的な応答をしても構わないと解釈してしまうので、そういった状況で詳細な応答が促進されることは、まずほとんどない。

　捜査員が直面する大きな障害の一つは、特に犯人を中心とした詳細な供述が必要であることが目撃者に理解されていないことである。目撃者の主要な関心は、自らがたった今個人的侵害を被ったことであり、そのために出来事に関する供述は特定事項の詳細ではなく、おおまかな行動に絞られてしまう[12]。

　もちろん犯罪行動に関する情報は捜査関係者にとっては重要であるが、その主要な関心は、人（犯人）あるいは物品（たとえば、凶器、車両）の情報を聞き出す事である。**面接官は情熱をもって、人物に関する**

12　強盗被害者への典型的な面接において、引き出された事実全体の 64％は発生した行動に関することであり、事実の僅か 30％が関係する人物に関することであった（Fisher, Geiselman, & Raymond, 1987）。

詳細情報を提供するように目撃者にはっきりと求めることが必ず必要である。

われわれが聞いてきた何百にも及ぶ面接において、面接官が目撃者に詳細な応答が必要であると明確にいっているのを一度も聞いたことがない。常に最小限の要求しかしていないし、たいてい「起こったことを話してください。」というようないい方である。遠慮する必要はないので、本当に詳細な応答を引き出したかったら、面接官ははっきりと大胆に告げるべきである。たとえば、以下のように述べるとよいだろう。

> この事件を解決するために、警察としてはこの犯罪を起こした犯人に関して可能な限り、詳しくお話ししていただくことが必要です。犯人の顔について可能な限り、私に説明してください。私が今、その人物の絵を描こうとしていますが、あなたの言葉以外に情報がないと想像してみてください。だから、犯人に関して、できる限りすべてのことを私に話してください。

有益な回答

時に目撃者は、単にその重要性を理解してないという理由で、行動、物品、人物に関する重要な特徴を供述しないことがある。たとえば、ある目撃者は、銃の握り部分にさまざまな形状があることを知らないとする。最終的にその目撃者は、事件で使用された銃の握り部分を説明しない結果に終わるだろうが、その理由は目撃者が記憶していなかったからではなく、単に情報的価値がないと判断したからである。**もし供述対象が専門的な知識を要する物品、あるいは目撃者に不慣れな物である場合、面接官は供述して欲しい重要な特性が何かについて知らせる必要がある。**

典型的に警察官は、身長、体重（あるいは体型）その他全体的特徴に関する情報を要求する。これらの特徴は、目撃者が容易にアクセスできるが（第10章の「概念コードの探査」を参照）、この情報に識別性があるのは僅かな事案にすぎない。ある目撃者が、犯人は身長が約5フィート10インチ（約178cm）で、体重が約170ポンド（約77kg）と説明し

た場合、その目撃者は全米男性の大部分に該当する特徴を述べたにすぎない結果となる。犯人の身長が非常に低いか高い、あるいは非常に細いか太っている場合以外は、この全体的特徴の供述にはあまり意味がないであろう。このことは、一般人は身長と体重の判断が苦手であるという事実からも特にいえることである（Yuille & Cutshall, 1986）。そのため、これらの情報収集は常に必要ではあるが、信頼性の欠如や識別性の低さを伴うことが多いので、捜査員はこれらの情報追求に力を注ぎすぎないよう注意が必要である。

　このような全体的な特徴より情報的な価値があるのは、特異または個性のある情報を有している顔やその他の特徴の描写である。顔の特徴に関しては、最も情報的価値が高いのは顔の上部であり、特に髪と髪の生え際である（Ellis, 1984）。そのため、**顔の特徴を探査する場合には、面接官は髪と頭頂部から開始して、顎に向かって下方向へと探査をする必要がある。**

　特異な特徴は、その名が示すように識別しやすいところがあるので、聞き出すには最も望ましい情報である。もし目撃者が、オープン質問でこのような情報を自発的に話さない場合はおおむね聞き出すことが難しい（第6章の「クローズ質問とオープン質問」を参照）。「強盗犯の外観に関して何か変わったところはありましたか？」という質問で、この種の特異な情報に焦点を当てることもできるであろう。警察面接に関するわれわれの分析では、多くの刑事がこの質問形式で実際に尋ねていた。しかし、ほとんどの事例において、「いいえ」という回答がなされていた。われわれは、この質問形式はほとんど特別な有効性をもたず、最後の手段としてのみ使うべきだと考えている。なぜなら、この質問形式は漠然としすぎているので、効果的な検索の手がかりとして働かないのである。また、この質問形式では、目撃者は暗黙的に「いいえ」反応を選択しがちになる。その代わりに、より積極的な回答を引き出すために、われわれは面接官がその質問を微妙にいい換えて、「強盗犯の外観に関して、最も個性的な特徴は何でしたか？」と質問することを提案する。いかに平凡な人であっても、人間は他人とは異なる個性的な何らかの特

徴をもっている。もし目撃者が、この質問に対して積極的に回答したときは、面接官は「その次に個性的な特徴は何でしたか？」と続いて質問し目撃者から積極的回答がなくなるまで、そのまま質問を継続することが可能である。

　時に人物や物品を説明しようとする際に、目撃者が、「その男は怒っているように見えました。」とか「その男は、農夫に見えました。」といった主観的な供述をすることがある。そのような供述が法廷にまでもち込まれることはないだろうが、捜査員にとっては、より客観的表現にいい換えることができれば有益なものとなる。**面接官は目撃者が主観的な供述をした後、客観的な言葉で説明するように要求すべきである**。主観的な言葉を客観的な言葉にいい換えてもらうための簡単な決まり文句は、「なぜあなたは、その男が○○○［たとえば、怒っている、もしくは農夫である］と思ったのでしょうか？」のように尋ねることである。もし目撃者が応答に十分な時間を与えられたならば、ほとんどすべての場合において、この質問によって客観的な供述を導き出すことができる。

独自のコミュニケーション問題を有する面接対象者

　一般市民の多くは、詳細に供述することに何らかの問題をもっているが、少なくとも最低限の条件を満たすような供述をすることが通常は可能である。しかし、中にはコミュニケーションスキルが乏しいために、捜査に対して有効な情報の提供ができないように思われる人々がいる。そのような対象者には、十分な義務教育を受けていない人々、英語が母国語でない人々、面接時に飲酒や薬物の影響下にある人々が含まれる。ここで最初に出てくる疑問は、そのような面接対象者は有効な情報を提供することが、ほとんど不可能ではないかと見なされてしまうことである。しかし適切な面接テクニックにより、このような対象者も有益な回答を驚くほど生み出すようになる。[13]

　13　たとえば、ブラウンとガイゼルマン（Brown & Geiselman, 1991）では、軽度の知的障害者を対象に認知面接を用いた場合、正再生数が32％増加した。

酩酊した目撃者

　まず酩酊した目撃者では、独特の問題が生ずる。なぜなら、それらの人々においては、表現能力と一貫性のある応答をする能力の両方が損なわれているからである（Eich, 1977）。こうした制約のいくつかは、複数の選択肢を示すこと、供述に必要な関係のある特徴を指摘することで克服できる。さらに、酩酊した目撃者は筋道立てて話をすることも困難であるので、面接官はある特定の事実に関する情報を求め、続いて別の事実に話題を進めるというように報告を分割するよう試みるべきである。このようなガイドを提供することによってのみ、報告が十分なものになるであろう。あまりに自由度の高い質問（幅の広いオープン質問）を酩酊した目撃者に行うと、通常はこの質問形式はしらふの目撃者には有効な戦略であるが、多くの情報が欠落することになるであろう。つまり面接官は、しらふの目撃者に対しては犯人の衣類を自由に述べるよう求めることができるが、酩酊した目撃者を面接する際には、犯人のシャツ、上着、靴など区分けして質問すべきである。**酩酊した目撃者を面接する鍵は、可能な限り情報を構造化することである。**

　ここで、至極もっともな次のような疑問が提起されよう。目撃者が酩酊からさめるまで待って、それから面接を行うのは望ましくないのだろうか？　しかし事件発生直後に目撃者が酩酊していたとしても、しらふに戻るまで延期するより、直ちに面接を行う方が望ましい。もし目撃者がしらふに戻った後で面接を実施することを計画しているような場合でも、酩酊しているときに面接を直ちに行い、そして、しらふに戻ってから再面接を実施するのが望ましい（Yuille & Tollestrup, 1990）[14]。しかし当然ながら、これは酩酊の程度に依存する。ここでは、たとえ酔っていたとしても目撃者がそれなりに理路整然と話ができると仮定して、われ

14　これは三つの理由に起因する。第一に、記憶は時間経過とともに消失していくため事件発生直後には入手可能な情報の一部が、面接の延期により消失する可能性がある。第二に、先に述べたように（第4章の脚注6）最初の面接において出来事を再生しようとする試みを行うことで、後の出来事の想起がより容易になる。第三に、最初の面接時に事件発生時と同じ生理的状態（酩酊した状態）であることが、再生を促進する（第7章を参照）。

われは話を進めているのである。

非英語圏の目撃者

いうまでもなく、面接官と目撃者が同じ言語で会話することが最も望ましい。しかし、時にそれが不可能な場合もあり、その際には通訳が必要となる。しかし、もし目撃者が面接官の用いる言語を理解はできるが、その言語で返答できないという場合は、通訳を介さずに面接官が直接、目撃者に話しかけるべきである。熟練していない通訳の多くは、伝達内容をいくぶん歪曲する可能性があるので、できるだけ通訳を介さないで話す方が得策である。目撃者に直接質問するときには、面接官は**短い文章と平易な語彙を用いて、ゆっくりと明確に話しかける**べきである。

目撃者が、面接官の用いる言語の理解と会話がともに不可能であるために、通訳を介する場合には、面接官がいろいろな質問を終えた後に一度にすべてを通訳が翻訳するのではなく、面接官は短い語句で話して、語句ごとに翻訳するように依頼すべきである。同様に目撃者にはゆっくりと短い語句で話し、通訳はそれを語句ごとに翻訳するように頼む方がよい。

もし目撃者がアメリカ人ではなく、計測単位としてアメリカの単位（フィート、ポンド、ガロン）よりもメートル制（メーター、グラム、リッター）により馴染みがある場合、目撃者は慣れた計測単位（メートル制）を用いて重要な人物や物品を描写すべきである。特に面接時に不安の高い目撃者の場合、不慣れな計測単位で表現するように求めると、大きな誤差を生み出す場合がある（Smith, Jobe, & Mingay, 1991 を参照）。

子ども[15]

子どもは、認知的能力と社会的知覚の様式が成人と大いに異なるので、必然的に面接を修正することが必要である。成人に対する面接との違いは、主に以下の三つのテーマにまとめられる。(a) 子どもは特に不慣れ

---

15 この節は、ミシェル・マッコレー（Michelle McCauley）とともに執筆した。

な環境においては、知らない大人と一緒にいることに居心地の悪さを感じる、(b) 子どもの言語スキルは、大人に比べると非常に未発達である、(c) 面接において子どもが求められていると感じる役割は、面接官の言動に非常に影響されやすい。

　幼い子どもを面接するときの最初のルールは、子どもが面接の実施環境と面接官の存在に安心できるようにすることである。子どもの家以外の場所で面接を行う場合、面接室には、おもちゃ、ゲーム、塗り絵など子どもにとって親しみのある物を用意すべきである。**面接の最初の数分間は、面接官と子どもの間のラポール形成に専念する必要がある**（Dent, 1982; Saywitz, 1988）。つまり、その子どもの世界を理解することへの、純粋な興味を示すということである。面接官は、子どもの友達、家族、好きなゲーム、おもちゃ、テレビ番組、学校などに関する会話を交わすとよい。しかし、この段階でのラポール形成では、「君の好きなテレビ番組は何？」とか「何年生？」といった一連の国勢調査的質問を短絡的に実施するのではなく、重要な当事者としての子どもと意味のある交流を行うことが必要である。

　幼い子どもは言語スキルもまた未熟であり、面接官の質問に対する理解力や関連事実の表現力に欠けていることが明らかにされている（Saywitz, 1988; 1989 を参照）。全体として、面接官は**コミュニケーションを簡単にしなければならない。つまり短い文章を用いて、子どもが知っている単語だけに語彙を限定することが重要となる**。特に性的虐待事件における子どもへの面接において、このことは重要である。子どもが性器の表現に関して特異な用語を用いる可能性があるからである。子どもが特異な名称を用いて、ある概念を特定している場合には、面接官はその名称のみを面接中に使用しなければならない。

　子どもは、特に面接官との間に十分なラポールがない場合には、出来事や物品に関して非常に短く単純な供述にとどまることが多い（Chi & Ceci, 1986）。面接官は、主に**最初のラポール形成段階において、子どもがお気に入りのゲームなど自身が慣れ親しんだことを説明しているときに、その話をさえぎることなく子どもに自由に話すように促すことで**、

こうした制約を克服することができる。また、「面白そうだね。そのゲームでどうやって遊ぶのか、もう少し話してみて」というようなフォロー・アップのコメントは、まず、ラポールを強める助けとなり、さらに、子どもが詳細で具体的な返答をする準備となるという二重の役割を担っている。ラポール形成段階において、子どもがそのような詳細で具体的な返答を一度でも行えば、面接官はその反応パターンをその後の面接における返答の基準として引き合いに出すことが可能になる。たとえば、子どもが自宅で行う好きなコンピューターゲームの遊び方の詳しい内容を面接の初期に話しているような場合、面接官は後の面接において、「さて、その男の人（犯人）が君を触ったときのことを、私に話してくれるかな。さっき、君がコンピューターゲームでどうやって遊ぶか話してくれたときと同じように、起こったことをすべて話してくれないかな？」と尋ねることができる。

一般に目撃者に対しては、オープン質問の後でさらに詳細な情報を得ることが望ましいが（第6章を参照）、特に子どもに関しては、詳細な情報を得るために面接官はより直接的な質問を行う必要がある（Saywitz, 1988）。面接官は最初にオープン質問で情報を引き出す努力をして、その後、直接的な質問を使用すべきである。

最善の状態であっても、子どもは多くの出来事を言葉で表現することができない。そのような場合、面接官は他の非言語的コミュニケーション手段を用いることを、子どもに促すべきである（本章の「非言語的反応」を参照）。目撃した内容を伝えるため、子どもに動作で表現させ、あるいは簡単な図を描かせるのもよいだろう。もし、補助用具（たとえば、アナトミカルドール〔訳注：性器まで備えた人形〕）を使用する場合は、露骨に暗示的な方法で用いないよう注意する必要がある（Goodman, Bottoms, Schwart-Kenney, & Rudy, 1991）。

成人にも見られることだが、子どもは特に面接官の真意を誤解して、面接官を喜ばすために情報をねつ造することがある。たとえば同じ質問を二回尋ねた場合、子どもは自分の一回目の応答に面接官が満足しなかったと受け取り、その結果、自分の応答を変化させることがある

(Geiselman & Padilla, 1988; Geiselman, Saywitz, & Bornstein, 1993)。同様に、非常に熱心な面接官が「これが君の覚えているすべてかな？他に何か覚えていない？」といった質問を繰り返すことにより、子どもに返答をねつ造させることもある。掘り下げて探査する場合には、面接官は面接の冒頭で答えをつくり上げないで、本当のことだけを話すように、子どもに対してはっきりと伝えることが必要である。また、質問に関して「（分からないことは）知らない」と答える選択肢があることを子どもに伝えることによって、こうした教示を強化することも可能である。面接官は子どもに対して、質問の意味が分からないときは、もう一度説明するので、そのときはそのように面接官にいうように伝えておく必要がある。

要約

1. 面接時の目撃者の不安は、面接官がその不安を受けとめ、客観的に見ればその不安が自然であることを伝えることにより軽減される。高い不安がもたらす、有害な結果を減少させる他のテクニックとして、(a)（「驚愕効果」を低下させる目的で）不安について事前に話しておくこと、(b) あたかも第三者に降りかかった出来事であるかのように、目撃者に描写するように促すこと、(c) 間接的、直接的に目撃者にゆっくりとした深い呼吸をするように働きかけてリラックス反応を促すこと、があげられる。そして面接官は最もストレスの高い質問は、面接の終盤まで保留すべきである。

2. 面接の間中、面接官は目撃者が自信を維持できるように、(a) 言語的、非言語的に目撃者の応答に興味を示し、(b) 答えられないような質問を連続して行うことを避けるよう、努めなければならない。

3. 目撃者は、捜査的には重要な内容であるにもかかわらず、しばしば情報を出すことを差し控える。面接官は、目撃者に対して何かを思い出したら直ちにそのすべてを述べるよう促さなければならない。一方、面接官はつくり話をしないよう、はっきりと目撃者に注意すべきである。

4. 面接官は、(a) 目撃者の応答の目安となるような具体的な基準点を提供する、(b) 絶対的判断よりは相対的判断をするように促す、(c) 再生より再認を用いる、という点を考慮することにより、目撃者から詳細な描写を引き出すことができるように援助を行う。面接官は、典型的な物の写真や絵を見せることによって、描写をより充実させることができる。もし、再認のための選択肢項目を提示するのであれば、可能性のある選択肢はすべて示すべきである。

5. 出来事や対象物を身振りや絵を描いて示すといった、非言語的反応を目撃者に促すことにより、行動や複雑な物品に関する描写をより質の高いものにすることができる。

6. 面接官は、人物に関する詳細な情報が必要であることを、はっきりと伝えなければならない。

7. 顔の特徴や特異性は、人物の描写において最も重要である。髪の生え際と顔面上部の特徴は最も個性が出やすい。特異性に関しては、目撃者に「最も」個性的な特徴を述べるように指示することで聞き出すことができる。

8. 主観的な応答は、目撃者にその応答をいい換えてもらうことで、より有効な客観的な描写に変換することができる。

9. コミュニケーションにおいて特別な制約のある面接対象者（たとえば、酩酊した目撃者、非英語圏の目撃者、子ども）に対しては、これらの人々の制約に対処するための補助手段として、特別なテクニックが必要である。

第5章

面接の実務管理

　より複雑な面接戦略をいくつか検討する前に、面接の実務的な管理に関して行うべき基本的な意思決定に目を向けてみよう。この章では、こうした問題を二つ取り上げることにする。それは面接を、いつ、どこで行うかという二点である。また、それに関連することとして、同じ目撃者に複数回面接するときに警察捜査でよく発生する問題についても検討する。最後に、面接が効果的に働いている時間を持続させるための単純な手続きを述べる。

面接の実施場所

　一般に捜査員は、目撃者のスケジュールに応じた利便性から面接場所を選ぶ。利便性は確かに実際的な基準ではあるが、すべての面接場所が等しく良好な面接を促すとは限らないことを覚えておくことが大切である。得られる情報量を最大にしようとして場所を選ぶのなら、まず関心を払うべきことは「一番邪魔が入らないのはどこか？」ということである。外的な妨害が入ると目撃者の集中力が乱れ、得られる情報量は少なく、供述は表面的であまり詳細なものではなくなってしまうだろう。

　面接が始まってしまうと、面接官にとってほとんどコントロールできないような外的な妨害要因が常に存在する。これらは、たとえば犯罪現場に群がる野次馬のように、普通は特定の面接場所にはつき物である。面接官はこうした妨害を完全にコントロールできなくても、最低限に留めるためにできることはいくつかある。

　基本ルールは、**一度に一人の目撃者だけにしか面接を行わないように**

することである。[1]目撃者が複数いる場合は、彼らを分離してそれぞれ個別に話をするべきである（Rand, 1975; Wells, 1988 も参照）。犯罪現場で面接を行い、そして潜在的な目撃者が面接実施前にそこを立ち去る恐れがある場合、**面接官は、すぐに立ち去らねばならない人には氏名、電話番号、住所を尋ね、別の機会に面接ができるようにしておくべきである。**

目撃者が不安やその他の個人的理由により単独での面接を拒んだら、面接官は目撃者が求めた第三者が傍にいて、なおかつ目撃者の視界に入らないよう面接場所を工夫すべきである。**第三者には、面接官が面接を終えるまでどんな形であろうと話しかけたり、面接に割り込んだりしないようにと、はっきり伝えるべきである。**また、通訳を介しての面接については第4章を参照されたい。

だいたいの場所を決めたら、妨害要因となりそうなものを避けて、できるだけ静かな所で面接を行うべきである（Wicks, 1974 も参照）。面接官は、面接中は他の人が通りかかる恐れがないかどうか、妨害となるような雑音（電話や自動車など）がないかどうか、目撃者が面接時間帯に会議などに出席することを他者から要求されているかどうか、を配慮せねばならない。これらは場所ごとに異なるので、いろいろな面接場所を個別に検討してみる。

刑事事件の面接は多くの場合、犯罪現場、警察署、目撃者の家、もしくは職場のいずれかで行われる。これらの場合、それぞれの長所と短所は何であろうか？

犯罪現場での面接

この節では、たとえば買い物や通りを歩いている最中など、家や職場

1　集団面接にはいくつかの危険がある。まず、二人以上の人物が同時に参加する場合、一人が他者の回答の途中に割り込み、面接官がしてしまうのと同種の妨害を引き起こす可能性が大きい。第二に、ある目撃者の発言が他者の記憶を変容させる可能性がある。これは、各目撃者の証言が認められるか否かに関する多くの法的問題の引き金となる。第三に、他の目撃者が自分の供述に同意するかどうかによって、目撃者の記憶への自信が人為的に変化するかもしれない。

以外の場所で起こる犯罪について述べる。家や職場が犯罪現場である場合に、そこで行われる面接については、この後の「家」「職場」という見出しの節で触れる。

一般に面接を犯罪現場で行うのは、目撃者が立ち去ってしまう前にそこに捜査員が到着しているからである。犯罪現場での面接には、次の二つの利点が考えられる。

犯罪現場での面接は、たいていは事件の発生直後に行われるので、犯行に関する目撃者の記憶は薄れていない。さらに、面接場所の文脈が犯行現場と非常に似かよっている。これは良好な記憶を促進することが多い要因である（第7章「記憶検索」を参照）。

理論的には、出来事の直後に発生場所で実施された面接は最も効果的であるはずである。しかし実際のところは、以下のような面接効果を損ねる要因がいくつか存在する。第一に、犯罪の発生直後には、目撃者は極度の不安と恐怖に駆られた状態にあるだろう。第二に、犯罪のタイプによっては傍観者や他の潜在的目撃者がいるかもしれない。他者の存在はプライベートな面接の実施を妨げ、余分な妨害が出てくる可能性を高める。目撃者が他にもいるとなると、面接官は他の潜在的目撃者を失いたくないがために、面接を早々と打ち切りたい欲求に駆られてしまう。発生直後に犯罪現場で行われる面接では、目撃者と面接官が面接の事前準備ができないという点によっても効果が損なわれる。また、目撃者は家族と連絡を取る必要があったり、他に果たすべき約束があったりして、面接を早々に中断したり打ち切らなければならないことがある。

犯罪現場で面接するときの一番の問題点は、妨害のコントロールが最低限しかできないことである。自動車の騒音、通行人、天候、その他の多くの妨害が、効果的な面接をするために十分な集中状態をつくり出すことを、ほとんど不可能にしてしまうことが多い。

捜査員が犯罪現場で面接を行うなら、**外的な妨害の影響が最も少なくプライバシーが最も保たれるような、できるだけ離れた場所を選ぶべきである**。パトカーの中がこうした役割を果たすことが多い。なぜなら、面接官が余分な影響をほとんど遮断できるからである。

目撃者を犯罪現場に連れ戻すと、元の出来事の記憶を活性化することができる、とよくいわれる（たとえば、Wicks, 1974）。これはたぶん正しいが（第7章「記憶検索」を参照）、われわれは一般的にはこうしたテクニックを推奨しない。なぜなら、もっと手軽な方法として、心の中で犯罪現場をイメージするだけで、同様の記憶促進を達成できることが多いからである（Smith, 1979）。特に目撃者に馴染みの場所で起こった犯罪について、これはよく当てはまる。さらに犯罪現場の多くは、元の出来事が起こった時点から後の面接までの間に、細かなところが変化する。たとえば犯罪が屋外で発生した場合、面接時にも天候や照明条件が同じである、自動車や通りの騒音が一定のままである、同じ通行人が通りかかるといったことは考えられない。こうした詳細部分が元の出来事と面接時とで、どの程度異なっているかによって記憶が損なわれるだろう（Loftus, Manber, & Keating, 1983）。犯罪が発生したのが目撃者に馴染みのない場所であって心的に再現できない場合、そして環境が変化せずに残っていそうな場合にのみ、犯罪現場に戻ることを推奨する。その他の大部分のケースでは、現場を心の中でイメージすれば十分だろう。

　犯罪現場で発生直後に行われる面接の全般的な成否は、主として目撃者の感情状態と、外的妨害をコントロールできるかどうかにかかっている。目撃者がかなり冷静であって、面接を妨害されることなく進めることができるなら、特に時間経過に従って急速に忘れられる詳細情報を得るために、犯罪現場はすばらしい面接場所である。対照的に目撃者がまだ不安を感じていたり、コントロールできない妨害がある場合には、犯罪現場での面接は不完全でおそらくは不正確でさえあるだろう。このような場合は、面接時期が遅くなることがあっても、もっと統制された条件下で面接を行う方が望ましい。

警察署での面接

　警察署で面接を行うのは一般に事件発生から数日後であるので、犯行に関する目撃者の記憶はいくらか薄れている。その結果、発生直後に行われる面接に比べ、目撃者はより熱心に集中して出来事を思い出さねば

ならない。一方で、他の場所で行われる面接に比べ、面接官は面接環境を非常によくコントロールできる。面接官は適切な事前措置を講じておけば、妨害を最小限に留め、より効果的な記憶検索のための操作を施すことができるだろう。さらには時間が経過しているため、目撃者は自分の感情をより上手くコントロールするだろう。

面接官が最初に注意を払うのは、**できる限り妨害を受けないような面接室を確保する**ことである。可能であれば、警察署ごとに一つまたは複数の部屋を目撃者面接の専用室とし、こうした部屋は建物内の他の騒音から切り離すために、できるだけ離れて準備すべきである。面接専用室として使用するのに適した施設であるなら、調度品は最低限とし、テーブルと椅子二脚、その他の必需品程度（たとえば、ゴミ箱やメモ帳など）でよい。

目撃者の椅子は、頻繁に姿勢を変えなくても長時間座っていられるような快適なものを用意し、電話やその他の聴覚的妨害（インターホンなど）は接続を切っておくか、取り外しておくべきである。同様に、視覚的妨害となりうる物（鏡、時計、絵、ポスターなど）は、できれば外すか覆いをかぶせる。面接中に他の誰かが入室しないように、ドアの外側には使用中の張り紙が必要である。

目撃者の家での面接

普通、目撃者の家で面接を行うのは、目撃者にとって都合がよいからである。目撃者宅で行われた犯罪なら、特に発生直後に行う面接の場合、非常に自然な面接場所であると思われる。

目撃者の家で行う面接の利点の一つは、物理的環境を目撃者がよくコントロールできることである。面接官が、もしも早い段階で目撃者の自信を取り戻すことができれば、物理的環境をコントロールし妨害のない面接を行うのにこれを利用することができる。この状態を成し遂げるには、面接官は面接の冒頭でいくらか時間を費やしてラポールを形成し、目撃者の信頼を勝ち取らねばならない。面接官が目撃者の信頼を得てしまえば、警察署で妨害のない環境を設定するのと同じ一般的パターンに

従うように目撃者に依頼することができる。つまり、面接は聴覚的・視覚的妨害を受けない部屋で行い、他に家族がいるなら面接は彼らが通るところから離れている部屋で実施し、さらに家族には面接中には割り込まないように頼むべきである。面接官は家族に対し、面接実施の前後に話をする機会を設けると告げておく方がいい。

　犯罪が目撃者の自宅で行われ、その発生直後に面接をする場合、面接のダイナミックスは犯罪現場でのそれと同様である。つまり、目撃者は未だに強い不安状態にあるかもしれないので、このようなケースでは面接官はまず不安の克服に注意を払う必要がある。他にも目撃者がいるなら、前述した一般的手続きをここでも適用し、目撃者らを分けて個別に面接を行う。

目撃者の職場での面接

　目撃者の職場で面接を行うのは、目撃者が仕事中に犯行が起こったばかり（つまり、そこが犯罪現場である）であるか、そこが都合のよい場所であるかの、どちらかの理由である。最近に発生した犯罪の現場であれば、前述したのと同じ原則が適用される。

　一般に目撃者の職場は面接向きの場所ではない。職場は騒々しいことが多く、雑音をコントロールすることがほとんどできない。われわれは、ファーストフード店や24時間営業のコンビニエンスストアで行われた面接の記録を聴いたことがあるが、客の質問による中断や業務上避けられない雑音（ドアの開け閉めの音、レジが鳴る音）が例外なくあった。

　周囲が十分に静かであっても、目撃者が仕事に気を取られていて面接内容に十分集中できないことがある。目撃者が従業員なら、仕事以外のことに使われる時間がモニターされていると考えて早めに面接を切り上げたりして、時間を気にしない状況で行われる面接に比べると、詳細な供述が少なくなる可能性がある。雇い主、店主、マネージャーに対する面接では別の問題に直面する。目撃者が意思決定の責任者とか、重要な情報をもっている場合、その下で働く従業員が即座に指示を仰ぐ必要性から面接に割り込むことがある。同様に目撃者も、仕事仲間から連絡が

取れるようにしておく義務があると考えることもある。いずれの場合も、目撃者は面接を早々に切り上げるか、表面的な回答しかしないことを望むだろう。

　これらの理由によって、われわれは目撃者の職場で犯罪が間近に起こり、かつ迅速な面接が重要である場合を除けば、そこで面接を行うことは推奨しない。発生直後に実施するのでなければ、目撃者の家で行うか、それができなければ警察署で実施する方が望ましい。

電話での面接

　電話での面接はとても便利なので頻繁に行われる。電話面接に関するわれわれの経験からいえば、先に直接会って実施した面接を補足するためには効果的に利用できるが、容易に思い出せる事実に限られる。電話面接は犯人の全体特徴を聞き出したり、おそらくは一般的な背景情報（目撃者のスケジュールなど）を聞き取ったりするのには使われる。しかし、電話での会話を対面しての面接の代用とすべきではない。電話面接は形式張ったものになりがちで、まだ面接官と直接会っていない目撃者はそれほどの情報を提供しないだろう。また、集中した記憶検索（第8章を参照）に必要な心的操作を目撃者にしてもらうことはとりわけ難しい。

面接の実施時期

　忘却はすぐに始まり、時間が経過するほど多くのことが忘れ去られるから、原則として**目撃者には事件発生後できるだけ早く面接するべきである**（Lipton, 1977; Wells, 1988）。犯罪の細部（たとえば、衣類の色）についての忘却は最も早く起こるが、重要な犯罪行動についての忘却はゆっくりと進むだろう。原理的には、一般に記憶は時間の経過とともに減衰するが、面接を後回しにするときには、それ相応の理由が考えられる。具体的にいうと、情報を再生する能力は、目撃者の記憶貯蔵内におけるその情報の利用可能性だけに依存しているのではなく、その他の二次的要因によっても決まる。たとえば、教示を理解する能力、情報

を適切に検索できる能力である。直前にトラウマを体験した高不安状態の目撃者は、記憶内に相当量の情報を貯蔵していても、強い不安が記憶の検索プロセスを妨げて情報にアクセスすることができないかもしれない（Reiser, 1980）。このような高不安状態にある目撃者については、落ち着きを取り戻すまで待ち、後で面接を行う方が有益であるかもしれない。面接官は事件直後の面接に関して、記憶が鮮明であるという利点と高不安という欠点とを天秤に掛け、よく考えたうえで判断を下さねばならない。**目撃者が十分落ち着いていて教示を理解することができるように見受けられ、集中的な記憶の検索戦略が適用可能であれば、面接は事件後なるべく速やかに行うべきである。しかし、目撃者が極度の不安を感じて簡単な教示でさえ理解するのが難しく、記憶検索を集中的に実行できそうにない場合には、面接をしばらく延期する方がよい。**

目撃者の不安水準に加え、面接を延期すべき実際的な理由が他にもある場合が考えられる。目撃者にキャンセルできない約束がある場合とか、現在の面接場所があまりに混沌として妨害が多い場合、面接官も目撃者も適切に集中することがほとんど不可能なこともある。現状が混乱していて満足な面接ができそうでないときは、もっと好ましい条件を保証するために面接をしばらく延期する方がよい。犯罪の発生直後に面接が実施できなければ、面接を数日延期することで生じる記憶の損失は僅かである（Wells, 1988）。つまり、犯行一時間後の面接を二時間後に延期した場合には記憶が大きく減衰するのに対し、犯行後二日後から三日後に面接を延期しても、それがもたらす損失は比較的少ない。いずれにせよ、より望ましい環境を整えるために面接をいくらか時間的に延期することで、おそらく、より多くの情報を引き出すことができるであろう。

面接官は面接のスケジュールを決める際に、**予定よりも長びく場合に備え、余裕をもたせた時間を設定すべきである**（Wicks, 1974 も参照）。避けるべきことの一つは、面接官か目撃者に別の用事があって、面接を早めに切り上げねばならないという事態である。面接が上手に進み、目撃者が関連情報を豊富に有している場合、目撃者が記憶を完全に搾り出さないうちに面接を終えるのは不完全な捜査を導く（Wicks, 1974 も参

照）。後で面接をやり直さなければならない場合、目撃者を前回と同様に効果的な記憶検索状態に戻せるという保証はない。[2]

目撃者に対する複数回の面接実施

　警察による通常の捜査では、目撃者は事件の直後に制服の警察官、数時間から数日後に刑事や州・地区の弁護士事務所の職員、数週間から数カ月後には弁護士と検事などの人から何回も面接される。このように面接を繰り返すと、目撃者・面接官の双方の面接への取り組みかたと、引き出される情報の量および質に特有な影響が生じる。関係者の多くが、複数回の面接形式を重荷で非効率なものと感じている。それでは、なぜ同じ質問を繰り返し同じ回答を引き出す代わりに、目撃者への面接を一度のみにして、そのときにすべての情報を入手しないのだろうか？

　目撃者が最初に応対した捜査員に思い出せる限りのことを話したつもりであっても、慎重に実施されたフォロー・アップ面接が新しい情報をもたらすと確信できる理論的根拠と十分なデータがある（レビューとして、Payne, 1987 を参照）[3]。したがって適切に用いるなら、一回だけの面接よりも複数回の面接形式の方が多くの情報を引き出すよい機会を与えてくれる。このような機会を利用する前に、いくつかの障害を乗り越えねばならない。これらの障害は、目撃者と面接官のそれぞれの視点に分けて考察すべきである。

---

[2] フォロー・アップ面接が、新たな情報を引き出さないという意味ではない。次節では複数回面接する状況について触れるが、フォロー・アップ面接は新たな情報を生み出すはずである。しかし、最初の面接で得られていたはずの情報の一部が失われてしまっているということもある。

[3] 新たな情報を期待するのは以下の理由による。(1) 後の面接の方が、目撃者は気分的に統制された状態にある可能性が高く、したがって目撃者が最初に抱いた不安はさほど障害にならない。(2) 目撃者は事件についてより多くの時間考えているので、さらに多くの情報が得られるはずである（Roediger & Payne, 1982）。(3) 最初の面接とフォロー・アップ面接では文脈がいくらか異なっているので、これも新たな再生を可能にするはずである（より詳細な分析は、第8章の「複数の検索の試み」を参照）。

目撃者側が克服すべき主なハードルは動機づけの欠如である。目撃者の多くは、ただ一度の面接でさえ嫌がる。不快な出来事を忘れたいだろうし、捜査に加わるために自分のスケジュールから時間を割きたいとは考えない。目撃者が二度目の面接に参加するよう求められる場合には、こうした問題がさらに大きくなるのは必至である。多くの目撃者が、知っていることはすべて最初の捜査員に話してあると考えるため、フォロー・アップ面接をさらなる時間の浪費と思う。そうなると、わざわざ好んで面接を繰り返すわけがない。したがって捜査員の最初の仕事は、フォロー・アップ面接は実施するだけの価値があると、目撃者に納得させることである。面接官は目撃者に今回の面接では何か違ったこと、前回の面接では話されなかったことがあるだろう、ということを伝える必要がある。面接官は、最初の面接以後に新たな情報が見つかっており、こうした手がかりを追求したいのだと知らせるのもよい。別のやり方として面接官は目撃者に対し、目撃者自身が捜査チームの一員であってその証言が事件解決の助けになると感じさせることで、目撃者の動機づけを高めるよう試みてもよい。

　目撃者の再参加を取りつけても、面接官はまだ、実際に新たな情報を収集するという課題に直面している。さまざまな心理学的理由から、多くの人々が二度目の面接では以前に話したことが何であれ、その内容を単純に繰り返してしまうことがある[4]。こうした情報はすでに得られているのだから、捜査をさらに進展させてはくれない。そのため、面接官が

　このことは、目撃者が初期の面接（たとえば供述調書）では報告できなかった事件の詳細のある部分を、後の面接（たとえば法廷での証言）で思い出す可能性があるということを示しており、法律的に興味深いところがある。多くの場合、こうしたことが起これば、相手側弁護士は目撃者が他の誰かからこうした詳細を聞かされたに違いないと主張し、目撃者の「新たに発見された」記憶の信憑性を低めようと試みる。「結局のところ」と相手側弁護士はこう主張する、「私たちは皆、記憶が時間とともに薄れることを知っています。ですから、目撃者が先（供述調書）に思い出せなかったことを後日（法廷で）思い出すことが、果たして可能なのでしょうか？」。これは素人には説得力のある主張に思えるかもしれないが、心理学的根拠に基づけば弁護になっていない。

4　目撃者が、前に口にしたことを単に繰り返すという傾向を説明できる社会的、認知的、情動的理由がある。まず、目撃者には信頼できない人とは思われないよ

このような問題を回避するいくつかのテクニックを簡潔に紹介しよう。

　非協力的な目撃者がもたらす問題に加えて、捜査員の不適切な態度によっても、複数回の面接形式にはいくつかの制約がもたらされる。このように自ら招く制約の多くは、目撃者が初回の面接で報告したことを、捜査員がたいていは知っているという事実に起因している。捜査員はこれを参考にしながら、最初の面接官と同じ質問をして目撃者の前回の証言を確認することに専念する。こうしたアプローチは、でっち上げの話をしている回答者を識別することができるかもしれないが、同時にフォロー・アップ面接が、新たな情報をもたらす可能性を大幅に制限してしまう。[5] **フォロー・アップ面接を行う捜査員は、前回の面接を確認するのではなくて、新たな情報をできるだけ多く得るために面接を行うべきである。**

　初回の面接で報告された内容をすでに知っている捜査員のもう一つの問題点は、目撃者の知識と可能性の高い容疑者に関して、さまざまな予断をもってしまうことである。こうした予断は、(a) 面接官が誘導質問

　うに、常に首尾一貫していなければならないという社会的プレッシャーが存在している（Festinger & Carlsmith, 1959）。認知的には、目撃者にとって記憶の中から元の犯罪の出来事を検索するよりも、先の発言を繰り返す方が楽である。最初の面接で思い出された事実は、その再生の結果として忘却されにくくなる（Raaijmakers & Shiffrin, 1980）。したがって、すでに再生された事実を検索する方が、新たな情報を検索するよりも必要とされる心的努力が少なくて済む。最後に、元の出来事を再現し追体験することは、先の面接で話した出来事を再び考えるよりも情動的な混乱が大きい。おそらく目撃者は元の出来事の最中には高いストレス状況下にあったので、それについてもう一度考え直すことを避けようとする傾向が強いだろう。目撃者は、元の出来事を思い返す代わりの方法として、先の面接をいい直すという心理的安全性を選ぶかもしれない。

5　最初の捜査員と同じ質問をすることで、面接官は前回と同じ心的操作、そして同じ想起を呼び起こすかもしれない。これは、信頼性のチェックという目的を無にする。また、同じ質問戦略を用いることで、フォロー・アップ面接の質は最初の面接の条件によって制限され、まず間違いなく有効性が低くなる。このことは、最初の面接が犯行直後に制服の警察官によって行われた場合に特に問題となる。なぜなら、(a) 一般に制服警官はフォロー・アップ面接をする捜査員よりも経験が浅く熟練度が低く、(b) おそらく目撃者は先に行った面接の方がストレスの大きな情動状態にあり、(c) 一般に、最初の面接の方がより厳しい時間的制約を強いられているからである。

を行いやすくなる（第6章「質問の語法」を参照）、(b) 面接官が自身の予断を確かめることだけに没頭して、予断をもたないアプローチであれば明らかにされる可能性のある他の検討事項を、ブロックしてしまう（Stone & DeLuca, 1980 も参照）、(c) 面接官が事前の予断に依存しすぎ、あまり積極的に傾聴をせず今回の面接で得られるべき、かすかな手がかりを見逃す、というようなことから面接の有効性を低下させる場合がある。非常に興味深いことに、事件について何も知らない面接官が最も効果的な面接を行っていることを、われわれは何回も確認している。事前情報を最大限利用するためには、面接官は事件に関する事前知識をまったくもっていないかのようにふるまうべきで、**面接官自身が、(a) 誘導質問は極力避ける、(b) 事件に関する他の可能性に心を開く、(c) より積極的に傾聴する**、といったことを心がけなければならない。

　複数回の面接形式で収集される情報量を最大限にするため、以下に具体的な提案をする。ここでは、最初に面接を行う捜査員とフォロー・アップ面接を行う捜査員との違いに注意してもらいたい。

　最初の面接を行う際の基本ルールの一つとして、将来的によりよい条件下でのフォロー・アップ面接が予定されるとしても、**最初の面接は包括的で可能な限り効果的に実施されるべきである。面接官は、最初には得られなかった情報がフォロー・アップ面接の捜査員により引き出されることに依存すべきではない**[6]。

　フォロー・アップ面接を行う際、捜査員は最初の面接とまったく同じ質問を同じ順序で尋ねることは避けるべきである。こうした戦略は最初の面接で得られたのと同じ回答をもたらす可能性が高い。このように反

6　目撃者がフォロー・アップ面接を受けてくれるという保証はない。目撃者が二回目の面接に参加するかどうかは、最初の面接でどのくらいのことを再生したかということが、部分的には関係する。多くのことを再生するほど、捜査への心理的関与も高くなるだろうし、後の面接に参加する可能性も高くなる（Festinger, 1957）。目撃者がフォロー・アップ面接に参加してくれる場合、そこでの再生量は最初の面接での再生量と直接的な関係があるだろう。最初の面接で多くの情報を思い出しているほど、フォロー・アップ面接で追加される情報量も大きいだろう（Roediger, Payne, & Gillespie, 1982）。

復される情報は、すでに獲得されているという当然の理由からあまり大きな価値はない。そうではなく、面接官は最初の面接では触れられなかった新しい情報を引き出すことを目標としなければならない。面接官は、こうした**新しい情報を発見するために事件そのものについて考えるのであって、前回の面接での回答を考慮すべきではないことを、目撃者に対してはっきりと教示すべきである**。面接官は目撃者に、今回は前回報告しなかった新しい事実について考えてもよいこと、今回、思い出したことが前回の報告と矛盾したり、それを否定することになっても構わないことを伝える必要がある（第4章を参照）。目撃者が単純に最初の面接と同じコメントを繰り返すのではなく、元の出来事の記憶痕跡から想起させる支援策として、面接官は**出来事の環境を再現し**、発生時と同じ心理的枠組みの中に目撃者を引き戻すべきである（詳しくは、第8章「元の出来事の文脈再現」を参照）。

　フォロー・アップ面接において、目撃者の注意を元の出来事に向けて具体的な想起を引き出そうとする試みが、すべて失敗することが、まれにある。このような事態に陥ったときの最後の手段として、面接官は目撃者に前回の面接で述べたことを思い出してみるように促してもよい。しかし、このような間接的な方法では、目撃者が前回の面接で得られた情報をコピーする傾向があるので、本来の記憶を賦活するより、直接的方法を使い果たした後にのみ用いるべきである。目撃者が前回の面接で話したことを思い出すことができるなら、面接官は以前の想起内容をガイドとして元の出来事へと目撃者を引き戻すよう再び試みるべきである。例をあげると、フォロー・アップ面接において目撃者が逃走車両について何も思い出せない場合でも、尋ねてみると目撃者は最初の面接官に対して、その車が「オンボロ」だったと告げていたことを想起したとする。すると二番目の面接官は、このコメントを以下のように方向づけることによって補足することが可能となる。

　　あなたは制服警官に車が「オンボロ」だったと告げたことを思い出したといいました。あなたが最初にその車を見たときのことを思い返してみてください。どこで、いつ、その車を見ましたか？　その

車のどの部分を見ましたか？（元の文脈の再現）その車のどんなところが「オンボロ」に見えたのでしょうか？

面接効果の持続

　刑事の多くは沢山の事件を抱え、特に重要事件ではなく、また解決の見込みが芳しくない場合には、一つひとつの面接を行う時間は限られている。それでも、われわれは捜査に当てる時間が少なくなるという代価を払ってでも、刑事が個々の面接でもう数分を費やしてみること、**面接を数分延長することで限られた時間をより有益に使うことを推奨する**[7]。

　限られた時間をより有効に使うために、刑事が実際にその場にいなくても面接が効果的に働いている時間を持続させることができる。面接が終了してから時間が経っても事件のことを考え続けるのは、目撃者、特に被害者には自然なことである。この間には、新たな情報が想起される可能性がある（脚注3を参照）。有能な面接官は、**面接が終わった後に思い出す新しい情報は何でも教えてくれるよう目撃者に伝えて**、この付加的な心的努力を利用することができる。われわれが調査したサンプルにおけるほとんどの刑事は、これを実行しようとして、「私が帰った後で、もしも、何か関係のあることを思いついたら、お電話ください。」という類のことをいっていた。この種の要求（「もしも、何か思いついたら」）は、まるで目撃者が新しい情報を思い出すことを期待していないという疑念を、刑事がもっているように思わせる。面接官の本心、つまり目撃者がもっと多くの情報を思い出すことを本当に期待しているということをより強く伝えれば、目撃者が折り返し電話をする可能性は一層高くなる。その見込みを大きくするために、面接官は面接をこんな風により強

---

[7]　われわれのサンプルでの典型的な面接時間はたった10分である（実際の面接時間はもう数分長かったかもしれない。われわれはテープレコーダーに録音された合計時間しか計らなかった。）。ジョージ（George, 1991）の研究での平均面接時間は16分であった。面接時間と比較すると、各刑事は捜査報告書を書いたり、法廷に立ったり、供述調書を提出したりと、遥かに多くの時間を「出先の捜査」で費やしている。

い言葉で締めくくるべきである。

> 私が帰った後も、あなたはこの事件について考え続けてくださるに違いありません。事件のことを考えれば、今は思い出せない情報を何か思い出していただけるでしょう。何か新しく思い出したら、たとえ些細なことであっても、すぐにそれを書き留めて私にお電話ください。こちらに私の名刺をおいていきます。

　目撃者が面接終了後に有益な情報を思い出した場合、その思い出した内容を発見するのは面接官の義務である。しかし面接官は、目撃者から自分に電話してくれることを当てにすべきではない。面接後できれば一、二日後には、面接官から目撃者に電話で連絡を取るか、都合がよければ直接会って何か新たに思い出したことはないか尋ねるべきである。そのときは一般的な礼儀として、目撃者の体調や気分の具合についても尋ねるのは当然のことである。

要約

1. 場所のいかんにかかわらず、面接はできれば一度に一人の目撃者に対して行うべきである。
2. 犯罪現場での面接は多くのコントロール不能な妨害にさらされやすい。面接官はプライバシーが最大限守られるようにできるだけ離れた位置を選ぶべきである。
3. 可能であれば、警察署に独立した面接室を確保し、妨害を最小限にとどめる。
4. 目撃者の家で行う面接では環境のコントロールが可能である。この利点を最大限生かすため、面接官は目撃者とのラポールを形成し、面接開始にあたって信頼を得るよう努める必要がある。
5. 目撃者の職場での面接は、コントロール不能な多くの妨害にさらされることがよくあるので推奨できない。
6. 電話での面接は、対面での面接をフォロー・アップするには十分であるが、主たる面接形式として用いるべきではない。

7.　一般に忘却を最小限に抑えるため面接は事件後なるべく速やかに実施すべきであるが、目撃者が極度の不安を感じていたり、教示を理解するのが難しかったり、集中的な記憶の検索戦略を実行することができないときには、面接を延期する方がよい。

　8.　新たな情報が見出される可能性があるので、面接官は目撃者をフォロー・アップ面接に参加させるよう動機づけすべきである。フォロー・アップ面接の面接官は事件について自分が知っている予備知識からのバイアスを受けすぎないようにすべきである。それにより、積極的に傾聴することが可能となる。フォロー・アップ面接の面接官は、最初の面接官と同じ質問をしないようにすべきである。同じ質問を繰り返すと、目撃者は以前に報告したことを単に繰り返すだけになってしまう。

　9.　面接後に思い出した新しい事実は、捜査員に知らせてくれるように目撃者を促すことで、面接が効果的に働いている時間を持続させることができる。面接の数日後に、面接官は目撃者と連絡をとり、思い出す可能性のある新たな情報を聞き出すべきである。

第6章

面接の基本技術

　本章では、面接の基本技術のいくつかを検討する。それらの基本技術には、質問の作成や目撃者の反応に対する面接官の理解を促進するテクニック、面接官のメモの取り方を向上させるための示唆が含まれている。

　被疑者から自供を引き出すことを目標とした取調べと、無実の目撃者から関連する描写的な情報を引き出すことを目標とする事情聴取とがよく区別される（たとえば、Flanagan, 1981）。いずれも一般的には面接に分類されるが、事情聴取と取調べの目標や二つの間のダイナミックスはまったく異なっている。取調べ官が、取調べを効果的にするためには、協力的でない応答者によって示される動機の問題を乗り越えなければならない。対照的に事情聴取をする者（つまり、面接官）は、協力的な応答者のコミュニケーションと記憶の問題を乗り越えなければならない。したがって、取調べと事情聴取で適用されるテクニックとアプローチは完全に異なる。[1] 成功する面接官は、目撃者が価値のある情報を面接官と

---

[1] 不幸なことに、多くの刑事は取調べでも協力的な目撃者への面接でも、同じようなスタイルの面接を行っている。より攻撃的な取調べスタイルをあらゆる面接で用いているので、結果として潜在的に協力的な目撃者が自発的に出せるはずの情報を十分に引き出せていない。その問題の一部は、彼らの訓練に起因すると、われわれは考えている。彼らは、取調べの形式的なスキルについては教わるが、協力的な目撃者に対する面接についてはほとんど、あるいはまったく教わっていない。その結果、彼らは学習した（取調べの）スキルのみをあらゆる面接に用いている。驚くべきことに、いくつかの警察の捜査員マニュアル（たとえば、Stone & DeLuca, 1980）は、この二つの面接で用いるスタイルを適切に区別していない。そのため、協力的な目撃者に対して面接を行う場合に障害が生じるようないくつかのテクニックが推奨されている（たとえば、誤誘導情報の提示、複数の強制選択質問など）。

共有することを望んでいるという観点に立つ必要がある。[2] しかし、不完全なコミュニケーションと記憶によって生じる制約を乗り越えなければならない。他に信頼できるよい理由がない限り、捜査員は目撃者が協力的であろうとし、二人が同じ目標を共有するという一般的なアプローチを適用すべきである。全般的な雰囲気は支持的にあるべきで、威嚇的になってはならない。もし捜査員が、目撃者が同時に容疑者にもなりうると決めつけて面接を開始したならば、疑惑のニュアンスが目撃者に伝わり面接のすべてがより困難なものになるだろう。

質問の語法

　質問やコメントの作成や語法には、多くの方法がある。より豊富で正確な反応を引き出す方法もあれば、単純で不完全でおそらく不正確でさえある反応しか引き出さない方法もある。語法がほんの少し異なる質問でも、まったく異なった反応を引き出すことがある。たとえば、「彼は、そのバッグ（the bag）を右腕に抱えていましたか？」と「彼は、バッグ（a bag）を右腕に抱えていましたか？」はとても似ているようにみえる。あなたが見逃したのは、最初の質問で「そのバッグ（the bag）」という表現を用い、次の質問では「バッグ（a bag）」という表現を用いていたことである。無視できるような違いに見えるかもしれないが、この小さな語法の変化は、目撃者の記憶の想起に劇的な効果を与えることになる。今紹介した例における最初の質問（そのバッグ）は、一般的にそこにはバッグが存在したことが暗に伝えられ、質問の意図はどちらの腕で抱えられていたかを判断することであると解釈される。二番目の質問（バッグ）では、バッグの存在は仮定されていない。このような質問に対する

---

[2] 面接の現状は多様であり、われわれが述べるような理想とは異なり、協力的でない目撃者も存在する。たとえば、薬物捜査の際には目撃者は多くの場合、容疑者でもある。その様な状況では面接官の目標は、まず、目撃者に捜査に全面的に加わるよう励ますことである。その後、関連情報を思い出し、描写するよう導いていく。ただ、この本では、コミュニケーションと記憶の限界によって生じる問題についてのみ検討する。

反応を比較する実験では、二番目の質問形式（バッグ）より、最初の質問形式（そのバッグ）を用いた方が、目撃者は、後にバッグがあったことをより思い出すことが示された（Loftus & Zanni, 1975）。このお話の教訓は、たとえ小さな変化でも目撃者の想起を変えてしまうので、面接官はどのような語法で質問するかに注意しなければならないということである。

誘導質問と中立質問

　質問は語法から推定される内容によって変わることがある。上記の例のように、目撃者は最初の質問からバッグの存在を合理的に推定するが、二番目では推定をしない。同様に、聞き手は質問の語法から、面接官の動機を推定できることがある。たとえば、もし面接官が「犯人は青色のシャツを着ていましたか？」と質問したならば、目撃者は面接官が犯人は青色のシャツを着ていたのではないかと考えており、質問の目的はその推論を証明することである、と察することができる。一方で、面接官が「犯人のシャツの色は何色でしたか？」と聞いた場合は、目撃者は面接官がもつシャツの色に関する意見を察することはできない。われわれは、この区別を誘導質問と中立質問と呼ぶ。「誘導的」とは、目撃者が見た世界に関するある知識（バッグがあった）や面接官の意見（彼はシャツは青色だったと考えている）の推定を目撃者に容認させるような質問のことであり、中立的な質問はそれらの推定を容認させない。

　それでは、面接官が誘導質問あるいは中立質問のどちらかで尋ねた場合には、どのような違いが生じるのだろうか？　記憶から情報を検索する心的操作[3]や面接の社会的なダイナミックス[4]のために、誘導質問は目撃

---

[3]　想起とは、記憶の貯蔵庫から蓄積された情報を単に受動的に検索することではない。それよりも想起者は、想起を自分自身で可能にするために、検索手がかり（面接官の質問）に含まれる情報と自分の記憶に蓄積された情報を結びつける（Tulving, 1983）。目撃者が、より多くの情報を質問から推測するほど、その想起に自身の記憶内容があまり反映されなくなる。

[4]　典型的な警察面接、そして他の捜査面接の多くでは、面接官は専門家と思われているので、目撃者には自分が得られないような情報ももっているだろうと

者が何を思い出すかだけでなく、想起したものをどのように報告するかにもバイアスをかけることになる。このように、誘導質問では目撃者の知識を正確に引き出すことができないため、面接の目的、つまり目撃者が事件について知っていることを判断することに失敗する。

　誘導質問に関しては実務的な懸念もある。つまり、法廷の場面で面接官が発した質問をもう一度再現できると確信する対立弁護士から、誘導質問について法的な異議申し立てを受けることがある。また、誘導質問は捜査員の事前知識が正しくなかったり（実際にはバッグはそこにはなかった）、捜査員の期待が間違っていたならば（実際には犯人は青色のシャツを着ていなかった）、正確ではない情報を生み出すことから捜査を誤った方向に導く。もし、捜査員の知識や期待が正しければ、誘導質問で尋ねることによる法的効力がなくなることはない。しかし、捜査員は慎重な語法を用いた中立質問によっても同じ情報を引き出すことができる。中立質問の有利な点は、捜査員の期待が正しくないときに誤情報を生み出す可能性が低いということである。

　ウエルズ（Wells, 1988）は、誘導を伴わない中立質問の作成について、いくつかの提案を示している。

　1. その対象物の存在が目撃者によって既に肯定されていない限り、定冠詞（たとえば、the gun）よりは、不定冠詞（たとえば、a gun）を用いること（Deffenbacher, 1988 も参照）。

　2. 人間や物品の特徴に関する質問は、形容詞（たとえば、「犯人はどのくらい高かったのですか？」）を使うのではなく、特徴についての名詞（たとえば、「犯人の身長はどのくらいだったのですか？」）を使うこと。形容詞は、質問者が期待する答えを伝える場合が多い。［もし、目撃者が既に形容詞を使っていたならば（たとえば、目撃

思われている。この二人の間では、面接官は回答者より社会的地位が高い。その結果、回答者は面接官の期待に沿うために、追従をする傾向がある（Smith & Ellsworth, 1987）。そのため、面接官が「男は青色のシャツを着ていましたか？」と聞いても、「男は緑色のシャツを着ていましたか？」と聞いても、目撃者は同意する可能性がある。

者が既に「彼は背が高かった」と話していた)、より詳細な反応を引き出すために、その形容詞を繰り返す(たとえば、「どのくらい背が高かったのですか?」)のが望ましい。]

3. 上述の2番と同様に、質問は特定の特徴に関する目撃者の確信の有無を方向づけるべきではない(たとえば、「彼は赤いあごひげを生やしていましたか?」)。その代わりに、質問は一般的な次元についてなされるべきである(たとえば、「彼のあごひげは何色でしたか?」)。

可能な限り**面接官は中立的な語法を使用すべきであり、個人的な期待を表さないように努力すべきである**(Deffenbacher, 1988; Flanagan, 1981; Prior & Silberstein, 1969; Rochester, N.Y.P.D., 1981; Wells, 1988 も参照のこと)。それを効果的にするには、面接官は自分の期待、特に目撃者以外の情報源から導き出された期待を、目撃者によって明確になされた主張と分離するということを学ばなければならない。そして、目撃者が早い段階から供述された内容を繰り返すことについては、それほど注意深くなる必要はないが、一方では面接官自身の個人的な期待を暗に伝えないように十分な注意を払う必要がある。誘導的にならずに真相を見抜く質問をすることは、とりわけ最初は難しい(Yarmey, 1979)。しかし、適切な語法に専念し定期的に自らの面接をモニターすることで、テクニックの習得は可能となる。

否定的な語法

われわれは、面接官がこの目撃者はある質問に対する答えを知らないと確信しているときには、否定的な形式で質問をすることがあることに気づいた。たとえば、このようないい方である、「あなたは車のナンバー・プレートを憶えてはいないのですね?」。このような否定形の語法は、誘導質問と同じく目撃者は答えを知らないという面接官の考えを伝え、同時に目撃者が思い出せなくても、面接官は大して落胆しないだろうということも伝えてしまう。この微妙なメッセージは、目撃者の記憶検索課題に対する集中力をそぎ、ほとんどの場合、「知りません」や「思い

出せません」という応答を引き出す。たとえ面接官が目撃者は答えを知らないだろうと確信していても、質問は肯定的な語法（たとえば、「……を思い出せますか？」）にすべきである。

多重質問

捜査員は十分な描写を引き出す必要があるので、その出来事に関するいろいろな特徴、特に犯人の外見的特徴についての情報を要求しなければならない。この幅広い情報収集の必要性に対応するために、面接官は、多くの下位質問を含んだ非常に複雑な質問をすることがある。たとえば、「他に思い出せることがありますか？　彼に傷跡や入れ墨はありましたか、眼鏡を掛けていましたか、指輪や宝石、金歯はどうでしたか？」といった質問である。実際には、「傷跡はありましたか？」「入れ墨はありましたか？」「眼鏡は掛けていましたか？」「指輪はしていましたか？」といった複数の小さい質問が、この一つの質問に組み込まれている。目撃者にとっては、これらすべての小さな質問を処理し、回答をするために記憶を同時に検索することは困難であるため、こうした質問に対する答えでは誤りを犯すことが多い。[5] **複雑な質問をする代わりに、面接官はいくつかの単純な質問をすべきであり、一つの複雑な質問よりも、各質問に関連する特徴は一つまたは二つの方がよい**（Levie & Ballard, 1981 も参照）。上記の例では、面接官は、犯人に傷跡あるいは入れ墨があったかどうかを一つの質問で聞くことができる。目撃者の応答の後、二番

---

[5] そのような質問に答えることの困難さは、目撃者が二つのことを同時にしなければならないということである。目撃者は（a）質問を覚えておかなければならないし、（b）答えるために記憶を検索しなければならない。これら二つの課題は心的資源を必要とする。活用可能な資源は限られていることから、これら二つの課題は相互に競合してしまう（第7章の「心的資源の限界」；Baddeley, 1986；Kahneman, 1973 を参照）。もし、目撃者が課題の中の記憶検索に集中するならば、質問の詳細は忘れてしまうかもしれない。たとえば目撃者は、傷跡、入れ墨、眼鏡などに関する記憶の検索をすることにより、金歯に関する小さい質問を忘れてしまうので、結果的に犯人が金歯をしていた事実を示すのを忘れてしまう可能性がある。また一方で、目撃者がすべての質問の要素を覚えることに心的資源を使い切ったならば、関連する事実に対する記憶の検索はより困難になるだろう。

目の質問として彼が眼鏡を掛けていたかどうかを聞くことが可能である。面接官はそのようなやり方で、リストの質問がなくなるまで、関連する項目を小さいグループに分けて聞き続ける。

　上記の例はポイントを単純に示すために、われわれが作成したものである。犯罪に関する目撃者に対する実際の面接でも、同じような問題がある。次に示す複雑な質問を検討して、目撃者に詳細な反応を要求する複雑でない方法を考えてみよう。

　　それでは、連中が最初に店に入ってきたところから始めましょう。いわれた通りの言葉、どんな風に見えたか、何を着ていたか、できるだけ詳しく集中してください。そして、何が起きたか正確に説明してください。

　もし犯罪が複雑で、複数の犯人が関与しているならば、**面接官は目撃者に一度に一人の犯人について描写するよう求めなければならない。目的とすることは目撃者が**、次の犯人に進む前に、その犯人についての知識を出し尽くしてもらうことである。たくさんの犯人をまとめて聞く質問は、それぞれの犯人に関しては詳細ではない描写しか導き出さない。一度に一人のことについてのみ尋ねることは、目撃者にとっては記憶検索が容易になることに加え、面接官にとっては目撃者の反応の経過を追うことが容易になる。一度に四人から五人の描写について聞くことは極めて混乱しやすく、異なる犯人の特徴を混同してしまい、容疑者①の特徴を容疑者②の特徴とする原因となる。次のような話を聞かされた面接官は、二人から三人の容疑者を混同してしまうことが簡単に想像できるだろう。

　　運転手は青いジャケットを着ていました。後部座席の男は銃をもっていました。彼は赤い帽子を被っていました。もう一人の男は、助手席に座っていました。私は、その男が一番最初に車を降りたと思います。銃をもっていた男が最も背が高かった。赤い帽子を被っていた男は足を引きずっていましたが、彼が銃をもっている男に命令していたことから、彼がリーダーのように思えました。彼が最も若かったです。見方によれば、彼は運転手に似ていましたが、もっと

痩せていて、もっと若かったです。

文法的に複雑な質問

質問によっては、情報が複雑という理由ではなく、質問の語法が文法的に複雑という理由で理解するのが難しくなる。次のような質問、「女性に向けてショットガンをもっていた背の高い男は、警報を聞いて何といったのですか？」は、内容を追うのが難しい。これを二つの短い文章にしたならば、同じ内容の質問でも、先の質問ほどは混乱しないだろう。「背の高い男はショットガンをもっていて、それを女性に向けていたのですね。その男は、警報を聞いて何といったのですか？」。**面接官は、長い文法的に複雑な文章を避けるべきである。一つの長い文章を二つ以上の短い文章に分けることが望ましい。**質問の前置き文で、粗筋と誰が何をしているところなのかをはっきりさせる。最後の重要な質問は、可能な限り単純にして、問題となる人または物についてのみに焦点を当てるべきである。

業界用語や専門用語

警察の捜査では、他の専門的職業と同じように、警察に特有な業界用語が使われている。業界用語は便利なところがあり、同じ業界のメンバー間の日常会話にある種の表現性を与える。しかし、それはグループ以外の人には誤解を与える可能性がある。たとえば「ブラック・アンド・ホワイト」とは、警察官にとっては黒と白の二色に塗装されたパトロールカーを示すのに分かりやすい言葉かもしれないが、一般人には理解できないかもしれない。質問の意味が理解できないことは、目撃者の自信を失わせることになり、おそらく捜査員との関係が気まずくなるだろう。理解できないより悪いことは、業界用語は意図したものとは異なる内容に誤解される可能性があるということである。そうした誤解の結果、目撃者は面接官の意図した内容とは別の質問に答えているため、目撃者を確信はあるが正しくない回答をする方向に導いてしまう。

似たような問題は、専門用語を用いたときにも生じる。警察の捜査員

にとっては馴染み深いものかもしれないが、一般市民にとっては外国語のようなものである。凶器のけん銃の型式が回転式か自動式かを問うことは、銃の識別に疎い目撃者に恥をかかせる原因になるだろう。これは、さらには目撃者の自信を失わせ、詳細で精緻な回答を減らすことにもなるだろう。

　面接官は可能な限り、業界用語や専門用語の使用を避けなければならない。目撃者が専門用語を知っていることを示さない限り、日常用語を使用すべきである（Flanagan, 1981 も参照）。

クローズ質問とオープン質問

　質問は、クローズ質問とオープン質問のどちらかに分類できる。クローズ質問は、狭い範囲の限られた反応を引き出すが、オープン質問は目撃者に、より包括的で、より詳細な反応をさせることができる。典型的なクローズ質問の例は、「その銃の色は何色でしたか？」とか「その銃は黒色でしたか、それとも銀色でしたか？」である。はい、いいえで回答できる質問（たとえば、「その銃は黒色でしたか？」）も、クローズ質問に該当する。いずれの場合も、期待される反応は一つの単語、あるいは短い語句である。同じ情報を要求するオープン質問は、「その銃について、できる限り詳しく説明してください？」である。この場合、目撃者の記憶や銃について描写する能力に従って、反応は単語一つによる描写から、情報に関する複数の文章までがある。

　いずれのタイプの質問でも、長所と短所がある。そのため、これらの質問は、効力を最大限にするために戦略的に用いる必要がある。クローズ質問は、関連情報を引き出し、目撃者の描写が本題から大きく逸れるのを防ぐのに有効である。しかし同時に、多くの限界もある。最悪なのは、目撃者がこれらの質問に答えるために、表面的な記憶の検索をす

6　私たちは、記憶検索の深さを二つの基準を用いて評価する。反応の質と反応時間である。反応の質とは、広範囲で詳細か、あるいは浅薄で情報価が低いかのどちらかであり、活性化された記憶の記録の直接的な表れである。反応時間とは、

ることである。[6] 目撃者の記憶には出来事の詳細な記録があるかもしれないが、クローズ質問の形式は、目撃者にこの知識にアクセスすることを促さない。さらに悪いことに、クローズ質問は不正確な回答を導き出しやすい（Cady, 1924; Geiselman, Fisher, Firstenberg, Hutton, Sullivan, Avetissian, & Prosk, 1984; Hilgard & Loftus, 1979）。

　クローズ質問のもう一つの限界は、引き出された情報のすべてが、特定の質問に結びついているということである。たとえば、犯人の身長についての質問は身長に関する情報のみを引き出し、銃の色についての質問は、まさに銃の色それだけを引き出す。質問の焦点はとても明確であり、目撃者は要求された情報を提供すると直ちに反応を終わってしまう。その結果、明確に要求された情報のみが収集され、要求されていない情報は出てこない。もし、面接官が関連する質問を忘れてしまったら、その情報は収集されない。[7] たとえ面接官が標準的な質問をすべて行ったとしても、面接官が予想することはできないが、極めて重要性を秘めた特異な情報は報告されないだろう。われわれがフォロー・アップ面接を行ったある興味深い強盗の事例では、目撃者は強盗犯の一人が身体的な障害を有しており、歩くときに右足が外側に歪んでいたことを思い出した。面接官サイドにとってはこのような状況までを予測し、適切なクローズ質問（「彼は歩くときに右足が外側に歪んでいましたか？」）をすることは不可能であることから、この種の情報はオープン質問をしたときにだけ、引き出すことが可能である（第4章の「有益な回答」を参照）。最後にオープン質問は、より優れた情報収集テクニックであることに加え、

　　遅いか早いかのいずれかであり、反応の性質との関連が見いだされている。広範囲で詳細な反応は、反応を生みだすためにより長い時間が必要とされるため（Johnson, 1972）、典型的には反応時間が長くなる。クローズ質問への回答は、オープン質問に比較して、相対的に短い反応時間となることが多い。回答もより短く、詳細さを欠いたものになりがちである。
7　主にクローズ質問で尋ねることによって、心的活動の負担（「もし、面接官が関連する質問……を忘れたならば」）が、目撃者ではなくて面接官の方にかかることに注意してもらいたい。しかし、関連する情報のすべてをもっているのは面接官ではなくて、目撃者であるので、これは本来転倒である。つまり、心的活動の大部分をなすのは、面接官ではなく目撃者なのである。

法的観点からも好ましいものである。なぜなら、これは弁護側による攻撃を受けにくいからである。[8]

オープン質問の長所と短所は、クローズ質問のそれらとちょうど正反対になっている。つまり、クローズ質問は目撃者に対して目標に沿った描写をさせるが、オープン質問は関係のない情報が生成することを許してしまう。しかし、(a) 情報収集の前段階にあたる冒頭で、目撃者に対して目標と無関係な関心事を発散させることを認めておくこと（第11章を参照）、(b) 面接官が、捜査に関係があると見なす情報を描写するための質問を、事前に知らせておくこと（第4章を参照）、(c) 目撃者が、重要な詳細事項についてのみ述べるように焦点を絞って質問することによって、このタイプの問題を最小限にとどめることが可能である。たとえば、面接官は次のようにいえるだろう。

　　あなたが最初に銃を見たときについて考えてみたいと思います。あなたは強盗犯が銃を右手にもって、あなたに銃口を向けたといいましたね。男が右手に銃をもって、あなたに銃口を向けたときの記憶の映像に戻ってみてください。さあ、その銃に意識を集中してください。そして、その映像から男がもっている銃がどのようなものだったか、できるだけ詳しく私に話してください。

オープン質問の長所は、その短所を遙かに上回るために、面接官は**多くのクローズ質問に対する短い回答よりは、オープン質問に対する目撃者の自由な回答を通して情報の大部分が収集できるように、面接を構造化しなければならない**（Levie & Ballard, 1981; Flanagan, 1981; Prior & Silberstein, 1969 も参照）。

8　誘導するようなクローズ質問で尋ねる罠に陥りがちだが、オープン質問はより自然に中立的な言葉遣いとなるため問題が少ない（この章の「質問の語法」を参照）。また、オープン質問は、返答までに特に長い間がおかれたときには、クローズ質問よりも豊富な情報を引き出す（George, 1991）。したがって、面接官は主にオープン質問で質問すると、それほど多くの質問をする必要がなくなる。面接官は面接時間のほとんどで、目撃者が生成した情報を単に聞くだけであれば、誘導質問を使用したとか、その他の不適切な過ちを犯したと非難されることはほとんどない。

しかし、あまりに多くのクローズ質問をすることは避けなければならないけれども、クローズ質問は面接において重要な役割を果たしている。クローズ質問は、関連する事実に目撃者の記憶を向けさせることを確実にする。面接官が「犯人の目の色は何色でしたか？」と尋ねたときに、目撃者は適切な情報を提供するか、思い出せないというだろう。つまり、関係のない情報で、面接官が貴重な時間を浪費することはないだろう。一方、オープン質問は目撃者に対してより大きな自由度を与えるために、関係のない情報を引き出しやすい。しかし、これは質問の焦点を適切に絞ることにより減らすことができる。さらに、オープン質問はより完全な反応を引き出す可能性をもつが、面接官が必要とする情報のすべてが提供されることはまれである。オープン質問で犯人について描写するように尋ねたときには、目撃者はその属性に関して長いリストをつくるだろう。それにもかかわらず目撃者は、たとえば、犯人の髪の色のように本質的な要素を提供できないこともある。

クローズ質問とオープン質問の戦略的利用

　クローズ質問とオープン質問の各特性による貢献を最大限に生かし、それぞれの欠点を最小化するために、われわれは次に示す戦略を推奨する。たとえば、犯人の顔というように、一度、面接官はターゲットとする情報を特定した後で、面接官は**オープン質問で始め**、目撃者が可能な限り回答を精緻化できるように励ます。もし、目撃者が情報量の豊富な詳しい回答をした後に、いくつかの関連情報の詳細を描写することができなければ、面接官は**クローズ質問でフォロー・アップをするべきである**（Deffenbacher, 1988; Wicks, 1974; Wells, 1988 も参照）。

　次に示す面接の事例は、最初にオープン質問による探査を行った後で、続いて直接的な質問でフォロー・アップを行うアプローチの典型例である。面接官は、髪（色、長さ、質感、生え際）や目（色、大きさ）、肌（色、目印となる特徴）についての情報を含む犯人の顔についての詳細な描写を引き出したいと仮定しよう。次に示す例のように、面接官はオープン質問形式の探査から開始し、次いで、目撃者がどの特徴を描写したか（し

なかったか）に応じて、直接的なクローズ質問形式の探査でフォロー・アップを行う。

  面接官：犯人の顔がどのようであったのか、できる限り詳しく話してください。

  目撃者：ええ、丸い顔だったわ。肌の色は黒っぽかった。傷のようなものはなかったと思うわ。珍しいくらい大きな目をしていたわ、まるで赤ちゃんの……、分かるでしょ、赤ちゃんの目がいかに目立つか、頭の大きさに比較して目がずいぶん大きいからなの。思い出せるのはそれだけだわ。

［ここまででは、目撃者は肌に関する重要な事実を二つ（色と目印となる特徴）、目に関する二つの重要な事実のうち一つ（大きさ、色はまだなし）を提供し、髪（色、長さ、質感、生え際）に関する情報は提供していない。続いて面接官は、目の色について確認すべき事実について具体的なフォロー・アップ質問を行い、次に髪についての探査を行うことになる。］

  面接官：あなたは、犯人はかなり大きな目をしていたとおっしゃいましたが、彼の目をもう一度心の中で描いてみてください。［間をおいて］目は何色でしたか？

  目撃者：自信がないけど、でも、暗い色だったのではないかと思うわ。おそらく黒か茶色だったと。

  面接官：犯人の髪については、何もおっしゃいませんでしたが、犯人の髪について分かることは何でも話してみてください。

［この質問は、まだ描写されていない特定の詳細事項に方向づけをしているけれども、このオープン質問の使い方に注目してもらいたい。］

  目撃者：髪の色もとても暗く、真っ黒だったと思います。分け目はなかったけど、後ろにまっすぐ整えられていました。中くらいの長さで、とても短い髪というわけではなかったわ。

［髪に関する四つの特徴のうちの二つ（色と長さ）と、一つの付加的な事実（後ろにまっすぐ整えられた）が説明された。残る二つの事実（質感と生え際）は、直接的に短い回答を求める質問で尋ねられるべきだろ

う。]
　　面接官：犯人の髪の質感を説明できますか？
　　目撃者：ええ。直毛でした。
　　面接官：生え際について話してもらえますか？
　　目撃者：犯人はとても広い額でした。そして、髪の生え際は少し後退していたわ。

質問のペースとタイミング

　反応の質は質問の内容だけでなく、質問の仕方、特にペースとタイミングによる影響を受ける。過去によく用いられていた早急で切れ切れの質問を行うアプローチは、質の低い反応しか引き出せない[9]。この矢継ぎ早の質問のスタイルは記憶の検索を妨げるだけでなく、目撃者が想起内容を伝達することも妨害する。質問が不意に、急に提示されたときには、目撃者は素早い回答をするために表面的な記憶の検索にとどまってしまう。その結果、十分な検索がなされずに関連する記憶痕跡が発見されないか、または最も簡単にアクセスされた記憶痕跡のみが活性化されるだろう。最初の場合では、目撃者は回答を出さないだろうし（「分かりません」）、二番目の場合では目撃者は表面的な描写しかしてくれないだろう。

　矢継ぎ早の質問（目撃者が反応を終えたら直ちに質問すること）は、記憶の検索に関する問題を引き起こすだけでなく、目撃者が想起を描写するための時間までも制限してしまう。そうすることにより、目撃者が詳細な反応を提供することが妨げられる[10]。

9　われわれが行った警察面接に関する分析（Fisher, Geiselman, & Raymond, 1987）では、たいていの場合、面接官は目撃者が一つ前の質問に対する反応を終えた一秒以内に次の質問を行っていた。いくつかの例では、面接官は目撃者が一つ前の質問に答えるのを終える前に次の質問を始め、面接官と目撃者が同時に喋っていた！　同時になされる会話の間に多くの情報が伝達されると想像することは難しい。おそらく、より完全な描写を引き出すためにさらに二〜三秒待つ余裕がないというほど、面接官の時間は貴重であるというわけではないと思う。

矢継ぎ早の質問は現在している反応を制限するだけではなく、それが繰り返された場合には、その後の面接でも簡単な描写しかなされなくなるだろう。目撃者の反応が面接官の性急さによって短縮されるなら、目撃者は面接の残りでも、答えるためには短い時間しか与えられないだろうと予想してしまう。このような予想をもつと、目撃者は与えられていると予想する時間の範囲内に、その後の反応を合わせて短縮してしまうことが多い。一度、目撃者がそのような予想をもってしまうと、目撃者はすばやく反応するために、そうした（表面的な）記憶検索の作業しかしなくなるだろう。このような目撃者の自己編集過程は、面接官に損失を与える方向に働いてしまう。

　こうしたネガティブな結果を避けるために、**面接官は質問を行うペースを緩め、そして、目撃者の反応の終わりから次の質問を発するまでに、間（ま）を長くとるようにしなければならない**（Wicks, 1974 も参照）。間を長くというのは、ほんの数秒という意味である。面接の途中で完全に黙ってしまうことは、気詰まりに感じられるかもしれないが、数秒程度の間を長くおくことが適切に行われると、何もいわない沈黙は面接官にとって有利な方向に働く。

　目撃者の記憶の検索と描写を制限するような矢継ぎ早の質問とは対照的に、間をおくことは、ちょうど正反対に記憶の検索と描写の過程を促進する（Dillon, 1982）。面接官が黙っていると、面接官が質問した内容について描写を続けるように期待していることを目撃者に伝えることになる。その結果、別の方法で促されるよりも、徹底的な記憶の検索をするように目撃者を促すことになる。

　沈黙はまた、目撃者が積極的に話をする態度にも直接的な影響を与える。われわれのほとんどが、社会的な場面における長い沈黙状態を、何か関係する話題をもちだして取り繕うことで、社会生活に順応してきた。

　10　出来事を描写する途中で、人々は回答を整理するために若干の間をおく（Johnson, 1972）。それゆえ、目撃者の反応における間は、情報が出し尽くされたことを意味するわけではない。この間がおかれた状態に、次の質問がなされたならば、目撃者による描写を早まって中断させることになるだろう。

たとえばパーティで会話が途切れると、気まずく感じるので、沈黙を破る目的のためにだけ、何か関係する話題を探そうと努力する。面接の場面においても、沈黙は目撃者に対してより自由に話をするように促すので、面接官には有利に作用する。とりわけ、目撃者が面接中に情報を生み出す責任があると感じている場合には、目撃者が長い沈黙を不快に思う、ということを念頭におくべきである（第3章の「目撃者の主体的関与の促進」を参照）。沈黙に対するこの目撃者の不快感は、目撃者に新しい情報を生み出すことで沈黙を破らせる力となる。

次に示すのは、ひったくりの被害にあった高齢者に対する面接からの引用であり、十分に取られた間によって、いかに簡単に付加的な情報が収集できるかを示したものである。引用は、何が起きたのかをオープン質問で描写するように、面接官から求められた目撃者の自由な報告の途中から始まっている。

  目撃者：私が振り向くと、黒人の男性が、歩いていた私たちに近づいてくるのが見えたわ。彼は私に向かって歩いてきて、私のバックをひったくったわ。彼は紐を不意につかんで、私を振り回したわ。私は倒れてしまって、彼はバックを手に入れた。彼は通りを渡って走って行った。彼が運転していたかどうかは分からないけれど、古い型の車が、近所の人の家の前の道を渡るのを見たわ。私は家の中に入り、夫に何が起きたかを知らせたの。夫はすぐに警察を呼んだわ。それだけよ。

  面接官：（相手の話を中断させることなく、ここで間をおく。沈黙はだいたい4〜5秒は続く。）

  目撃者：その男はだいたい5フィート10インチか、5フィート11インチ（約180cm）くらいに見えたわ。彼はとても体格がよかった。とても肩幅が広くて、首のあたりに白い縁飾りのようなものがついていて、何か白い装飾が肩の部分にあるネイビーブルーのシャツを着ていたわ。彼は暗い色のズボンをはいていた。彼の髪はウエーブがかかっていて、短

めだったと思うわ。そして、思い出す限り、彼の顔は四角っぽかったわ。彼の眼は大きくて、唇はかなり厚かった……。

　ここでは、犯人の外見に関する付加的な情報のすべてが、中断せずに間をおいた後に出てきていることに注目されたい。面接官がここで沈黙を続けずフォロー・アップ質問を行ったならば、続いて示された情報のうちのいくつかは引き出せなかった可能性がある。テープ録音を聞くと、あたかも間はとても目立つようだが、沈黙時間を測定してみると、それは4〜5秒より短い。確かに捜査員は多忙なスケジュールなので、貴重な時間を浪費する余裕はないが、いかなる捜査員も「浪費」するための4〜5秒さえもち合わせてはいない、とはいえないだろう。

　4〜5秒の沈黙でさえ気まずく感じる捜査員は、目撃者が話し続けることを励ますような単語か短い語句を、沈黙におき換えることができるだろう。次に示す表現を用いると効果的である。たとえば、「それから」、「そのまま話を続けて」、「他には」、あるいは簡単な頷きと「うん、うん」である（Flanagan, 1981; Miner, 1984も参照）。どんな語句が使われようとも、目撃者の心的過程を邪魔することのないように、押しつけがましくないようにするべきである。面接官が沈黙、頷き、容認、話し続けるように促す短い語句のいずれを用いるかは重要ではない。重要な要素は**目撃者がより記憶を検索し、答えを精緻化するよう面接官が促すこと**である。

口調

　面接における目撃者の役割は、目撃者と面接官のどちらかが中心的な役割になったとしても、部分的には面接官が何をいうかによって決まるが、それ以上に面接官の非言語的行動、とりわけ口調によって決まる。もし、面接官が権威的な口調でしゃべるならば、面接官が面接中の支配権を確立し、目撃者はより受動的で補助的な役割を担うであろう。もし、面接官がよりリラックスして目撃者と対等な口調で話をすると、面

接官は目撃者に積極的でより自発的な役割を果たすように励ますことになる。情報収集段階においては、重要な情報をもつ人間である目撃者こそが、中心的な役割を果たすのが理想的である。情報収集段階が開始されると、目撃者の記憶が面接の中心になるので、面接官は面接の中心にならないように自分の声を穏やかにすべきである。

　面接官の声は、とりわけ情報収集段階において面接の結果に影響を与える。なぜなら、目撃者にとって面接官の声は注意を引く外的なサインだからである。もし面接官が大声で話したならば、他のあらゆる阻害原因と同じように作用し、目撃者の注意の方向が自分自身の心（情報源）から面接官の声にそれてしまう。したがって、**目撃者が記憶の探査をしているとき、それも特に深く集中しているときには、面接官はソフトに話さなければならない。**

　捜査員の中には、ソフトに話す人間としての職業的役割を果たすことに慣れていないために、最初はソフトに話す技術を習得するのに難しさを感じる者もいるかもしれない。繰り返していうが、意識の集中と自己モニタリングを組み合わせた、ちょっとした努力が面接の習慣を改善させるだろう。

　面接官の声は、目撃者が質問を聞き直さなければならないほど、ソフトにしなくてもよい。あまりにソフトな声も注意を拡散させる。しかし、われわれが警察の面接を観察した結果では、ソフトすぎるという問題は示されなかった。われわれがよく目にした一般的なエラーは、目撃者の記憶検索課題への意識の集中を妨害してしまうほど、面接官が大きな声で話すことであった。

面接官の理解の向上と目撃証言の記録

　われわれの調査研究（Fisher, Geiselman, & Amador, 1989）における驚くべき発見は、目撃者によって報告された重要事実が、時おり、公的な警察記録に残っていないことである[11]。そのような例の一つとして、目撃者は犯人が茶色のコーデュロイのズボンをはいていたと述べたが、警

察の報告書にはズボンの色しか示されておらず、布地については示されていなかった。このように除外された理由はいくつかあるかもしれないが、面接官が単純に目撃者の供述に含まれる情報のすべてを理解できなかったか、あるいは記録できなかったことで生じる場合もあるだろう。面接官がメッセージを正しく理解し記録するためには、いったい何が必要であろうか？

目撃者の会話速度の減速

面接官が、目撃者のメッセージの理解に失敗する最も一般的で技術的な理由は、目撃者の会話の速度が速すぎることである。犯罪の直後では、被害者は通常よりも不安が高い状態にあり、通常よりも早口で話すようになる（Siegman, 1978）。目撃者がアクセントの強い話し方や訛りのある話し方をする場合、これは特に問題である。

面接官は、目撃者にゆっくり話すように促すことによって、コミュニケーションを促進させることができる。目撃者の情報が事件解決に重要であるため、面接官は目撃者が話さなければならないことに強い関心をもっていることを示すこともできる。しかしながら、面接官がすべての詳細を完全に理解するためには、目撃者にゆっくりと明瞭に話してもらうことが重要である。面接官は、目撃者の話の詳細のすべてを聞くために十分な時間があり、面接を早く終わらせたいと思っていないことを（それが本当だとして）態度に示して伝えなければならない。同様に、面接官はすべてを報告書に収めるためにメモを取ること、そして目撃者がゆっくり話してくれれば、その助けになることも示す必要があるだろう。先に述べたように、面接官にとって目撃者の会話の速度を遅くするためのより間接的な方法は、面接官自身がゆっくりと意識して静かに話すことである（第3章の「共時性の原理」を参照）。

時には目撃者の会話速度を減速させる面接官の努力にもかかわらず、

---

11 われわれは面接を録音しているので、目撃者が話した内容を把握できている。最近行われたコーンケンら（Kohnken, Thuerer, & Zoberbier, 1991）の研究では、重要な情報の三分の一が面接官のメモに記録されていなかった。

目撃者のすべての話を記録するには、あまりにも早口すぎるということもあるだろう。そのような場合、面接官は目撃者が話した内容を思い出すことができるように、単に短い一つの単語（たとえば、宝石）で記録すればよい。目撃者に一挙にすべての情報を語らせた後に、面接官は、そのすべての情報を記録するために目撃者にゆっくりもう一度話すように依頼してもよい。目撃者がいくつかの事実を簡単に描写しただけならば、面接官が適切な手がかりを示す限り、その直後であれば、それらを繰り返すように頼まれても情報のいずれもが除外されるようなことはない。たとえば、面接官の以下のようないい方である。「先程あなたは、強盗が身に着けていた宝石についてとても詳しく説明してくれました。すべてを詳しく書き留めるために、今回はもう少しゆっくりと、その説明についてもう一度話していただけますか？」

メモの取り方

最も協力的な目撃者であっても、会話の速度が面接官の筆記能力よりも早いこともあるので、面接官はメモを取るための何らかの速記法を獲得する必要がある。効果的な短縮語についての手近な情報源は、自分以外のより経験のある面接官である。同じ部門にいる捜査員は、それぞれが考えた短縮語を一纏めにして、皆が共有できるマスターリストにすることを推奨する。

面接官は自分たちのメモの内容を、シェークスピアもどきの名文に似せる必要のないことを心に留めておかなければならない。つまり面接官は、より慣習的な普通の手書き文に変換するだけのために、面接の重要な詳細をかなりの時間に渡って保管しなければならないのである。もし面接中に書かれたメモがとりわけ判読しがたく、あいまいなものであるならば、面接官はそれを面接後のできるだけ早い段階、つまり面接官の心にすべてが新鮮な状態である間に判読できる普通の手書き文に変換しなければならない。メモがあいまいであればあるほど、面接の直後にそれらを慣習的な文章に変換しておくことが重要である。そうでなければ面接官は、自分のあいまいなメモは面接の間は理解可能だったのだから、

公式報告を書くまでの数時間くらいは、同じく大丈夫だろうという錯覚に陥る可能性がある。よくあることだが、報告書に書く段階になると以前は理解できたものが、判読できない殴り書きになってしまうのである。

テープレコーダーの使用方法

メモを取ることを強化させる方法は、テープレコーダーを用いることである（Stone & DeLuca, 1980; Wells, 1988 も参照）。適切に用いれば、テープレコーダーは実質的に間違いのない記録を保障する。同時に、面接官はメモを取ることの心配をしなくてよいために、目撃者の反応により集中することができるので、さらに徹底した面接が行える。またテープレコーダーは、多くの容疑者、被害者、行動が含まれる複雑な事件の捜査において、とりわけ価値のあるツールである。

われわれは、ある複雑な事件として、6人の容疑者が関与する強盗事件の目撃者に対する面接をテープに録音した。われわれのメモでは不明確であった詳細の多く、たとえば、どの容疑者が銃をもっていたのかは、面接後にテープを再生して明らかとなった。今から考えると、目撃者の描写のあいまいな部分を明らかにするために、面接をゆっくりさせることも可能であったが、それは目撃者の話の自然な流れを妨害したりして、面接を危うくしがちであった。時間のあるときに何度も繰り返してリプレイ可能な信頼できる面接のコピーをもつことは、オンライン形式のメモだけに頼るよりも多くの事実を把握することが可能となる。

テープレコーダーを用いるとき、一つ注意しなければならない点がある。目撃者に対して反応を身振り、あるいは他の非言語的な反応で示すように要求している場合には、面接官はテープに記録ができるように、それらの行動を言語的な反応に翻訳しなければならない（第4章の「非言語的反応」を参照）。目撃者が非言語的な行動を伝えた後に、さっき身振りで示した内容を言葉で表現するように促すべきである。そのとき、目撃者が行動の重要な要素（たとえば、目撃者が振り返った方向など）を省いたならば、面接官は目撃者の示した内容を言葉で述べた後、それでよいかを目撃者に確認する。

テープレコーダーを用いるにはいくつかの問題がある。テープに録音されることで、目撃者は不快に感じるかもしれないし、自意識過剰になるかもしれない。その結果、回答を抑制する可能性も考えられる。われわれの経験でも、面接の冒頭では目撃者はテープレコーダーを気にして、発言を遠慮したり修正しがちであった。しかしながら、間もなく目撃者はテープレコーダーの存在に慣れ、あたかもテープレコーダーがないかのように自然に反応した。

　実践的なもう一つの問題は、警察の捜査にとってより現実的な問題であるが、事件が起訴される管轄によっては、テープ録音は証拠として弁護側に確認されることがある。たとえば誘導質問のように争点となりそうな問題がテープに記録されていたならば、弁護側にとってテープは役立つものとなるだろう。われわれが推奨する面接テクニックを実践することによって、面接官はそうしたエラー、とりわけ誘導質問を発するようなエラーは最小限に抑えられるはずである。それにもかかわらず、検察側の主張を弱めるために、弁護側からは予期しない陳述が飛び出す場合もあるだろう。そのような場合は法律的な問題であり、われわれはテープレコーダーを使用することの妥当性についての法的見解に詳しい専門家に相談することを推奨する。

　最近の装備面での技術的進歩により、バッテリー駆動のテープレコーダーは、どこへでももち運べる。ほとんどの人がこの種の機器を用いることに慣れているため、いくつかの留意点について提案するにとどめる（訳注：最近では、カセット・テープを使用した録音は少ないと思われるが、原文に忠実に翻訳を行った）。

1. バッテリーの動作不良がないか確認する。補充のバッテリーを用意する。
2. 面接を開始する前に、機器とテープの調子を確認する。
3. 事件番号、面接官の名前、目撃者の名前、日付、時間、面接場所を述べることから面接を開始する。テープ開始の数秒間はきちんと録音されない場合があるため、新しいテープを用いる際には、録音開始前に数秒のブランクが入るようにする。

4. カセットに事件番号を貼る。
5. テープの途中から開始する際には、予想したよりも面接が長引いても録音できるテープの余分が十分にあるか確認しておく。
   （注意：ある面接をテープの片面に録音し、次の面接はテープの反対面に録音するなら、二番目の面接の開始に向けて、テープを巻いておくことを忘れないようにすること）

目撃者の供述の振り返り

　目撃者が十分な情報を提供し、そこにさらに十分な詳細情報が含まれていたならば、提供された情報について定期的に振り返ることが望ましい。そうすることによって、面接官は自分が取ったメモの正確性について確認することができる(Stone & DeLuca, 1980 も参照)。それは同時に、目撃者が最初の供述で触れなかった別の詳細情報について、もう一度考える機会を与えることになる。面接官の記録を確認するとき、面接官は目撃者に対して、注意深く聞いて、(a) もし、どんな間違いでもそれに気づいたとき、もしくは (b) 最初に報告しなかった新たな詳細について考えが浮かんだときには、すぐに面接官の話を中断させるように求めなければならない。さらに、目撃者の理解の助けとなるよう、面接官は記録をゆっくりと明瞭に読まなければならない。

　面接官は、メモと記録はしていないが覚えている内容から、目撃者の話を振り返るべきである。振り返っている途中に、面接官が記録を忘れていた詳細事項を思い出した場合、直ちにそれを書き留めなければならない。そうしなければ、後にそれを忘れてしまうリスクを背負うことになる。

　目撃者がとりわけ詳細な描写をした後に、目撃者の供述を振り返るのが最もよい。そのような場合には、面接官は目撃者が反応を拡大していく途中で、さえぎらない注意が必要である。さえぎりを避けるためにも、面接官は記録の振り返りをする前に、目撃者が描写を終えた後の数秒間には間をおかなければならない。

要約

1. 語法における微妙な変化は、目撃者の証言を左右する。面接官は中立的で、非誘導的な質問をしなければならない。また、専門的でない言葉を用いてシンプルな質問をしなければならない。

2. オープン質問は、一般的にクローズ質問より好ましい。最も望ましいのは、それらの二つを戦略的に組み合わせて最初にオープン質問で尋ね、続いてクローズ質問でフォロー・アップするように用いることである。

3. 面接官は矢継ぎ早の質問をすることは避けなければならない。面接官は次の質問を始める前に、目撃者が反応を終えた後の数秒間は待たなければならない。

4. 面接官が目撃者の集中を阻害しないようにするため、また面接の中心的な存在にならないようにするために、質問はソフトな口調でするべきである。

5. 面接官は、(a) 目撃者の会話の速度をゆっくりとさせる、(b) 速記でメモを取る、(c) テープレコーダーを使用する、ことによって目撃者の反応に対する理解を向上させることができる。

第7章

認知の原理

　想起を促進する具体的テクニック（第8章）を検討する前に、認知の背景にある諸原理を見ていこう。われわれが推奨する手続きがなぜ効果的であるのかを読者がよりよく理解できるよう、ここでは一般原理を示しておきたい。創造力に富む捜査員は、こうした概念的バックグラウンドに立って、より柔軟に認知面接を使いこなす必要がある。提案されたテクニックの背景にある一般原理を理解すれば、状況の変化による必要性に応じてテクニックを改善したり、自身で新たに開発することもできるだろう。ただし現時点で、読者が背景理論なしでテクニックについてのみ学習したいという場合には、この章を飛ばして第8章に進まれてもよい。

　記憶がどのように機能するかを理解するためには、(1) 心的資源の限界、(2) 知識の表象様式、(3) 記憶検索の様式という、認知の基本的な三つの問題に焦点を当てる必要がある。ここでは三つの領域を別々に取り扱うが、これらは強く関連しあっているので（Haber, 1969）、ある節で取り上げた話題が他の節にまで及ぶこともある。

心的資源の限界

　人間の心は最も高性能なコンピュータよりもいろいろな意味で遥かに優れているが、それでもわれわれの心的能力には限界がある。第一の限界は、人間が一度にいくつの物事を意識的に把握できるかという問題である（Broadbent, 1957）。あなたは今この本を読んでいるので、たとえば背後のかすかな雑音のような、あなたの周りにある他のメッセージに

は気づかない。試しにしばらくの間、注意すれば聞こえる雑音に耳を傾けてみて欲しい。こうした他の背景情報に注意を向け始めると、もはや本に集中することができないか、少なくとも本だけに集中していたときほど、集中することができなくなる（そのような雑音に注意を向けさせて申し訳ないが、再度、本に集中し続ければ、雑音は再び意識から消えてなくなってしまう）。

　一般に、人は一度に一つの情報源にしか意識を十分に振り向けることができない。同時に二つの会話を聞き取ろうとしたことがあれば、それが不可能であることが分かる。こうした状況を強いられると、一度に一方の会話に集中して、他方との会話の間で注意を行きつ戻りつ、切り替えるか、両方の会話を同時に聞き取ろうとしてもそれぞれに十分集中できないか、そのどちらかである。それぞれの会話から何らかの意味を抽出することはできるが、同時にそれぞれの会話の内容におけるかすかな手がかりを見失う。同じように、人は自分の中の二つの内的メッセージに対しても、同時に十分集中することができない。たとえば、240 ÷ 16と 126 − 88 という二つの計算問題を同時に解いてみて欲しい。またしても、一度に一つしかできないだろう。しかし読者は、同時にできる複数の課題もあると考えるかもしれない。ガムを嚙みながら自分の名前を思い浮かべることができる。これは、どちらの課題も比較的簡単で、いつもよくやっているからである。課題が非常に難しいか、経験の乏しいものである場合、もはや同時に二つを行うことはできない（LaBerge & Samuels, 1974）。家計簿の帳尻を合わせているとき、同時にニュースを聞こうとすれば、片方または両方でミスを犯すことが予想される。難しいメッセージは、一つだけしか常に効果的に処理することができないということが、目撃者と面接官の双方にとって問題となる。目撃者がまず集中すべきメッセージは、犯罪に関する自分の記憶である。同時に注意を向けねばならない情報源が何か他にあれば、犯罪の想起を妨害するだろう。妨害となる情報源が外的なもの（面接官の質問に耳を傾けること）であっても内的なもの（電話番号のような他の情報について考えること）であっても、こうした事態が起こるだろう。面接の原理の一つは、**特に**

記憶課題が難しくて十分な集中を要する場合に、妨害となる本質的でない情報源を最低限に抑えることである。

　また、面接官自身の意識的な処理の限界にも制約を受ける。面接官にとっても、限られた心的資源を必要とされている課題がいくつもある。目撃者の供述を聞き取って犯罪の詳細を判断しなければならないが、これは犯罪の複雑さ、目撃者のコミュニケーション能力、発話速度、アクセントなどに応じて、多かれ少なかれ厳しい課題となるだろう。面接官は、目撃者の話を聴きながら情報をメモに書き留めなければならない。また、より完全な供述を引き出すため目撃者に尋ねる関連質問を考え出して覚えておかなければならない。それぞれの課題を別々に行う場合は、成し遂げるのは簡単なことだろうが、同時に行うとなると大変なことになりかねない。テープレコーダーがとても役に立つのは、まさしくこのようなときである。

心的表象

　われわれは、ある出来事を見たとき、それに関する情報を記憶の中に貯蔵する。当然ながら、記憶に貯蔵されるのは出来事そのものではなく、出来事についての何らかの心的表象ないしはコード（訳注：符号・記号という意味）である。したがって、出来事に関する記憶は、われわれが用いる心的なコード化システムの様式に大きく左右される。

　知識がどのように表象またはコード化されるかは、三つの処理原理によって決まる。

1. 記憶コードは、出来事が最初に知覚された時点で適用された心的処理を反映している。
2. 知識とは、それを構成する特徴に応じて表象されている。
3. いろいろな出来事や知識の一群は、それぞれ多くの異なるコードで表象されている。

心的処理を反映する記憶コード

　ある出来事を表象する心的コードは、その出来事と正確にうり二つではなく、出来事を特定の心理的・環境的文脈内で解釈されたものとして映し出されている（Koffka, 1935）。二名の人物が同じ出来事を知覚することがあっても、その時点における予期その他の思考処理が異なっていれば、心的記録[1]、さらには想起も異なるだろう。極端な例を挙げると、二人が犯罪を目にしたとして、一人は震え上がっているのに、もう一人は犯罪が行われたことに気づきさえしないこともある。同様に、同じ出来事が異なる環境的文脈（たとえば、フットボールスタジアムと自宅）で経験されると表象のされ方も異なるだろう。符号化された出来事は心に貯蔵されるが、それが表しているのは、現実の出来事が起こった時点における観察者の思考パターン、情動反応、生理状態、物理的環境によって色づけされたものである。

　さらに厄介なことに、こうした心的・情動的処理の効果は蓄積される。出来事が起こってしまった後でさえ、観察者がそれについて考えたり、回想することもまた表象に影響を与える。このことは、目撃者が何回か面接を受ける場合に、特に難しい問題がおこる。なぜなら、最初の面接で引き起こされた思考が、出来事の基本的な表象を変えてしまうことがあるからである（Fisher & Chandler, 1991）。

　出来事に対してだけでなく、記憶コードは観察者の思考や情動にも反映されるため、目撃者の確信度（自信）が非常に高いとしても、想起が不正確なことがある（Deffenbacher, 1980）[2]。目撃者が現実にあった出来事の特徴だと思っていることの中には、実際には目撃者自身の思考や情

---

1 「心的記録」と「心的コード」という表現は入れ替え可能な意味で用いている。
2 　警察は、面接の最後に目撃者に対して、写真から犯人を特定する確信度がどの程度であるか尋ねることが多い。しかし、その時点での目撃者の確信度は、後で犯人を再認できるかどうかにほとんど関係ないことが研究により示されている（Cutler & Penrod, 1989; Lindsay, Wells, & Rumpel, 1981）。したがって捜査員は、事前に目撃者が自信はないといっているという理由だけで、写真台帳の提示を避けるべきではない。

動を反映しているものがあるかもしれない。

　それでは、こうした要因（目撃者の思考、情動、生理状態、環境的文脈）はいずれも、目撃者の想起能力にどのように影響するのだろうか？われわれにとってまず興味の対象となるのは、**目撃時の思考パターン、情動反応、生理状態、物理的環境が面接時にどのくらい再現されるかによって、出来事の記憶が大きく左右されるということである**。面接時の目撃者の思考処理が、出来事の最中のそれと類似しているほど、よく想起ができるであろう。

記憶されている特徴

　出来事が記憶の中に完璧に表象されるか、まったく表象されていないかのどちらかであるという、誤った信念をもっている人は多い。しかし心理学者は、出来事の心的表象とはさまざまな特徴の集合体であることを示唆している（Bower, 1967; Flexser & Tulving, 1978; Underwood, 1983）。たとえば、人物に関する知識は、上背、体重、肉づき、肌の色、肌の質感、親しみやすさ、自信などの、客観的特徴と主観的特徴の羅列による集合体として表象されている。このように特徴が多元的であるという見方をすると、貯蔵されている特徴の一つひとつは、正確かもしれないし、不正確かもしれない。ある銀行強盗犯の表象は、身長と体重という点では正確かもしれないが、体格と親しみやすさという点では不正確だったり、まったく存在していない可能性がある。したがって、われわれは出来事のある特徴は想起できるが、別の特徴は想起できないことがある。たとえば目撃者が、犯人は髭を生やしていたかどうかを正しく想起できないというだけでは、その他の顔の特徴（たとえば、傷跡があったかどうか）の想起も不正確であるとはいえない。[3]

3　最近の研究では（Fisher & Cutler, 1991）、犯人のある特徴（たとえば髪の色）に関する再生の正確性から、別の特徴（たとえば衣類）に関する再生やラインナップ（訳注：ターゲットを含めた実際の人物数名を提示）からの犯人の再認に関する正確性を予測できないことが示されている。弁護士は多くの場合、目撃者の証言がある一側面において誤っていることが証明できるという理由で、その他の証言やラインナップにおける自信のある犯人特定も退けられるべきであると、陪審

同じ論法が、名前や数字を思い出すことにも当てはめられる。聞いたはずの名前を想起できない目撃者が、名前のその他の特徴（よくある名前か珍しい名前か、英語かフランス語か、長いか短いか）を想起できることがある。目撃者は正確な名前を思い出せなくても、何音節の名前であったとか、どの音節にアクセントがあったかまでを示すことができるかもしれない。このように、名前が分からない場合でも部分的情報は得られるという考え方は、多くの記憶検索テクニックの核心を成している（第8章「特定情報の想起」を参照）。

表象の多様性

一つの出来事は、いくつかの異なる記憶コードで表象されている。それぞれのコードは出来事のいろいろな側面を表象し、他と比べ捜査に有益な情報を含んでいるコードもある。**面接官の目的は、どの記憶コードが最も有益な情報をもっているかを判断し、その記憶コードを活性化するように目撃者を導くことである。**

知識の精度

出来事が知覚されると、非常に概略的なものから非常に詳細なものまで、精度の異なるいくつかの層で同時に表象化される（Fisher & Chandler, 1984, 1991）。そして、表象には多くの層の水準があると思われるが、問題を単純にするため三つの水準だけ述べることとしよう。ま

員に信じさせようとする。こうした論法は、特徴が相互依存的に知覚され再生されるということを前提としている。しかし、われわれのデータでは独立して処理されることが示唆されており、この論法はまったく支持されていない。

　もう一つ、弁護士が好んでもち出す論法は、目撃者が法廷内の物事のちょっとした特徴を思い出せなければ陪審員は目撃者の証言を信用すべきでない、というものである。たとえば、「彼女は、今見たはずの廷吏が男性か女性かさえ覚えていないのですから」に続いて、「ましてや、二年前に起こった出来事に関する彼女の記憶を、どうして信用できるでしょうか？」と弁護士は陪審員に主張する。この論法は前者にもまして弱い。特徴が相互依存的に処理されていると仮定するだけでなく、こうした相互依存性が別々の出来事の間（犯罪と法廷）でも保たれるという仮定に立つからである。

ず、最も大まかな水準の表象では、たとえば銀行強盗は目撃者の心の中で単に「銀行強盗」として符号化されるだろう。目撃者がこの非常に大まかな表象を使い、何が起こったのかを説明すると、「銀行強盗を見た」と述べるにとどまる。「何があったか話してください」と目撃者に尋ねているのに、たった一言だけ「強盗に遭いました」といわれるときの失望は、多くの刑事が共感するところであろう。次に精度が中程度の水準では、出来事は一連の行為として表象化され供述される。たとえば、「二人の男が銀行に入ってきました。一人は脇に離れて立ち、もう一人は列に並んで待っていましたが、窓口係に近づくと、銃を抜いて金を要求しました。離れた方の一人が、皆に向かって床に伏せろと怒鳴りました。最後に、二人とも銀行の外に駆け出て車で走り去りました。」という内容である。この種の表象は、「銀行強盗」という供述よりも具体的な情報を含んでいることは明らかだが、まだ理想には程遠いものである。

　最後の最も詳細な水準の表象では、銀行強盗は知覚的出来事の羅列として符号化される。そこには捜査上なくてはならない、たとえば、「強盗の一人は正面が擦り切れた青緑色の帽子をかぶっていました。帽子の下から左側にはみ出ている髪の毛が見えました。濃い茶色で、ちょうど耳の後ろ辺りを赤く染めていました。首の後ろは日に焼けていて、首の横には二インチの斜め傷がありました。男は神経質そうに見えました。目は左右に素早く動き、早口で甲高い声で喋っていました…。」のような、きめ細かい描写的情報が含まれている。

　ほとんどの場合、捜査員の目標は最も詳細な水準の表象を活性化させることである。しかし、こうした詳細な記憶コードが存在するからといって、それが利用されるという保証はない。なぜなら、中程度および大まかな水準の表象もともに活性化される可能性があるからである。そこで、どの水準が活性化されるかは、面接官の探査スキルに依存する。

　詳細な水準の記憶コードは、大まかな水準のコードよりもアクセスしにくいために、活性化が難しい。したがって面接官は、それらを突き止めるよう検索プロセスを誘導するのに、一層熟練している必要がある。さらに、詳細な水準の記憶コードから情報を読み取るには、かなりの心

的集中を要する。したがって面接官は、目撃者が必要とされる集中力を生み出すように、より大きな動機づけを与えなければならないだろう。最後に、記憶コードの読み取り過程では鋭く集中することが求められるため、外的妨害によって簡単に乱される。目撃者が集中力を高めた状態に入ったとき、話すのをさえぎったり、あるいは何の動揺も与えないように面接官は特に注意しなければならない。

それでは、目撃者がいかにしてこうした強い集中状態に入るかを、面接官はどう見極めればいいのだろう？　よくあるのは、特徴的な視線の固定と発話パターンが目印となることである。目撃者は、視覚情報の量を少なくするように、面接官の顔から視線を外したり目を閉じたりすることがある。また、ゆっくりとした慎重な話し方になることもある[4]。こういった強い集中の徴候を示しているときに、**目撃者を動揺させることは絶対に避けねばならない。**

概念コードとイメージコード

記憶表象は精度の水準という点だけでなく、形式という点でも異なっている。ここでは概念コードとイメージコードという、二種類の記憶表象の形式について紹介しよう[5]。

概念コードの中の情報は、辞書の中の定義と同じように、意味的概念のリストとして貯蔵されている（Anderson, 1990）。たとえば、犯人のことを描写する概念コードなら、「そわそわしている」、「ぎこちない」、「とても背が高い」、」「卑劣だ」、「大きな傷」などの単語や語句の羅列が含まれている[6]。面接官が犯人に関する描写を求めると、目撃者は「犯人」

4　こうした行動は微妙であり、記憶検索に没頭していることと、唯一に対応しているわけでもない。したがって、これらは明確な基準というより一つの目安として慎重に利用すべきである。

5　イメージと抽象的観念の表象形式が同じか異なるかについては、心理学界の中でも論争が継続している（たとえば、Kosslyn, 1981; Pylyshyn, 1981 を参照）。ここでは形式が異なるという立場をとるが、説明が簡単だからにすぎない。

6　より正確にいうと、概念コードに含まれるのは単語や語句ではなく、それらが意味する観念である。心理学者はこうした抽象的観念を命題と呼ぶ。

に対する「心的辞書」を大なり小なり紐解いて、属性リストを読み上げる。こうした属性は利用しやすく、面接官に伝えるのも容易である。しかし、概念コードは不完全で不明確であるという点での代償を伴っている（正確にはその傷は、どのくらいの大きさで、どこについていたのか？などが伴っていない）。面接官がもっと正確な情報を必要としているなら、別の種類の心的コードであるイメージコードを活性化しなければならない。

　イメージコードは、イメージまたは心的写真という形をとる。イメージコードは概念コードと異なり、表象する対象に似た形をしている。それは地図のようなものである。地図の形は、それが表象する国の境界線を写している。[7]たとえば、犯人の顔に関するイメージコードは顔のような形である。肌の色や質感もイメージにそのまま表象されている。心的イメージは、頭の中で「見る」ことや「触る」ことのできる特定の色や質感をもっている。また、聴覚的イメージも存在する。発話されたメッセージのイメージコードは、そのメッセージの内面化された「録音テープ」である。そこでは、大きな音は「大きい」イメージとして表象されている。イメージコードは、それが表象する対象と同じ形態をとるので、概念コードよりも正確な情報が含まれている。[8]たとえば傷のイメージコードは、その傷の多きさや位置をそのまま表象しているが、一方の概念コードでは、傷が「大きくて左側にあった」ことしか表象していない。しかし、イメージコードにも代償が伴っている。イメージコードは、概

---

[7]　心的コードの物理的実体は脳内の細胞配置であり、表象する対象に似てはいないが、あたかも同様の特性を有するかのようにふるまう（抽象的な同型論：Shepard, 1975）。たとえば、空間中の実際の物体を90度回転させるのは45度より時間がかかるように、心的イメージを90度回転させるのは45度よりも時間がかかる（Shepard & Metzler, 1971）。ここでは、心的コードの物理的特性は関係ない。われわれが関心をもつのは、コードの行動的特性のみである。

[8]　概念コードでは、対象の特徴が言語的（命題的）表象へと変換される。これに対し、イメージコードでは特徴は変換を介さず、そのまま表象される。他のあらゆる心理的変換と同じく、情報の概念コードへの変換ではエラーが入り込む。さらに、言語的コードの正確さは目撃者の言語スキルに依存しているため、言語スキルが低い目撃者は遥かに不正確な概念コードしかもたないだろう。

念コードよりもアクセスするのが遥かに難しい。さらに、イメージコードの内容を言語化することは、概念コードよりも困難である。

　それでは目撃者がある出来事について、概念コードから述べているのかイメージコードから述べているのか、面接官はどうすれば判断できるのだろうか？　一つの手がかりは、目撃者の行動が、描写の対象となる形態を模倣するかどうかである。目撃者がイメージコードを利用しているのなら、部屋に関する描写は、あたかも自分が実際にその部屋を歩き回っているかのように、ある位置から始まって一つの方向（たとえば時計回り）に進んでいくだろう。同じ部屋について概念コードから描写されると、対象はもっと意味的または機能的な次元で整理されるだろう。まず電化製品が全部述べられ、次にテーブルと椅子が述べられるかもしれない。あるいは一番高価な品物がまず述べられ、安い物がそれに続くかもしれない。目撃者が犯人の声をイメージコードから描写すると、目撃者の音声パターンが犯人の声を真似て変化する可能性がある。犯人が叫んでいたことと呼応して話し声を大きくしたり、犯人の訛りと呼応して話し方を変えることもある。同じ犯人の声を概念コードから描写すると、目撃者は犯人が喋った内容を示した後に、「……と大きな声で話していました」とか「……そして南部の訛りがありました」とだけつけ加えるだろう。出来事をイメージコードから描写した、とりわけ劇的なケースの一つでは、目撃者は両手を体側に沿って動かして、強盗犯の上着のポケットがどこに付いていたのかを正確に指し示したのである。

　多くの出来事は概念コードとイメージコードの両方で表象されており（Paivio, 1971）、面接の最中にはどちらも利用される可能性がある。常に利用されるのがどちらのコードであるのかは、目撃者が自分の課題をどう捉えているかに左右され（Brooks, 1968; Tversky, 1969）、それは捜査員が面接をどのように実施するかを反映する。それぞれのコードが独自の情報をいくらか含んでいるので、理想をいえば、面接官は目撃者が両方のコードを利用するように促すべきである。

　最近、実施した殺人事件の容疑者を見た婦人への面接では、目撃者は容疑者が左耳に金のイヤリングをしていたことを思い出した。彼女は、

容疑者のイメージコードを探査した後にこのことを思い出したのであり、先に探査した概念コードからではなかった。面接では最初に、容疑者の外見に関する全般的な質問をしたが（「貴金属を身につけていましたか？」）、これは概念コードの利用を促したはずである（第10章「概念コードの探査」を参照）。しかし、彼女は思い出せないといっていた。面接の後半で彼女は、目に掛かった髪を元に戻すかのように頭を後ろに振る容疑者の横顔のイメージを、よく覚えているといった。これは、容疑者の顔の左半分について彼女がもっているイメージコードを調べるための、われわれの手がかりとなった。このイメージに注目してくれるよう頼むと、彼女は左耳のイヤリングを見たことを思い出した。この事実が明らかとなった他の情報とともに容疑者を特定し、結果的に事件の解決に役立つことになった。

記憶検索

　われわれが経験する忘却の多くは、貯蔵されている心的記録の検索が適切でないことに起因する。つまり、元の体験に関する記録がわれわれの心の中に存在するにもかかわらず、それが探し出せないのである。[9] 空間的なたとえを用いるなら、心の中の間違ったスペースを覗き込んでいるから、忘却してしまうのである。それでは、どうすれば、こうした検索プロセスをもっと効果的にすることができるのだろうか？　記憶検索の促進には、「文脈の再現」・「集中力」・「複数の検索の試み」という三つの基本的原理がある。

9　記憶痕跡とは確かに存在しており、忘却が起こるのは出来事の記録がないためではないということが、どうしていえるのだろう？　ある検索手がかりを与えられたときには再生不能である出来事の多くが、別の手がかりを与えられれば再生可能になるということを、さまざまな心理学的実験が示している（Tulving, 1974を参照）。二度目には再生可能であったということが意味するのは、記憶コードは終始存在していたに相違なく、最初に忘却が起こったのは不適切な検索手がかりを用いたためということである（第2章の脚注1も参照）。

文脈の再現

　おそらくわれわれは誰でも、次に述べるような直後記憶喪失（いわゆる、ど忘れ）を経験している。居間のソファーでテレビを見ていると空腹感を覚えたので、冷蔵庫に何かないか探そうとして、上の空で台所に向かう。台所に着くと突然、そもそもなぜそこに来たのかを忘れてしまっている。当惑と若干の気恥ずかしさを覚えつつ、テレビ番組の続きを見に居間へ戻る。ソファーに寝そべるやいなや、どうして台所に行ったのかを思い出す。台所では忘れているのに、その後にソファーに寝転がったときに思い出すのは、いったいなぜであろう？

　先に述べたように、(a) 人の生理状態（この場合では、ソファーに寝そべることによる筋のフィードバック）は元の出来事（この場合、お菓子を取りに行くこと）の心的記録の一つの成分であり、(b) 元の生理状態を再現することは元の出来事を思い出す可能性を大きくする。居間に戻りソファーに寝そべることで、元の生理状態を再現したのである。それが、その場所と結びついた思考パターンを蘇らせた。実務的な観点からいうと、出来事が起こったときと同じ心理的、生理的、情動的状態に目撃者を戻せば想起が促進される（Tulving & Thomson, 1973）。また、出来事に関する環境的文脈を再現することによっても想起は促進される。したがって捜査面接で想起を促進するには、**面接官は目撃者を促して、元の出来事をそのときの自分の考え、情動、生理状態を再現しながら思い返してもらうべきである。また面接官は目撃者に、その出来事を取り巻く周辺的環境（場所、天候、日時など）について考えるよう求めるとよい。**

集中力

　他の心的活動と同じく記憶検索には集中力を必要とし、何であれ集中の妨げとなるものは妨害要因となる（Johnston, Greenberg, Fisher, & Martin, 1970）。面接が適切に行われれば、集中の強さは目撃者の顔にはっきり表れてくる。集中力を高めるために目を閉じるかもしれないし、

目を開けたままなら瞳孔は広がり、瞬きは少なくなるだろう（Geiselman, Woodward, & Beatty, 1982）。身体全体では、全身の動きがごく僅かで、見られたとしてもくつろいだ姿勢の特徴はほとんどない。われわれが面接を行った目撃者の一人は、非常に鋭く集中した時間帯に「こりゃ重労働だ！」と叫んだ。

目撃者が記憶の検索に集中して取り組もうとしないことが多いのは、精神的に非常に厳しいプロセスだからである。こうした例では、面接官は目撃者を励まして、さらに必要とされる努力を行ってもらわなければならない。面接官は好意的に提案する形式で、これからの課題の難しさを目撃者に理解させ、このプロセスを支援する必要がある。また集中力は非常に途切れやすいので、**面接の最中、特に最も詳細な水準の表象を検索しているときには、目撃者の集中の妨げとなる出来事は一切起こさせてはならない**。そのためには、外部環境や面接官と目撃者とのやり取りをコントロールして、妨害要因を最小限にすることが必要である。

複数の検索の試み

記憶力のよい人と悪い人との違いの一つは、よい人は悪い人より検索を多く試みるということである。記憶力のよくない人は、一つの出来事について数秒間考え、その記憶が引き出せないとすぐに止めてしまう。そうした人々は、「自分は記憶力が悪い」と信じているので、検索の努力を早々と打ち切ってしまう。これに対し記憶力のよい人は、もっと多くの検索を試み、出来事の検索努力に長く時間をかけ簡単に打ち切ってしまうことはない。おそらくは、「自分は記憶力がよい」と思っているからだろう。実際のところ、記憶力のよい人が多くのことを思い出せる理由の一つは、すぐには諦めないことである。一般に、目撃者が特定のエピソード（訳注：その個人の経験に基づいた出来事）の検索を多く試みるほど、多くの情報が想起されるだろう（Roediger & Payne, 1982）。したがって、**目撃者にはできるだけ何度も検索を試みるよう働きかけるべきである**。

複数の検索を試みるよう教示する背景にあるのは、先に述べた観点、

つまり出来事はいくつかの異なる記憶コードによって表象されているだろうという考え方である。このことは、記憶痕跡を活性化させる多様な検索経路が存在する可能性を示唆している（Anderson & Pichert, 1978）。ある検索方法では想起されない出来事であっても、別の検索経路をとれば想起される可能性がある。たとえば犯人が目撃者の身体に接触していたなら、目撃者は犯人の衣類について、視覚的表象と触覚的（手触りの）表象を有しているだろう。衣類の生地について、視覚化することで想起ができなくとも、どんな感じがしたかを考えてみることで想起できることがある。一般に、**目撃者にはさまざまな検索アプローチを使うよう促すべきである**。

要約

1. 面接官も目撃者も、心的資源には限界がある。したがって、心的資源を主要な情報源に集中させることを妨害する何らかの内的または外的な妨害要因があれば、面接の質は低下するだろう。
2. 記憶コードは、出来事の客観的事実だけでなく、その出来事を経験したときの心理的、生理的、環境的文脈をも反映している。
3. 出来事は、いくつもの特徴の羅列として表象され、それぞれの特徴が他とは独立に検索可能である。
4. 一つひとつの出来事は、いくつかの異なった記憶コードで表象されている。
5. 出来事は、精度の異なる水準で同時に表象されている。最も詳細な水準は、捜査員にとっては最も有益であるが、その記憶コードは目撃者にとっては最もアクセスしにくく、そして伝えにくいコードである。
6. 出来事は、概念コードとイメージコードという二つの形式で貯蔵されている。イメージコードの方が出来事をより正確に表象している。
7. 記憶検索を促進する三つの基本的原理は、元の出来事の文脈を再現すること、集中力を高めさせること、複数の検索を試みるように目撃者を促すことである。

第8章

記憶促進のための実務テクニック

　ここまでで、情報が心の中でどのように表象され、その情報がどのように検索されるかに関する一般的な理解が得られたと思うので、これらの記憶回復の促進に用いることが可能ないくつかの具体的テクニックについて検討してみる。本章全般において、ほとんど、もしくはすべての目撃者の経験は記憶のどこかに貯蔵され[1]、本人が思い出せないといっている場合でも、その情報の多くは適切な検索テクニックを用いて引き出すことができる、と仮定して話を進めていく。目撃者一人だけでは犯罪の特定の詳細を思い出すことはできないかもしれないが、面接官の手助けによってこれらの詳細情報の一部が現れてくる可能性がある。

　本章では、全般的な記憶を向上させるためのテクニックとともに特定の情報、たとえば名前を想起する手助けとなるテクニックについても述べる。その全般的な記憶促進の手続きは、前章で述べた三原則に基づいている。すなわち、(1) 元の環境における文脈を再現すること、(2) 集中力を活用すること、(3) 複数の検索を試みるように促すこと、である。特定の情報を想起する補助となるテクニックとは、出来事は全体的な一塊として貯蔵されているのでなく、個々の特性の羅列として貯蔵されているという原理に従っている。

1　この考え方は、支持することも拒絶することも不可能である。実際には、ロフタスとロフタス（Loftus & Loftus, 1980）により、すべての経験された出来事が記憶に貯蔵される可能性は低いことに関して、説得力のある議論が提起されている。それでもなお実務的観点からは、このアプローチは追求されるべき価値がある。なぜなら、そうすることによって、よりよい検索テクニックが開発され、それらは再生される情報量を豊富にすることが証明されているからである。

元の出来事の文脈再現

　出来事が発生した文脈は、その出来事がどのように記憶に貯蔵されるかに大きく影響する。たとえば、銀行強盗に関する心的記録には、強盗事件そのものだけではなく、それが発生したときの物理的、心理的環境も含まれている。したがって、発生時の照明状況や観察者の心理的、感情的状態は記憶内容の重要な要素である。文脈は出来事の記憶内容に対する大変重要な決定因なので、それは同時に、どのような記憶の検索テクニックが効果的であるかを決定する際にも重要な役割を担う。捜査面接の基本原理は、**面接時に出来事の文脈を再現することによって、目撃者の再生が促進される**ということである。[2]

　元の犯罪の文脈は、**目撃者にその文脈について積極的に考えるように求めたり**、目撃者がそれについて思い浮かべるような具体的な質問をすることによっても再現が可能である。たとえば面接官は、以下のように分かりやすくいうことができる。

　　あなたご自身を、犯罪が起こったときと同じ状況においてみてください。あなたはそのときどこに立っていたのか、何を考えていたのか、何を感じていたのか、部屋がどのように見えたのか、について考えてみてください。

　目撃者に対して積極的に文脈を再現するよう求めた場合には、面接官は詳細情報を綿密に探査する前に、目撃者に十分な時間を与える必要がある。一般的には、数秒間（5～10秒）が適当であろう。教示はゆっくりと丁寧に伝えるべきで、そうすることによって、目撃者は教示を聞

2　興味深いことに、警察科学のマニュアルの中には、そのような文脈指向の質問、たとえば「そのとき、あなたはどこに立っていたのですか？」といった質問を推奨しているものもある（たとえば、Levie & Ballard, 1981; Weston & Welles, 1970）。しかしながら、それらのマニュアルでは、面接の最後でこれらの質問をするように提案しており、それでは記憶の促進要因としての価値はもはや有していない。文脈の再現を活用するには、面接の冒頭、つまり目撃者が思い出そうとする前に行うべきである。

きながら文脈を再構成することができる。面接でよく見られる誤りは、この段階で急いでしまうことである。目撃者に犯罪の文脈について思い浮かべるよう求めた直後、つまり目撃者に文脈について考える十分な時間を与える前に、出来事の細部を描写するよう求めてしまうのである。目撃者に元の文脈を再構成するよう求めた後は、面接官は目撃者がそれを終えるまで待つべきで、その後にのみ犯罪に関する探査に入るべきである。一般的に目撃者は、首を縦に振ったり、視線を面接官に向けたり、「いいですよ」などといって文脈を一通り考えたことを示してくれる。

　もし面接官が、文脈の再現に別の方法を用いたければ、目撃者に連続した質問を行うことによっても可能である。たとえば、「そのときどこに立っていたのですか？」、「どのように感じていたのですか？」、「何を考えていたのですか？」といった具合である。質問は一度に一つのみを尋ねるべきである。そうすることによって、目撃者は、それぞれに返答することができる。質問に返答するという行為を行いながら、目撃者は元の文脈を再現するであろう。目撃者に文脈を再現するよう積極的に教示する、あるいは連続した具体的な質問を投げかけるというアプローチも互いに似ているので、面接官はどちらか一方を使ってもよいし、それら双方を組み合わせてもよい。たとえば面接官は、目撃者に照明状況を再現するよう積極的に教示しつつ、感情状態について具体的な質問をすることもできる。

　目撃者が元の文脈の細部について部分的に思い出せない場合には、面接官はいくつかの手がかりを提示してもよい。ただし、それらの手がかりには、出来事に関する誘導的な情報を含んではいけない。具体的には、何らかの永続的な構造物、たとえば建物や交通標識といったものについて、面接官が犯罪現場の略図を描いてもよい。同様に面接官は、店舗や交差点の写真を見せてもよい。しかし写真には、犯罪と直接結びつくような細部情報が含まれていてはならない。

　犯罪が発生した直後には特定の情報の断片について思い出せたのに、現在の面接中には、もはやその情報の再生ができないと目撃者が述べることがある。たとえば、犯罪発生後の夕食時には夫に対して事件につい

て喋り、そのときには犯人がシャツにつけていたバッジを思い出していた。しかし、犯罪について考えている今の段階では、そのバッジについて思い出すことができなくなっている。このような状態になったら、面接官は元の犯罪の文脈を再現するか、もしくは目撃者がうまく思い出せていたより早い段階でのエピソードを再現してもよい。面接官は、目撃者が夫と事件について話し合った夕食の場面に自らを立ち戻らせて、その犯罪を思い出すために心の中で用いた考え方を再現するように求めるのもよい方法である。これは、最後にうまくいった再生（夕食時）がそれ程前の出来事ではなく、目撃者がその事実を思い出すのに苦労した場合に特に有効である[3]。この少し前にはうまくいった想起を再現させるという戦略を用いるためには、面接官はあらかじめ、目撃者がその事実を以前にはうまく再生できたということを、事前に把握していなければならない。目撃者は最初の自由報告的な供述段階で、このことに言及することもあるだろう（第11章を参照）。そうでないときには、面接官は目撃者に対して以前には再生すべき事実を思い出せたことがあるかどうかを、はっきりと尋ねるべきである。

　記憶内容は、外的環境よりも観察者の思考により大きく影響されるため、目撃者に物理的な環境を再現するよりも、自身の思考を再現するよう働きかけることは、大変価値のあることである。このことは、**目撃者が犯罪のある側面を記憶しようと、意識的に努力した場合にはより重要である**[4]。**そのような場合、面接官は目撃者に対してどのように出来事を記憶しようと努めたか、自らの思考過程を再現するように働きかけるべきである**。われわれが実施したある面接で、目撃者は事件発生時、逃走車両の車両ナンバーを記憶しようと努力したと述べた。目撃者の洞察力

3　難易度の高い記憶の検索課題は、意識レベルにおいて行われる傾向が強いため、後の想起にも一層役立つ（Klatzky, 1980）。

4　犯罪は多くの場合、警告なしに発生する。したがって、目撃者が細部を記憶しようと意識的に努力することはまれである。たいていの場合、目撃者は一次的本能である自衛本能にしたがって反応する。しかし目撃者が油断なく注意して、頭の回転が早いときには、その目撃者が意識的に記憶した試みをうまく活用することが重要である。

をフルに活用するために、われわれは以下のように尋ねた。

> あなた自身を、あなたの車の中においてみてください。あなたが逃げていく車が動き出したのに気がついたときにです。あなたは、車両ナンバーを記憶しようと努力したとおっしゃいましたね。それは、あなたが車両ナンバーは重要だと思ったからでしょう。そのときあなたは、車両ナンバーを記憶するために、どのような試みをしましたか？

この教示は、極めて重要であることが判明した。なぜならば、目撃者が車両ナンバーを目撃したとき、その数字が自分の以前の住所と似ていると気づいたからであった。そこで、目撃者はその連想を使って、車両ナンバーを思い出す手助けとした。そのナンバーをどのように記憶しようと努力したかを思い出すとすぐに、三桁のうち二桁を再生することができた。これは特に注目に値する事例で、この想起の成功は目撃者が車を見てから一年以上経過してからのことであり、最初の面接では車両ナンバーの再生に失敗していた。

集中力

われわれは前章で、目撃者は犯罪の大まかな情報（「銀行強盗があった」）とともに、とても詳細な情報（「一人の男には、小さいギザギザの傷が左ほおの下の辺りにあり、右目上には小さなほくろがあって…」）も貯蔵していることを述べた。驚くべきことではないが、その詳細な記憶コードには、捜査員にとって貴重な情報の多くが含まれている。これらの細部にわたる記憶は、多くの場合、イメージコード（概念コードの対語、第7章を参照）に貯蔵されている。したがって捜査員の目標は、詳細なイメージコードからできるだけ多くの情報を引き出すことである。

捜査員は、たとえ協力的な目撃者であったとしても、ここで何らかの抵抗を受ける可能性がある。なぜならば詳細な記憶コードからの検索には、目撃者が自発的に行う集中よりもさらに鋭い集中が必要であること

が多いからである。目撃者は検索する努力を強化する代わりに、犯罪をより表面的レベルで描写するという簡単な課題を選択することがある。そうすることで、心的な努力を消耗させない、という目撃者にとっての当面の問題は解決することになる。しかし、結果として得られる表面的な描写では、捜査上の価値はほとんどない。したがって面接官の当面の課題は、目撃者が可能な限り詳細なレベルで出来事を描写できるように、必要な集中力を発揮するように動機づけることになる。

多くの目撃者は詳細な事実を求めて、記憶を一生懸命くまなく探すことがどれだけ困難であるかについて理解していない。そこで、面接官はその課題が簡単ではなく、かなりの集中力を必要とすることを述べる必要がある。次のような説明が、一つの雛型となろう。

> 私は犯罪の詳細を思い出すのは、困難な課題であることを承知しています。詳細な情報はすべてあなたの心の中に残っていますが、それらを思い出すにはとても集中しなければならないでしょう。あなたはすべての情報を握っているのだから、ここでの作業のほとんどを、あなたにやっていただけるよう期待しています。これが大変であることは分かっているのですが、できる限り集中するように心がけてください。

集中力の維持

ひとたび目撃者が必要なだけの集中力を高めたなら、面接官は目撃者が集中力を維持するために、できる限りのことを行う必要がある。不幸にしてお粗末な戦略を用いることで、面接官は知らず知らずのうちに目撃者の集中を妨害することがある。それは面接官の何気ない行動であったり、まずい時間配分のためだったり、適切でない質問語法のためだったりする。

ほとんどの面接官は、面接中の自分を観察する機会がないために、相手の気を散らしてしまう癖に気づかないことが多い。われわれのほとんどが、自分では気づいていないさまざまな神経質な習慣をもっていて、それが他人の気をそらしてしまうことがある。たとえば、ペンを何回も

クリックしたり、指先で机を軽く叩いてみたりといったことである。われわれはそういった習慣を無意識的に繰り返し行うので、それが自分には邪魔にならないし、それを止めようとはほとんどしない。しかしながら、それらが目撃者の集中をそらすことは間違いないので、止めるべきである。そのため、面接官は、まず自分の行動をモニターする必要がある。面接官は同僚に、面接実施中の自分を観察してくれるように頼むとよい。もしくは、面接を実施している自分をビデオで撮影し[5]、そのビデオを客観的に注意深く観察することもできる。個人的な話になるが、われわれも自らを録音した面接をいくつか聞いてきたが、その度に他人の気を散らしてしまうような自分の多くの癖に気づいて、いつも驚いていた。面接官がこれらの気を散らせる原因に気づいたなら、それ以後の面接では、これらの癖に意識的な注意をして、自分のレパートリーから癖を除去するように努力しなければならない。

無線

相手の気を散らせる妨害要因の中で面接官が直ちに除去できるものの一つに、無線からの雑音がある。われわれが検討した面接のほとんどにおいて、面接官は、面接中に無線をつけっ放しにしていた。おそらく刑事は勤務時間中の大部分は無線を携帯しているために、無線が気を散らせるものと気づいていないのである。何といっても、一般市民は警察の無線を聞くことはめったにないし、これらの音を気が散るものと思う可能性が高い。この妨害要因の根源を除去する最も簡単な方法は、**面接実施前に無線を切る**だけである。

アイ・コンタクト

第二番目のおそらく意外な妨害の根源は、面接官が目撃者の目を直視することから生じる。多くの人々は、アイ・コンタクトとはラポールを

---

[5] ビデオテープの撮影は、録音よりも役に立つ。相手の気を散らせる行動の中には視覚的なものもあるし、それらは録音だけでは分からないからである。しかし、録音のみでも、何もしないよりはよいことは、いうまでもないことである。

維持する手助けとして望ましいと確信している（第3章を参照）。これは確かに事実であり、最初にラポールを形成しようとする面接の冒頭には特に価値がある。しかし、それ以外の面接時、特に目撃者が集中力を必要とする心的課題を行なっているときには、アイ・コンタクトは妨害要因となることがある。[6] 面接官は、目撃者の顔の目より下の部分を見るべきである。そうすれば、失礼な面接官とは思われないし、目撃者の目を直視することもない。

クローズ質問とオープン質問

クローズ質問を数多く行うことは、目撃者にとって面接官の質問を聞くことに心的能力を多く費やすため、結果的に内的な記憶の源泉に集中できなくさせてしまう。その代わりに面接官がオープン質問を行ったら、面接官の質問数は減少する。なぜなら、各質問がより完全な返答を引き出すことになるからである。明らかなのは、面接官が尋ねる質問が少ないほど、目撃者の集中力を妨害しにくくなるということである。

それに関連することとして、オープン質問はより鋭く目撃者が記憶を検索することを促し、より正確な知識レベルが活性化される（第7章を参照）。[7] 結果的にオープン質問はクローズ質問よりも、より詳細な描写を引き出すのである。

---

6 われわれは、人が自分に向かって視線を合わせているとき、その人に注意を向けることで社会生活に適応し、目をそらすことによって無作法であると思われることを望んでいない。したがって、面接官が目撃者と視線を合わせると、目撃者は出来事の記憶に関して内面的に集中するのと反対に、面接官に注意を向けてしまう結果となる。

7 オープン質問に答えることによって、目撃者の記憶検索がどんどん強くなり、回答がどんどん深くなっていく。集中力の明らかなサイン（慎重でゆっくりとした喋り方）は、目撃者が回答を徐々に進行させたときに見い出されやすい。したがって、より長くより精緻で完璧な反応を引き出すための質問（オープン質問）は、より多くの集中力を引き出すことになる。

さえぎり

　何といっても面接官が行ってしまう最大の妨害要因は、目撃者が話している最中に、その話しをさえぎることである。さえぎることは、目撃者の集中を混乱させる。なぜならば、さえぎることにより（a）目撃者の注意を自らの内面的な心的イメージの代わりに、面接官の声という外面的な方向に向けさせてしまい、（b）目撃者が徹底して記憶を検索することを妨げるからである。[8]

　われわれの分析では他のどんなことよりも、目撃者の話をさえぎるという誤りがあるかないかで、上手な面接官とそうでない面接官を選別できることが示された（Fisher, Geiselman, & Raymond, 1987）。よい面接官は下手な面接官と比較すると、より忍耐強く、話をさえぎることがずっと少ない。話をさえぎらないことが有効な面接に重要であるにもかかわらず、このルールが頻繁に破られることを考えると、**面接官が学ぶことができる唯一絶対的に重要なスキルとは、目撃者が話している途中にさえぎらないということである。面接官は、目撃者が話し終えるまで待つべきである。そしてその後、目撃者が話し終えた後にフォロー・アップ質問を行うべきである**（Flanagan, 1981; Levie & Ballard, 1981; Prior & Silberstein, 1969; Rochester, N.YP.D., 1981; Wicks, 1974 も参照）。

　話をさえぎることは、このように目にあまるような明らかな過ちであるのに、なぜ面接官はそれでも頻繁にさえぎってしまうのだろうか。さえぎってしまうことに対する止むにやまれない理由は、目撃者が何か興味を引くことを口にしたため、面接官がフォロー・アップ質問を行いたいと欲するからである。しかし、面接官は目撃者の返答を聞きながら、それについて完璧で正確なメモを取っていたら、尋ねたい質問を忘れてしまわないかと不安になる。もし、これらの活動が限られた心的資源に

---

[8] 脚注7において、われわれは目撃者の記憶検索が、話の進行に伴ってより集中することを説明した。そのため、返答の前半部分は、後半部分と比較するとあまり集中していない記憶検索を反映した内容となる。したがって、目撃者の返答を途中でさえぎることは最初の部分、すなわち、あまり集中していない部分だけしか残らない結果をもたらす。より集中した後半の返答を得るためには、目撃者をさえぎることなく話を完結させることが必要である。

おいて競合するとすれば、どのようにして面接官は、(1) 質問を忘れずに、(2) 話を聞き、(3) 目撃者の答えをメモとして残すことができるのだろうか？　その解決策は、意外と簡単である。貴重な資源を浪費して聞いてみたい質問を記憶に残す代わりに、**面接官は後で質問するための覚書として、ただノートにメモを書いておけばよいのである**。これによって質問は残しておけるし、限られた心的資源を費やすこともない。

　たとえば、目撃者が犯人の車について語っていて、その描写が終わらないうちに、いきなり運転手について話が飛んだとしよう。有能な刑事であれば、当然、車についてできる限り多くの情報を引き出したい。車についてより多くの情報を得るために、ここで目撃者の話を途中で中断させる（つまり、それによって、おそらくは運転手についての価値ある情報を失ってしまう）代わりに、面接官は後で目撃者に車について完璧な話をしてもらうための覚書として、自分用のメモをとっておくだけでよい。そして、目撃者が話し終えた時に、面接官は車についてさらに深く調べることができる。面接官はたとえば、「あなたはさっき、犯人の車について話してくださいましたね。車は旧式の青のフォードとおっしゃいました。車について他に何か、お話し願えますか？」といったことを述べてもよいだろう。

　このアプローチを、次の引用におけるやりとりで検討してみよう。面接はある女性に対するものであり、その女性は車内に座っているときに見知らぬ人間に襲われた。ここにある引用は面接の中盤を抜き出したもので、そこで面接官は目撃者に犯人について話すよう求めている。

　　面接官：もし、あなたが最初に男を見た瞬間にご自身を引き戻し、そのときに見た最初のものについて思い出すことができるなら、男について一番上から始めましょう。まず、男の上の部分から始めて、下の方に降りていきましょう。
　　目撃者：私が最初に見たのは、帽子です。
　　面接官：どんな種類の帽子でしたか？
　　目撃者：野球帽のような感じでした。
　　面接官：だけど、それは野球帽ではなかった。

目撃者：そうです。ただ、野球帽に似たつくりだったのです。私は
　　　　　Tシャツを見ました。
　面接官：帽子は何色でしたか？

　面接官の最後の質問にあたる帽子に関する問いかけが、目撃者のTシャツに関する思考の波をどのように妨害しているのかに注目して欲しい。果たして目撃者は、この質問の次にTシャツについての情報を自発的に話すことはほとんどなかった。当然、われわれでも、もし面接官がここで目撃者の話をさえぎっていなければ、Tシャツに関してどれだけ多くの情報を聞き出せていたのかは予想できない。しかしながら、録音から明らかになったことは「帽子」に関する質問が、目撃者がTシャツについて考える邪魔をしているということである。もし面接官が、後で帽子について詳しく聞くための覚書としてノートに「帽子？」と短いメモさえ取っていたら、面接官は一番情報を得やすい状態で、Tシャツについてもっと多くの情報を引き出すことができたかもしれない。

　面接官のノートには、目撃者からもたらされた情報のみならず、後で質問をするための自分用の覚書が書き込まれる必要がある。ある手順としては、後で付加的情報として詳しく聞くための覚書として、単純にクエスチョンマーク（？）をメモ用紙の左の余白につけておく。次にクエスチョンマークをつけた質問を終えた後、さらに面接官はクエスチョンマークに線引きして質問がなされた目印とする。面接官は定期的に、まだ詳しく話を聞いていないクエスチョンマークを残していないか、チェックするのである。

　目撃者に対して、先に述べた思考状態に戻るよう求める場合には、面接官はその目撃者の言葉を逐語的に、もしくはできるだけ同じように繰り返すよう試みなければならない。面接官は、目撃者の声のトーンを再現するよう努力する必要もある。特に、キーとなる言葉や語句が目立って強調されていた場合はなおさらである。一般的に面接官から提供する手がかりは、元のバージョンとできる限り似ている必要がある。それはあたかも、面接官がテープ録音されたメッセージを再生しているかのようにである。面接官の質問の仕方が目撃者の最初の供述の仕方と似てい

れば似ているほど、目撃者が先に話を中断した時点からの思考を回復するための効率的な手がかりとなる。

複数の検索の試み

　この原理の中心は記憶検索とは探査の過程であり、記憶以外の別の物の探査過程と同様に、探査すればするほどより多くの物が発見される、ということである。もしある女性が、あなたに家の中を二分間程探し回っても、紛失物を見つけることができないといったなら、あなたは必ず彼女にもっと探し続けるよう勧めるだろう。同じような調子で、上手な面接官は、目撃者がほんの少し試みただけで、探査を止めてしまった場合には、目撃者に記憶をより完璧にくまなく探査するよう促すのである。重ねて探査することは価値がある。しかし、それは新しい場所が調べられた場合に限られている。もし、目撃者が何回も同じ場所だけを調べていたら、最初の探査の後、何ら新しいものを見つけることはできないだろう。したがって目撃者に対しては、徹底して探査するように促す必要があるだけでなく、新しい領域を探査するようにも導いていく必要がある。

検索回数を増やす

　人は探査にはあまりにも多くの努力を要すると感じて、探査を止めてしまうことが多い。そのような場合には、前述した動機づけのための手順を使うことができる（第3章と第4章を参照）。しかし、そのようにしても目撃者は早々に探査を止めてしまうことがある。それは目撃者の動機づけが低いからでなく、目撃者が面接官の動機づけの方が低いと信じてしまうからである。このような考えは面接官の無愛想な、せっかちな態度から生じてくる。それは、以下のような行動に見られる。

・より個人的な導入から始めるのではなく、事実関係の細部について尋ねながら面接を開始すること
・最初に、面接がすぐに終わると述べること

第8章 記憶促進のための実務テクニック

- 時間を気にして、しきりに確認すること
- 無線をつけっ放しにし、無線からの音声を聞くために、しばしば面接を中断すること
- 他の事件に関連する事柄に注意を向けること
- そわそわして座っていること
- 座る方がより適切と思われる状態なのに、面接中ずっと立っていること（特に出口ドアの横で）
- 早口で喋ること
- 目撃者の返答が終わった直後に質問をすること
- 目撃者の返答の途中でさえぎること

　ここでは、われわれは目撃者が検索する努力を抑える原因となる、一般的な過ちのごく一部を紹介したにすぎない。仕事熱心な捜査員であれば、これらと同じくらい役に立たない他の行動についても心当たりがあると思う。緊急事態で面接を早急に終える必要性がない限り、面接官はこれらの行動は控えるべきである。

　都合のよい解釈をすれば、捜査員は、目撃者が自分だけで行うよりも、より多くの記憶探査を行うように促すことができるわけである。目撃者は、あたかも目撃者がまだ伝えるべき情報を多くもっているかのように、話の途中のどこかで一息つくことがある。そのときには、目撃者は自分の考えを一番うまく伝える言葉や語句を探しているのかもしれない。そして目撃者は、自分の話の残りについて整理しているのかもしれない。あるいは目撃者は、より多くの情報をもたらそうと記憶をくまなく探査しているのかもしれない。また目撃者は、まさに面接官の反応を見るために話を中断することもある。この面接官は、私からもっと多くの情報を期待しているのだろうか？　面接官が本当に知りたい以上のことを、私は話せているのだろうか？　といったことを観察しているのである。もし、面接官がこの瞬間に不適切な質問をしてしまったら、面接官に豊富な付加情報を途中で切り捨ててしまうことになるかもしれない。つまり面接官は、残りの返答を展開させるために必要な心的過程をさえぎったり、目撃者の返答に満足してこれ以上の情報を期待していないという

メッセージを、微妙に伝えている可能性がある。忍耐強い面接官は、目撃者が一息ついているときには黙っている。このような面接官は、どんな質問をするよりもただ黙っている方が、結果的により多くの情報を引き出すことに気づいているからであろう。

　沈黙はより多くの情報を得るために記憶をくまなく探査させる、効果的なきっかけとして役立つものである。ただし、それは返答を膨らませることができる場合にのみ有効である。もし面接官の質問に対して、目撃者が完璧な返答をしていれば、沈黙はそれ以上に付加的な記憶探査を促すことにはならない。面接官が「犯人の身長はどれくらいでしたか？」と尋ねて、目撃者が「5フィート10インチ（177.8cm）です。」と答えているのであれば、沈黙によって他の新しい情報はもたらされないであろう。なぜなら、その答えに追加できることは何もないからである。目撃者は受け身となるだけで座り、面接官が次の質問を発するのを待っているであろう。しかし沈黙は、「犯人の顔についてできる限り多くのことを話してください？」という種類の要求や、その他のオープン質問に対して、より精緻な回答を生み出すものである。なぜなら、このような質問だと目撃者がどのような返答をしようと、まだ他に提供可能な多くの詳細情報がいくらでもあるからである。沈黙はより精緻化された返答を引き出す道具として、オープン質問に引き続いて行われるときに最も効果的である。

　幅広い検索を働きかける別の方法は、目撃者が面接の初期に思い出すことができなかった事実について、考え続けるように促すことである。多くの人々は、自分の記憶の内容をとても正確に観察することが可能である。目撃者は、今すぐにはある事実を思い出すことができないとしても、その事実を後で思い出す見込みがどれくらいか述べることができる。[9] 典型的なケースとして、ある人が今まさに思い出そうとしているけ

9　これは先に述べた主張、すなわち目撃者は、最後の方に写真を提示された場合に、犯人の顔の再認成績に関して正確に予測できないことが多い、という内容と矛盾するように思われるかもしれない（第7章、脚注2を参照）。顔を再認する能力は、言語的ラベルを再生する能力とは、どこか異なる記憶の法則に従ってお

れども、その瞬間には思い出すことができないとき、それは、まさに「喉まで出かかって」いて、おそらくその人は後になってその情報を思い出すだろう（Brown & McNeil, 1966）。したがって面接官は、さまざまな事実に関する想起の見込みに関して目撃者の直観に敏感である必要があるし、その知識をさらに検索していく事実の決定に活用すべきである。もし、**目撃者が今は特定の事実を思い出すことができないが、それを覚えていることに自信はあると述べたなら、面接官は面接の後半でその事実に立ち戻るべきである。**

　目撃者が自分のもっている知識はおおむね正確だと認識しているにもかかわらず、言葉にして表現することができないと感じるような知識が、現実には意識に上ってくることがある。こうした認識の不足は、目撃者が情報を誤った方法で探査するために生じている可能性がある。たとえば、目撃者が複数の犯人に襲われたとしよう。後に目撃者は面接の中で、何らかの名前を耳にしたかを聞かれる。犯人たちは互いに話したりしていなかったので、目撃者は名前については何も覚えていないというであろう。それなのに、目撃者は犯人の一人の名前を知っているというようなケースがある。その理由は、犯人のブレスレットに名前が彫ってあって、目撃者がそれに気づいていたからである。目撃者は質問に対する回答は、音声に関する記憶の中のみにあると考え、視覚記憶についてはまったく確認しなかったのであろう。[10] この問題を回避する方法の一つは、目撃者に変則的な検索方向を使うよう促すことである。

　り（Fisher & Quigley, 1991; Wells & Hrcyiw, 1984）、とりわけ、時間的に遅れて行われる予測テストの成績に関して、その傾向が示されている（Cutler, Fisher, & Chicvara, 1989）。
10　複雑な出来事の詳細は、複数の異なる記憶コードに渡って表象されている可能性がある。もし、目撃者が誤った記憶コードをモニターしてしまえば、目撃者はその細部情報の再生ができないと誤った確信をもつことがある（第9章「詳細事項に関する原理」を参照）。

変則的な検索

　目撃者は多くの場合、出来事を発生順に述べる。まず、目撃者は最初のいくつかの行動について述べ、時系列の中程まで話を進め、最終的に最後のいくつかの行動について話を進めていく。変則的な検索を促すための一つのテクニックは、目撃者が時系列順（順向）で話し終えた後、逆の順番（逆向）で出来事を話すように求めることである。そうすると目撃者は、最後に起こった出来事もしくは、系列の中で何か目立った出来事から話を始めるであろう。次に、その出来事の直前に起こったこと、さらにまた、その直前に起こったことへと話を展開する可能性がある。多くの場合、新たな細部情報、特に行動に関しては順向では思い出せなかったものでも逆向で思い出されている（Burns, 1981; Geiselman, Fisher, MacKinnon, & Holland, 1986）。

　犯罪のテーマにとって末梢的な行動（たとえば、銀行強盗の犯行中に煙草を吸うこと）は、順向再生での想起よりも、逆向再生で想起されやすい傾向があることが判明している。末梢的な行動は、中心となる行動（たとえば、金をバッグに入れること）よりも、ある事件と別の事件とを結びつけていくための基礎情報となる可能性が高いために重要である。

　この逆向再生で想起させるという方法は、何人かの捜査員や検察官が被疑者の取調べでも効果的であるとわれわれに述べている。予期していない順番で想起させると、被疑者はしばしば、最初に計画していた元の説明と矛盾することを誤って述べてしまう[11]。

　変則的な検索テクニックの第二番目は、人々が出来事を自分中心に、

11　順序のある出来事が同じ順番で、何度もリハーサルされた場合、記憶の内容はリハーサルされたパターンと結びついてしまう（Belmont & Butterfield, 1971）。異なる順序で情報を求めると、リハーサルされたパターンを壊し、その結果として他の内容へのアクセスを提供する（Geiselman & Callot, 1990 を参照）。この戦術は、どのようなリハーサルもされていない形式の情報を求めることにも一般化できる。われわれの主張を支持する確かなデータはまだ明らかではないが、少な

自分の視点から報告する傾向から派生するものである。[12] 目撃者は、自分がそのときに立っていた場所から見て何が起こったか、もしくはその出来事が自分にどのように影響したか、を述べるだろう。別の検索方向を見出すために、面接官は目撃者に対して、その出来事を他の誰かの視点からも語るように求めるのである。たとえば、目撃者が強盗の被害にあったコンビニの客であったとしよう。強盗犯について話すよう求められると、目撃者は陳列通路ですれ違った強盗犯に関する自分のイメージに頼るであろう。もし、強盗犯が目撃者に話しかけなかったとしたら、目撃者は強盗犯の声については語らない可能性が高い。しかし、目撃者は強盗犯がレジ係に金を要求する話声を聞いていたというようなことがある。もし目撃者がレジ係の視点に立って、強盗犯について話すよう求められたとしたら、強盗犯が話した内容、独特の話し方の特徴、たとえば僅かに舌足らずであったことまで思い出すようなこともある。ただし、このテクニックを用いる際には注意が必要である。なぜなら、他の誰かの視点に立つという教示は、目撃者には回答をねつ造するよう推奨されているのだと誤解される可能性がある。この傾向に対処するために、**面接官は目撃者に、実際に目撃した出来事のみを報告すべきことを思い出させる必要がある**。また、このテクニックは大人に用いる場合にのみ有効であることに留意されたい。なぜなら幼い子どもにとって、他人の視点に立つことは困難であるからである (Flavell, 1986; Geiselman & Padilla, 1988)。

これら変則的な検索による探査（視点の変更と順序の変更）のいずれもが、多くの行動や多人数が関与する複雑な事件において特に有効であ

くとも理論的には、この手続きは反対尋問において、弁護側の目撃者によるリハーサルされた証言と争う手段としては有効なはずである。もちろん、目撃者が証言をどのようにリハーサルしたかについて、いくらかの洞察は必要だろう。この問題に関しては、現場の法律家に委ねることにする。

12　この原理の顕著な歴史的事例として、ウォーターゲート事件の公聴会 (Watergate hearings) におけるジョン・ディーン (John Dean) の証言がある。ディーンの詳細な報告書は当初、彼の優れた記憶力を示すものとして多くの人々に解釈された。後の分析で、それが大変自己中心的で、ウォーターゲート事件における彼の役割の重要性を誇張して述べていたことが判明した (Neisser, 1981)。

る。単純な事件では、これらが新たな情報をもたらすことは比較的少ない。

　最後に検索とは、異なる感覚様式から探査することによっても変化することがある。ほとんどの人は、聴覚的性質よりも現場の視覚的特徴を描写することを好むようであり、触覚、嗅覚、味覚についての知識を活用する傾向はさらに低い（Rock & Harris, 1967 を参照）。目撃者は多くの場合、出来事の描写にこれらの感覚を自発的に用いないが、面接官が使用されていない感覚に注意を方向づければ、価値ある情報が見出せることもある。視覚だけを活用した場合には、目撃者は犯人の肌の質感を描写することはできないかもしれない。しかし、面接官が触覚を活用するように促して、犯人が目撃者を掴んだときの感覚を思い浮かばせると、犯人の手はとてもざらざらし、さらに毛深い腕であったことを呼び起こすこともある。目撃者の犯罪に関する説明に基づいて、面接官は探査するために最も有効な感覚様式は何であるかを見極める必要がある。たとえば目撃者が、犯人は仲間もしくは目撃者に話しかけた、と述べているのであれば、必ず目撃者に犯人の音声について思い浮かべるよう求めるべきである。もし目撃者が、犯人と身体的に接触する状態になったのであれば、面接官は触れたときの感じについて深く尋ねるべきである。

　出来事の細部は、イメージコードと概念コードの双方に貯蔵されると考えられるため（第7章を参照）、面接官は両方の次元に沿って徹底的に探査する必要がある。目撃者が、犯人は宝飾品の類を身につけていたかどうか思い出せなくとも、犯人の首への心的イメージに焦点を当てたとき、その犯人がネックレスをつけていたことを思い出すかもしれない。また逆に、犯人の首に関する心的イメージについて語ったときにはネックレスを口にしなかった目撃者が、犯人の衣類の全体像（たとえば、地味、派手、きちんとしている、だらしない）について話すよう求められたときに、犯人のネックレスを呼び起こすこともある。

特定情報の想起

　前述のテクニックが一般的情報の想起の向上を目指していたのに対し、この最終節では、特定の情報に関する想起の向上を目的とするテクニックを紹介する。ここでいう特定の情報とは、典型的なものとして人の特徴（たとえば、名前、顔、声、服装、全体的外見）や、物品の特徴（車両、数字の並び、凶器）である。今、列挙した特徴は一見バラバラに見えるかもしれないが、実際には特定の記憶を促進させる手続きはすべて、次に述べる二つの基本原理より導かれている。(1) 出来事に関する知識は属性の集合として表象されている。(2) 出来事に関するさまざまな属性は関連づけられており、一つの属性を活性化すると他の関連した属性が刺激される可能性がある。

　もし目撃者が犯人の名前を再生することができないとしても、その目撃者は名前の特定の属性、たとえば、名前は長かったか短かったか、については思い起こせることがある。これらの属性は互いに関連し合っているので、一つの属性を思い出すことが他の属性へのアクセスを提供し、最終的には属性の組み合わせによって、もともとは再生できなかった名前にたどり着けることがある。特定の記憶を促進させるすべてのテクニックの根底で作用する原理とは、**目撃者にその概念の部分的属性について考えるように促すということである**。

　どのような出来事であっても、ほとんど無限に続く長い属性リストによって描写することが可能である。たとえば、もし目撃者が逃走車両のナンバー・プレートを短時間見たとしたら、目撃者は次のようなことに気づいていた可能性がある。

1) 並びは主に、数字で構成されていた
2) 文字は子音だった
3) 二つの数字が連続して二回あった
4) 最初の一桁は丸みを帯びた形状をしていた
5) 数字の並びが、自分の父親の電話番号に似ていた

6) 目撃者は最後の三桁を覚えようとした
7) 二桁目の文字は二音節であった
8) 文字や数字は、黒地にオレンジで刻印されていた

　これらの特徴は、次に述べる三つのカテゴリーに分けられる。(1) 出来事の文脈には無関係な、思い出される対象の属性（たとえば、4は偶数である）。(2) 特定の文脈においてのみ現れた物の特徴（たとえば、プレートの数字は、オレンジのインクで刻印されていた）。(3) 出来事に関する意味づけ、もしくは主観的な解釈（たとえば、最後の3桁が、目撃者に自分の父親の電話番号を思い出させた）。われわれは、これら三つのタイプの特徴を、(1) 非事象依存的 (2) 文脈的 (3) 主観的と呼称することにしよう。想起を向上させるための面接手続きでは、これら三種類の特徴に沿って思い出すべき対象物について考えるよう目撃者を促すのである。

　この手続きは思い出すべき情報がいかなる種類のものであっても、基本的には同じであるから、ここでは特定の二つのタイプ、すなわち名前そして数と文字の並びについてのみ、紹介することにしよう。ここで示す提案は、すべてを網羅するというものではない。したがって、読者はここでの提案を自らの具体的な捜査上の必要性に応じて拡張したり、順応させる必要がある。

　名前の想起を促進するためには、面接官は目撃者に次のような非事象依存的性質について考えてもらう必要がある。

(1) 頻度：それは、よくある名前でしたか、特異な名前でしたか？
(2) 民族／国籍：名前は、いずれかの民族や国籍に特徴的なものでしたか？
(3) 長さ：それは短い名前でしたか、長い名前でしたか？ 何音節から構成されていましたか？
(4) 音節のアクセントのつけ方：どの音節にアクセントがありましたか？
(5) 最初の文字：最初の文字は何だったか、アルファベットのaからzまで順に考えてください。

文脈的な名前の性質には、以下のようなものがある。
- (1) 話し手の声：名前を口にしたときの話し手の声について、考えてみてください。
- (2) 視覚的なパターン：名前が書かれていた筆跡について、考えてみてください。
- (3) 位置的な文脈：名前が書かれていたのはページのどこだったか、もしくは、話し手がそのときに立っていた場所はどこだったかを考えてみてください。
- (4) 他の名前との関連性：他の名前も言及されましたか？

主観的な名前の性質には、以下のようなものがある。
- (1) 他者との類似性：それによって、あなたの知っている他の誰かを思い出しましたか？
- (2) 所属：その名前は、あなたに何かの職業もしくは他の集団（政党やスポーツなど）を思い出させましたか？
- (3) 好ましさ：その名前の耳触りは、心地よいものでしたか、心地のよいものではなかったですか？

数と文字の並び（車両のナンバー・プレートや電話番号、住所のようなもの）の想起を促進するためには、面接官は目撃者に以下のような非事象依存的性質について考えてもらう必要がある。
- (1) 長さ：その並びの中に、いくつの文字・数字がありましたか？ それは長かったですか、短かったですか？
- (2) 順序：数字は昇順もしくは降順でしたか？ 文字はアルファベット順でしたか？
- (3) 混合状況：その並びは数だけ、もしくは文字だけでしたか、もしくはそれらが混じっていましたか？
- (4) 繰り返し：いずれかの文字・数字が繰り返されていましたか（たとえば、6699）？
- (5) 奇数／偶数：数字は主に奇数もしくは偶数でしたか？
- (6) 大きさ：数字は大きかったですか、小さかったですか？
- (7) 文字の音：文字は主に母音でしたか、子音でしたか？

(8) 発音できるか：文字は塊として発音できましたか（たとえばBAP）、できませんでしたか（たとえばBPA）？

(9) 有意味性：文字は塊として単語を形成していましたか、もしくは単語の一部でしたか（たとえばPRE）？

数字と文字の並びの文脈的な性質には、以下のようなものがある。

(1) 提示のスタイル：数字が口にされたのであれば、話し手の声について考えてみてください。書かれていたのならば、筆跡について考えてみてください。

(2) 知覚パターン：数字が書かれていたのであれば、それらに直線もしくは曲線が含まれていたか考えてみてください。数字が口にされたのであれば、一音節の数字でしたか、もしくは二音節の数字でしたか？

(3) 位置：ページのどこにそれは書かれていましたか？ 話し手はそのときどこに立っていましたか？

数と文字の並びの主観的な性質には、以下のようなものがある。

(1) 親近感：その並び、もしくは並びの一部があなたの知っている他の何かと似ていましたか（たとえば、あなたの電話番号や住所）？

(2) 覚えにくさ：[13]その並びは覚えやすそうでしたか、覚えにくそうでしたか？

　民事であれ刑事であれ、多くの捜査において重要性の高い出来事の大

13　もし目撃者がその出来事を後に思い出す努力をしていれば、その情報は異なった形で再コード化されているかもしれない。一般的に大人は、情報を自らが反復することにより記憶に留めようとする（Atkinson & Shiffirin, 1968）。たとえ出来事が最初は目撃されており、（そのため、当初は視覚コードで象徴されていたとしても）、反復される過程において、聴覚もしくは構音的形式として再コード化される可能性がある（Wickelgren, 1969）。面接官が当初の（視覚）コードを深く調べるべきか、再コード化された（聴覚の）形を深く調べるべきかを知るためには、あらかじめ、(a) 目撃者が出来事の発生後、意図的にそれを記憶しようとしたか、(b) そうであるならば、どの形（コード）によってそれを記憶に留めようとしたか、について判断する必要があることに留意されたい。目撃者が後の記憶のために、意図的に出来事を覚えようとしたケースと同様に（本章の脚注4を参照）、面接官は記憶をうまく探るために、目撃者がどの心的作業を用いたのか判断する必要がある。

切な特性の一つは、その出来事がいつ起こったかということである。残念ながら、出来事の日時を特定する作業は比較的困難な課題となる。目撃者が、出来事がいつ発生したかを正確に覚えようと意識的な努力をしていなければ、その目撃者の想起は誤ったものとなる可能性がある。典型的に認められる日時の誤りは、出来事が実際に起きたときよりも、もっと最近になって発生したとされる主張である。出来事の日時を特定する能力を向上させる効果的な方法は、その人にランドマーク（訳注：その個人にとって、日時や場所の認知において目印となるもの）を提供し、事件がそのランドマークよりも前に発生したか、後に発生したかを尋ねることである（Loftus & Marburger, 1983）。たとえば面接官は、「出来事はあなたの誕生日の前でしたか、後でしたか？」と尋ねるとよい。重要なランドマークならば、ほとんどが効果的な基準となるだろう。

　出来事の日時の特定を向上させるための二番目の方法は、その出来事の発生中の文脈を特定することである。ずっと昔に発生した出来事に関しては、面接官は目撃者に、そのときはどこの家、もしくはどこの街に住んでいたか思い出すように求めるとよい。より最近の出来事で、さらに詳しい識別が求められる場合には、目撃者に対してその出来事が発生したときに、どのようなテレビ番組を見ていたか考えるよう頼むのもよい。もちろん、この場合はテレビ番組が放送されていたのが、いつであるかを判断することが可能であると仮定してのことである。

要約

　1．目撃者による想起は、面接時に出来事の文脈（心理的、物理的、環境的）を再現することによって、向上させることが可能である。文脈は、さまざまな方法で再現することができる。たとえば、目撃者に対して文脈の各側面に関する個別の質問を行うことによっても再現できるし、目撃者に文脈を思い浮かべるよう教示することによってもできるし、一般的な非誘導的な手がかり（たとえば、場所の写真）を提示することによっても可能となる。

2. もし、目撃者が意図して出来事を記憶しようと努力していたのならば、その目撃者には出来事を覚えるために心の中で用いた手順について、考えるよう促すべきである。

3. 細部に関する記憶には、鋭い集中力が必要とされる。これは目撃者に重い負担をかけるかもしれないので、面接官は必要なだけの心的努力をしてくれるように目撃者を動機づける必要がある。

4. 面接官は、目撃者が強い集中状態にあるときには、目撃者の気を散らさないように努める必要がある。気を散らす原因は、面接官側の目に見える行動である場合もあれば、多くのクローズ質問をしてしまう場合でもあれば、目撃者の返答をさえぎる場合でもある。後で自分が思い出すための覚書としてメモを残すことは、面接官が話をさえぎりたいと思う欲求に打ち勝つための手助けとなる。

5. 面接官は目撃者に、変則的な検索ルートによって、記憶をくまなく探査するよう促す必要がある。目撃者は異なる感覚様式（たとえば、視覚的、聴覚的）を用いて出来事を描写してもよいし、報告の順序（順向と逆向）を変えてもよいし、視点を変えること（他の誰かの視野に立つ）も可能である。

6. 特定の情報（名前や数列など）の想起は、目撃者に部分的特徴について考えてみるよう促すことでよくなる。数字の並びの想起のためには、目撃者は数字の大きさについて考えたり、数字の形態が直線か曲線かを考えてみたり、数字が記載されていたページの位置を考えることができる。

7. 出来事の日時の特定は、目撃者の人生における何らかの重要なランドマークと出来事を比較したり、その出来事が発生した文脈を再現することで改善できる。

第9章
目撃者に対応した質問法

　この章の基礎にある理論は、直感的には明白なものであるが、しばしば忘れられがちな「目撃者は面接官よりも事件のことを知っている」という原理である。したがって、効果的な面接は面接官の捜査的ニーズによってではなく、目撃者の知識によってまず方向づけられなければならない。[1] 当然のことではあるが、面接官には自分の捜査的ニーズを満たす努力が要求される。しかし、面接をうまく行うには面接官はそのようなニーズを、目撃者に最もよく対応した形式に合わせていかなければならない。伝統的なアプローチを自分の捜査的ニーズに合わせて行ってきた経験を有する捜査員は、ここではまず自分の考え方を目撃者に合わせた内容に修正しなければならない。最初は馴染まないかもしれないが、結局は、この方向づけによって面接はより効果的なものになるだろう。

　目撃者優先の面接を行うために、面接官は、(a) どの目撃者も異なる領域の専門的知識をもっており、(b) どの目撃者も何かしら異なる犯罪の心的イメージをもっている、ということを心に留めておかなければならない。したがって、**面接は個々の目撃者の専門的な知識や事件の心的イメージに対応したものにすべきである。**

---

[1] ビジネスにおける類似した概念は、顧客中心の販売方法の原理である。この方法は、消費者に対して売る側の製品を押しつけようとするのではなく、消費者のニーズに販売戦略を方向づける（Connor & Davidson, 1985）。

個々の目撃者の専門知識

　生得的な能力やその人に固有の人生経験のために、どの個人も異なる知覚的なスキルをもっている。色をうまく識別できる者がいれば、空間的な関係をより適切に認識できる者もいる。同様に、衣類の素材に注意が向く者がいれば、体格を観察する者もいる。たとえば、内装業者はどのように家具が配置されていたかについて詳細な情報を提供するが、身体の健康に関心がある者は、犯人の体格について優れた描写をしてくれるだろう。こうした個人差をフルに活用するために、目撃者自身がよく知識をもっている領域について精緻な供述をするように促すべきである。目撃者独自のスキルに適合した面接ではなくて、誰に対しても同じ一連の質問に答えてもらう面接では、それぞれの個人の特異性をうまく活用していない。

　個人差を活用するためには、面接官は個々の目撃者の知覚的な強さを特定し、面接をその方向に進めなければならない。それでは、面接官は、どのようにして目撃者の知覚スキルを判断すればいいのだろうか？　面接の前に正式なパーソナリティ検査をしようというのではないので、目撃者に関する知識は、面接の間に目撃者が明かす個人の背景情報を注意深く聴き取ることと、話し方から推定される巧妙さによって明らかになる。

　男性と女性では、ステレオタイプ的な違いがあることが指摘されている。つまり男性は車やメカニックについて関心があり、女性は衣類に関心があるといわれている。このようなステレオタイプは、とりわけ、男性と女性の関心がオーバーラップしている現在では、有用というよりはむしろ有害である。既存のステレオタイプに頼るよりは、面接官は面接の中で目撃者が自分自身について実際に明らかにすることを注意深く聴くべきである。

　目撃者のスキルに関する二つのよい情報源は、その職業と趣味である。しばしば、人はその領域における特定のスキルを十分にもっているので、

その職を得ている。反対に、人は職業的経験から、特定のスキルを上達させることもある。そのため車の修理工は、普通の人たちよりも、車に関する多くの知識をもっていると期待できる。同様に、銃を収集していると何気なく話す目撃者は、凶器について平均以上の豊富な情報が提供できる。目撃者の職業、趣味、関心に関する情報は、面接を開始する際にラポールを形成する段階での一般的な会話の中で収集することが可能である。面接官は、目撃者が話す言葉遣いを注意深く聴かなければならない。物事を説明する際に用いる次元は何か？　色に注目するか、サイズか、音か、機械的な構造か？　一般に、ある次元について特に判別眼のある人は、その次元に沿って対象物を詳しく分析する。たとえば、画家は一般人よりも物の色に注意が向き、歯科医は人の歯や顔の特徴に注意が向くだろう。

　面接官は、人々の興味に関して特別な洞察を与えてくれる非言語的なメッセージにも注意を払うべきである。身なりのきちんとした人は、他人の身繕いの習慣についてもよく気がつく。同様に、たくさんの宝石を身につける人は、他人の宝石についてもよく観察する。こうした特異性は、その目撃者に固有なスキルへの洞察を与えてくれるため、後で使用するためにメモしておくべきだろう。

　ひとたび、目撃者の強みが把握できたならば、目撃者には、その強みの観点から犯罪を描写する機会を与えるべきである。その次元に沿って出来事を描写してもらうように明確に求めることによって（たとえば、ヘアスタイリストに、犯人の髪について焦点を当てるよう頼む）、また、非指示的な質問により目撃者自身の方法で答えるように目撃者を促すことによって（「犯人について、できるだけあなたの言葉で説明してください。」）、これは成し遂げられる。ここでいう非指示的な質問とは、先に述べたオープン質問と同じく、目撃者に自分の方法で事件を描写させて、不慣れな言葉を使用するように強制しないものである。避けるべき一つの戦略は、あらゆる人に同じ質問形式で回答を要求することである。そのような統一性は、科学的な調査では望ましいかもしれないが、捜査面接では不適切である。[2]

個々の目撃者のイメージ

　一般的な知覚能力の違いだけでなく、特定の出来事の心的イメージも人によって異なっている。同じくらいの知覚能力をもつ二人の目撃者が、そのときに異なる場所にいたり、異なることを考えていたり、異なる感情状態にあれば犯罪の心的イメージは異なるものになる。たとえば、被害にあった店の店員は強盗犯を直接見ているが、そばにいた人たちは、店から走り去る強盗犯の右側だけしか見ていないかもしれない。いずれの目撃者も、強盗犯について何かしら異なる絵を心に抱いており、それぞれが他の目撃者ではもっていない情報を提供することが可能となる。情報の量を最大限に引き出すために、面接は、それぞれの目撃者がもつ独自の心的イメージを引き出すように調整されなければならない。

　このルールに反して、警察によるほとんどの面接は高度に標準化されている（George, 1991）。警察は、同じ一連の質問をすべての目撃者に対して同様に尋ねることが多い（Fisher, Geiselman, & Raymond, 1987）。調査した面接事例の半数以上において、面接官は、犯人の年齢、身長、体重（または体格）に関する一貫した質問をしていた。[3]なぜ、こ

2　伝統的に科学調査では、観察された反応に認められる差が回答者間の相違を表すようにするため、質問形式を標準化しようとする。しかし、個々の回答者に応じた質問を用意するのではなくて、質問形式に統一性をもたすことで、調査手段が他の者よりもある回答者の知識とうまく一致し、結果的に標準化という目標を挫折させてしまうことが確実になった。調査を行う科学者は、表面的な（質問形式の）統一性を、より大きな心理学的な統一性と交換したいと思っているのかもしれない。

3　最近実施した訓練セミナーにおいて、参加した警察官の一人が、自ら進んで典型的な面接をデモンストレーションしてくれた。驚くべきことではないが、彼は「目撃者」に対して「年齢、身長、体重」の順番で同じ三つの質問を尋ねていた。これは、われわれが開始時に、面接で標準化された順番で質問を行う典型的なミスについて講義してから、10分も経たないうちの出来事だった。次の州検事対象の訓練セミナーでは、自ら進んで面接してくれた30年以上目撃者に面接を行ってきた経験豊富な検事の一人が、まったく同じ「年齢、身長、体重」の順番を用いていた。

の「年齢−身長−体重」の系列が頻繁に用いられるのかを尋ねると、多くの刑事は作成しなければならない捜査報告書の書き方に対応しているからだと答えた。事実、何人かの刑事は、彼らの質問のガイドとなる捜査報告書のチェックリストを用いていることを教えてくれた。面接の筋書きが標準化されれば、それは目撃者独自の犯罪に関する心的イメージよりもお役所的な形式が反映されたものになるだろう。そうなれば、多くの情報が明らかにされないままになったとしても驚くべきことではない。この誤りを正すための最初の一歩は、面接官自身が、目撃者こそが第一の情報源であることを再認識することである。

　捜査報告書のチェックリストに掲載されるすべての項目を調査することが、捜査的にも法的にも重要であることは、われわれもよく分かっている。われわれの議論は、これらの質問を排除することではなく、むしろ、これらの質問を目撃者の犯罪に関する知識により対応した順番で尋ねることである。刑事は、質問項目を忘れないために、チェックリストのコピーをもっておきたいことであろう。何人かの捜査員が指摘し（Flanagan, 1981; Stone & DeLuca, 1980）、また医師のマニュアルでも指摘されるように（Prior & Silberstein, 1969）、**チェックリストは、完全であることを保証するための一つの覚書としてのみ役立つものであり、面接の手順のガイドとすべきものではない。**

　目撃者優先のアプローチを採用する面接官は、自らが今、直面している面接を妨害する多くの障害がなくなってしまうことを期待することができる。しかし、ここで新たな問題に取り組むことになる。それは、どのようにして面接官がそれぞれの人がもつ犯罪の心的イメージを判断するか、どのようにして、最も効果的にそれらのイメージを探るかといった問題である。

目撃者の心的イメージの判断

　面接を目撃者がもつ犯罪の知識に対応させるためには、まず目撃者がもつ心的イメージを判断することが必要になる。最も簡単な方法は、**目撃者に、その犯罪、特に犯人に関して目撃者がもつ心的イメージを直接、**

尋ねることだろう。面接官は次のように尋ねることができる。「あなたは何度か強盗犯を見たと思いますが、それはどのような人間でしたか？」「強盗犯を最もよく見たときは、どのような感じでしたか？」「強盗犯を最もよく見たとき、強盗犯はどこに立っていましたか（座っていましたか）？」もし面接官が、目撃者は付加的な情報をもっていると考えるならば、「他の角度から、または別の人の視点から犯人を見ましたか？」のようなフォロー・アップ質問を行うべきである。

間接的ではあるが、より明確なアプローチを行う場合には、**面接の開始時に目撃者が犯罪について自由に語るのを注意深く傾聴して、その心的イメージを推測する努力が必要である**。このアプローチの成否は、面接官の傾聴スキルと目撃者の視点から出来事を構成する能力によって決定される。面接官は目撃者の立場に身をおいて、目撃者が実際に見たものを「見て」、目撃者が聞いたものを「聞き」、目撃者が感じたことを「感じ」なければならない。

目撃者が犯人を見たところを具体的に尋ねるという、直接的なアプローチは、面接官が認知面接を習ったばかりの段階で、目撃者のイメージを間接的に推測することに十分なスキルがない場合には、とりわけ有用である。認知面接の初心者である面接官には、直接的なアプローチ（第13章の面接のスキルを学ぶために推奨される手順を参照）を用いることをお勧めする。しかし目撃者の語りを傾聴することによって、目撃者のイメージを推測することに熟練した面接官でも、この直接的な質問形式を用いるべきである。

目撃者が、目立つランドマークや自分がまさにいた場所を示す簡単な略図を描くことは、面接官が目撃者の視点を理解する助けとなる。面接官が目撃者の語りを傾聴するときに目撃者の視点を確認することができれば、目撃者が最も明確に犯人を見た場面について、十分に理解できるはずである。そのことを説明するために、ここでは目撃者が次のように語ってくれたと仮定しよう。

　　私は、男が店の中に入ってくるのを見たけれど、あまりその男に注意を払わなかったわ。午後の昼下がりという時間帯だったので、そ

のときは、たくさんの人がお店の中にいたわけではなくて、たぶん、お店には二～三人の人がいたわ。彼がたばこコーナーの前にとても長くいたことに気づいて変だと思ったわ、なぜかというと、ほとんどの人は自分が欲しいタバコは分かっているので、欲しいタバコを選んですぐに立ち去るものだから。次に私が気づいたのは、彼がレジのカウンターの向かいに立っていて、私に銃を突きつけたことよ。その銃は大砲のように見えたわ。彼は銃を右手にもって、そして私にレジにあるすべてのお金を渡すように大声をあげたわ。私は撃たれるのではないかと怖くなって、彼のいう通りにして、レジを空にしたわ。彼はお札を手に取って、ポケットに入れて、ドアから走って出て行ったわ。

この供述から、目撃者は強盗犯について少なくとも四つの心的イメージをもっていることが明らかである。(1) 強盗犯が店に入ってきたときの不明確な視点、(2) たばこコーナーの近くにいた強盗犯の遠くからの視点、(3) 手に銃をもってカウンターの向かいに立っている強盗犯の至近距離からの視点、(4) 強盗犯がドアから走り去る動きを伴う視点。目撃者の語りによるこれらの推定に加えて、面接官は目撃者に上記の四つの他に強盗犯を見たかどうか、直接的に尋ねるとよい。面接官がさまざまな心的イメージを、一つずつ個別化することができたならば、その時点でそれらの内容について把握する準備が整ったことになる。

全体的な探査戦略を発展させていく前に、心的イメージから情報を読み取る心理学的過程の検討にここでいったん、立ち戻ってみよう。読み取りの過程を理解することで、全体の戦略がより理解しやすくなるだろう。

心的イメージから情報を読み取る心理学的過程

先に紹介した例で示されたように、多くの場合、目撃者は犯罪に関する複数の心的イメージをもっている。さらに目撃者は、犯罪を表す概念コード（第6章参照）と、目撃者の電話番号など犯罪には関連しない一般的な知識ももっているだろう。最初の質問が出される前では、これら

すべての心的コードは、いわば「後で使う」というような待機状態にある。情報は心のどこかに貯蔵されているが、目撃者はそれを意識することはない。それはまるで誰かの誕生日に関する知識のようなもので、常に利用可能な状態にあるが、関連する質問が行われるまで、その情報は意識の上で活性化されない。

　質問されれば、適切な心的コードが意識に浮かび、答えるために情報を「読み取る」。たとえば、面接官が目撃者に強盗犯の銃を描写するよう求めたならば、目撃者は、手に銃をもってカウンターの向かいに立っている強盗犯のイメージを、意識に浮かばせるだろう。それから目撃者は、質問に答えるためにイメージの適切な部分（つまり、銃）に照準を合わせる。次の質問が同じイメージに含まれているならば（「犯人の右手を説明してください。」）、目撃者は、そのイメージを用い続ける。次の質問が異なるイメージに属している質問であれば（「犯人がドアを走り出たときに、彼のジャケットの背中には何か描かれていましたか？」）、目撃者は、今、意識にあるイメージ（カウンターの向かいに立つ強盗犯）を捨て、その質問により適切な異なるイメージ（ドアを走り出る強盗犯）を思い起こすだろう。同様に、二番目の質問が一般的な知識として貯蔵された情報に関するものであれば（「警報システムはありましたか？」）、目撃者は最初のイメージを捨て、要求された情報（警報システムに関する情報）を含む一般的な知識コードに意識を向ける。

　質問が行われるたびに、目撃者は、現在の意識の中にあるイメージで答えることができるかどうかをチェックするのである。答えることができれば、目撃者はイメージの適切な部分から情報を「読み取る」。質問が今の意識にあるイメージで答えることができないものであれば、そのイメージは捨てられ、より適切な情報源（つまり、他のイメージ、概念コード、一般的知識のいずれか）が選ばれる。あるいは、目撃者は「分かりません」というだろう。新たなコードが意識に浮かび、その前のコードと入れ替わる、この過程が繰り返される。[4]

　4　ここで述べたモデルは、キンチとヴァン・ダイク（Kintsch & Van Dijk, 1978）によるテキスト処理のモデルと似ている。

この視点から導かれる面接のための二つの巧妙な原理は、詳細事項に関する原理と、モーメントの原理である。詳細事項に関する原理が示唆することは、目撃者は現在の意識にあるイメージを、まず最初に確認するので、現在の意識には出ていないが、より情報量の多いイメージ（より系統だった詳細なイメージ）は検討されないということである。結果的に目撃者は、ある対象に関して面接の中で提供するものよりも、本当はより詳細な情報をもっている可能性があるということである。モーメントの原理は、ひとたびあるイメージが意識に浮かんだら、以後のいくつかの質問にもそのイメージを使って答えてもらう方が、質問ごとに異なるイメージを思い出させるよりも効率的であることを示唆する。これらの原理をじっくり検討し、実際上の意味を探ってみよう。

　詳細事項に関する原理　対象は、複数の心的イメージに表象されると考えられている。先に示した面接の流れにおいて（146-147頁）、強盗犯の顔は、たばこコーナーの近くにいたときのイメージとカウンターの向かいに立つときのイメージがある。強盗犯の顔に関する質問に答えるために、たばこコーナーか、あるいはカウンターのどちらのイメージが使われるかは、どのイメージが現在の意識にあるかで決定される。要するに、今意識にある内容はその前の質問に依存している。もしその前の質問が、たばこコーナーのイメージに関連するものであれば（「強盗犯はどのくらい、そこに立っていましたか？」）、そのイメージが意識にあり、それが顔の質問に答えるために用いられるだろう。もし、その前の質問がカウンターの向かいのイメージであれば（「銃について教えてください。」）、カウンターの向かいのイメージが意識にあり、それが顔の質問に答えるために用いられるだろう。

　たばこコーナーとカウンターの向かいの二つのイメージのどちらに、顔に関するより詳細な情報が含まれているだろうか？　おそらく、それは目撃者がより近くで、よりよく犯人を見たカウンターの向かいだろう。したがって強盗犯の顔に関する質問は、たばこコーナーのイメージに関連した質問に続くよりは、カウンターの向かいのイメージに関連した質問に続ける方がいい。同じ質問でも、面接のどの時点で尋ねられるかに

よって、二つの異なった回答、つまり一方は他方よりも詳細なものを引き出すだろう。[5] 面接が成功する一つの秘訣は、**どの質問に答えるときにも最も詳細なイメージが用いられるように、質問を順序立てることで**ある。

　詳細事項に関する原理を応用して、犯人の身体特徴を引き出してみよう。普通、クローズアップして正面から見たときの方が、犯人の顔や髪型が最も詳細に描写される。この視点は、シャツやジャケットのような上衣にとっても最も適切な視点である。正面からの視点は、いくつかの詳細にとってはとても適切ではあるが、正面から見たときは、たとえば犯人の顎が突き出ているとか、イヤリングをつけていたかなど横顔に関する情報は、ほとんど含まないだろう。そうした情報は、間近に正面から見たときよりも、たとえ遠くから見ていたとしても、横から見たときによりきれいに描写される。このように、現在の質問が正面からの視点を思い出させるのならば（「犯人に金歯はありましたか？」）、次の質問も同じ視点から最もよく描写される内容（たとえば、「犯人の目の色は何色でしたか？」）にすべきである。もし次の質問が正面からの視点には適切でないならば（たとえば、犯人のもみあげの長さに関する質問）、目撃者は「だいたい普通くらい、もみあげはよく見えなかったわ。」と反応するだろう。もし、もみあげの質問が横顔のイメージが意識にあるときに尋ねられたら、より詳細な反応（「はい、犯人には長い、くせ毛のもみあげが耳の下に達するまであったのを覚えているわ。」）がなされる可能性がある。そして、それがきっかけとなって、関連した他の情報の断片（「そして、犯人の左耳のちょうど下に傷があったわ。」）が出て

5　同じ対象や出来事が二つ以上の心的コードに表象されるということは、目撃証言における供述の非一貫性の説明にもなるだろう（第5章の脚注3を参照）。これらの心的コードのどれが活性化されるかは、面接官の質問に依存している（Fisher & Chandler, 1991）。根本的に異なった面接のスタイル（たとえば、検察と弁護側）と文脈（犯罪現場と法廷）では異なる心的コードが活性化され、その結果として異なる目撃証言が促進される。よって目撃者が出来事に関する複数の心的表象をもっていることは、目撃者の想起が不正確であることを必ずしも意味するものではない。

くるかもしれない。

　強盗事件のある被害者に対する面接が、その実例をありありと示している。その被害者は、銃をふりかざした男が近寄って財布を要求したときに、自分の車の中にいた。その語りの内容から、強盗犯を二つの視点から見たことが明らかになった。(a) 車の横に立った強盗犯の上半身と顔を至近距離で見たとき（強盗犯は車のドアの向こう側に立っていたので、下半身は見えなかった）と、(b) 車から立ち去る強盗犯の全身を見たときである。面接官は、被害者が見た上半身のイメージ（a）を活性化するような質問をいくつかした後で、強盗犯の顔と衣類について探査を試みた。強盗犯のズボンについて描写するように求めると、被害者は、強盗犯の下半身は車のドアに隠れていたので、そのズボンは見なかったといった。しかし、被害者の話からは強盗犯が現場から逃げ去るときに、ズボンを見たのは明らかである。面接官が、強盗犯の上半身（イメージa）ではなく、強盗犯が逃げるときの視点（イメージb）を活性化した後で、強盗犯のズボンに関する同じ質問をしたら、ズボンだけでなく、あるいは靴についても豊富な情報を引き出せたであろう。

　モーメントの原理　イメージコードを意識に浮かばせるためには、ある程度の心的努力が必要である。目撃者の心的資源の量は限られているので、イメージを意識に浮かばせるいかなる行為も、課題の困難さを増加させ想起を妨げる原因となる。[6] そのため目撃者は、あまり詳細でないコード（概念コード）を意識に浮かばせるか、あるいはイメージコードから情報を読み取る努力に没頭しない可能性が生じてくる。どちらの場合でも、目撃者の記憶の想起は、あまり価値のないものになるだろう。

　面接が成功するための一つの秘訣は、目撃者が心的イメージを意識に浮かばせる回数を最小限にするような順番で、質問をすることである。これは、**それぞれの質問に対して、そのときの意識にあるイメージで回答できるように、質問を並べることによって達成される。**

6　より多くの心的イメージを意識に引き出さなければならない順序で、まったく同じ質問を尋ねることは、記憶の約20%の減少をもたらす（Fisher & Quigley, 1988）。

次の二つの質問順序を比較してみよう。いずれの順序でも、同じ三つの質問が尋ねられている。二つの質問は対面してのイメージであり、一つの質問は走っているイメージである（先に紹介した事例の話に対する質問であり、目撃者は、右手に銃をもって対面した犯人についての視点と、犯人が背を向けて走り去るときの二つの視点をもっている）。質問が正しい順番（対面の視点に関する質問が続けて行われる）で尋ねられたときには、目撃者は質問2と質問3の間にたった一度だけのイメージ変更でよい。

正しい質問の順番

質問番号	面接官の質問	目撃者が用いるイメージ
1	銃はどのようなものでしたか	対面
2	犯人の右手について話してください	対面
3	犯人のジャケットの背中の部分はどのようなものでしたか	走り去る

間違った順番が用いられれば（走り去るイメージに関する質問が、二つの対面するイメージの質問の間に挿入される）、目撃者は質問1と質問2の間、そして質問2と質問3の間に二回のイメージ変更を余儀なくされる。

間違った質問の順番

質問番号	面接官の質問	目撃者が用いるイメージ
1	銃はどのようなものでしたか	対面
2	犯人のジャケットの背中の部分はどのようなものでしたか	走り去る
3	犯人の右手について話してください	対面

あるイメージが意識に浮かんだら、次のいくつかの質問はそのイメージに対応したものにすべきである。面接官は、目撃者がどのイメージを用いているか判断したならば、**異なるイメージについて質問を行う前に、そのイメージを使い果たすように尋ねるべきである**。

この段階で多い誤りは、別のイメージや一般的な知識に触れる質問によって、そのイメージの探査をさえぎることである。次に示す面接の引用は、面接官が犯罪現場に関するイメージと一般的な知識の間を揺れ動く内容の質問を実施したために生じたエラーの実例である（第6章に示したクローズ質問の過剰な使用にも注目）。

　［目撃者は若い女性で、侵入者が彼女の家に入ってきて、ボーイフレンドが撃たれた。引用は、使用された銃のタイプについて面接官が探査している途中から始まる。］

　　　面接官：犯人はどんなタイプの銃をもっていたのですか？
　　　目撃者：分からないわ……小さくて、たぶん22（口径）だと思うわ。
　　　面接官：それは、どんな色でしたか？
　　　目撃者：シルバー。
　　　面接官：自動式でしたか？　それとも、回転式でしたか？　その型の違いは分かりますか？
　　　目撃者：自動式。
　　　面接官：ペドロはどこを撃たれたのですか？
　　　目撃者：首を貫通したわ……彼は倒れて、まるで銃弾がそこから出てきたように見えたわ。
　　　面接官：今までに、ペドロがその男の名前を口にするのを聞いたことがありますか？

　［これは、目撃者の事件イメージとはほとんど関係のない、一般的な知識についての質問である。したがって目撃者は、この質問に答えるために、その場面のイメージを中断せざるをえない。］

　　　目撃者：いいえ。
　　　面接官：ペドロは結婚していましたか？
　　　目撃者：いいえ。
　　　面接官：あなたは、どこで働いていますか？
　　　目撃者：アクメ輸出入商社です。
　　　面接官：それはどこにあるのですか？
　　　目撃者：中央通りの100番地です。

面接官：その男はあなたの家から、いつ、どのように出て行ったの
　　　　　　ですか？
　［ここで、面接官は犯罪現場に話を戻す。しかし、今となっては一般
的な知識に関する質問を押しつけてしまったため、目撃者に以前のイ
メージを放棄させている。］
　　目撃者：ペドロを撃った直後に、正面のドアから走って行ったわ。
　　面接官：どの時点で、犯人は財布を取ったのですか？
　　目撃者：たぶん、逃げるときだわ。だって、洗面所でもみ合ってい
　　　　　　たときには、犯人は財布をもっていなかったわ。
　　面接官：犯人が正面のドアから走り出たとき、あなたは犯人を見ま
　　　　　　したか？
　　目撃者：ええ、見たわ。でも、そのときに犯人が財布をもっていた
　　　　　　かどうか分からないわ。
　　面接官：その財布には、いくら入っていたのですか？
　［これもまた、一般的知識に関する質問であり、目撃者がもっている
犯行の具体的詳細についての記憶を妨害している。］
　　目撃者：40ドルぐらいだわ。
　　面接官：宝石類が入っていましたか？
　　目撃者：いいえ。クレジットカードと免許証が入っていたわ。
　　面接官：どんなカードをもっていたのですか？
　　目撃者：VISA、それからお店の……。
　　面接官：あなたの免許証はどうですか。免許証に記載してある名前
　　　　　　は何ですか？
　　目撃者：アンナ・ロペス。
　　面接官：ペドコの家の電話番号を知っていますか。
　　目撃者：949－8630です。
　　面接官：この男はどうやってあなたの家に入ったのですか？
　［ここで犯罪現場の話に戻るが、それは目撃者に犯行に関連するイメ
ージを復活させることになる。］
　　目撃者：ガラスの引き戸からです。

面接官：その引き戸はかぎが掛かっていたのですか？
目撃者：いいえ。
面接官：分かりました。あなたはマークとは、いつ離婚したのですか？

［これは、約4分の間において事件関連の想起過程を妨害する、三回目の一般的知識に関する質問である。面接では、目撃者の元夫についての一般的な知識に関する質問が続けられている。］

面接官：その犯人があなたの家を出たとき、どの方向に走って行ったか分かりますか？ 犯人は、駐車場の方向に行きましたか、それとも別の方向に、歩道を下って行きましたか？

［犯罪現場に関するこの質問は、犯人が正面のドアから走り出ていった質問の直後にすべきである。面接のこの時点までに、イメージを読み出す過程を何回も妨害しているので、目撃者は、もはや詳細なイメージコードから出来事を描写する関心が薄れ、概念コードから生じやすい表面的な行動中心の描写をもたらすことだろう。驚くことではないが、この面接の残りの部分では、ほとんど重要な詳細情報を引き出すことができていなかった。］

探査戦略の組み立て

　詳細事項の原理とモーメントの原理を効果的に用いて、目撃者に対応した面接を行うためには実際のイメージの探査を行う前に、全般的な質問戦略をつくっておくことが大切である。ここでは、そうした探査戦略の中核として三つの問題を扱う。それは、どんなイメージが引き起こされるべきか？ それぞれのイメージからどんな詳細が引き出されるべきか？ そして、イメージはどんな順番で探査されるべきか？ ということである。[7]

　目撃者が犯罪についてもっているさまざまなイメージの中で、あるも

---

[7] 次の節の内容は、認知面接を習得する際に最も困難な部分である。第13章に示したように、それは、他の基本的スキルのすべてをマスターしてから学ぶべきである。

のだけが捜査にとって重要な事実を含んでいる。こうしたイメージは、犯人や凶器、車両、中心的な行動、他の目撃者などに関する情報を含んでおり、想起されるべきものである。他のイメージは二次的な情報（偶然居合わせた罪のない人の身体特徴や、目撃者の車両など）のみを含み、したがって検討する必要はない。もし、それらを付加的情報を収集するための間接的手段として面接中に探査するのであれば、より情報量の多いイメージの検討が終わった後でのみ探査すべきである。

先に紹介した話（146-147頁）にあるように、目撃者は、犯人が店に入ってきたとき、犯人がたばこコーナーの前に立っていたとき、犯人が銃を抜いたとき、犯人がドアから走り去ったときと、事件の間に何回か犯人を観察している可能性がある。各イメージの情報量にはばらつきがあるが、どのイメージにも何らかの独自な情報が含まれている。総合的には、対面したときのイメージ（犯人が銃を抜いたとき）が犯人について最も多い情報を有しているだろう。しかし、ドアから走り去るイメージは犯人の背中について最もよい視点を提供し、たばこコーナーの前に立つイメージは犯人の左側面についての最もよい視点を提供してくれる。それぞれの事実にとって最も説明しやすい情報を含むイメージを反映させる形式で、すべての事実は以下のように一つのパターンにまとめられる（表1参照）。

この表に示したように、犯人の右横顔と靴は、店に入ったときのイメージで最もよく表象される。左横顔とジャケットのバッジは、たばこコーナーの前に立っていたときのイメージで最もよく表象され、犯人の顔（正面からの）や、髪型、右手、シャツ、ベルトのバックルは対面したときのイメージで最もよく表象される。犯人の背面と逃走車両は、ドアから走り去るイメージで最もよく表象される。二つ以上のイメージで表象される事実もある。たとえば、銃は対面するイメージで最も明瞭に表されるが（XX）、ドアから走り去るイメージでも表象される（X）。

面接官は、さまざまな事実をイメージごとにまとめておけば、最も適切なイメージが想起されたときに、それぞれの事実について探査することができる。先に紹介した事例では、面接官は、店に入ったときのイメー

ジを引き出した後で、犯人の右横顔と靴について尋ねることを計画すべきである。左横顔とジャケットのバッジは、たばこコーナーの前に立っているイメージのときに一緒に探査する方がよい。

　面接官はイメージを探査する順番を決める際に、詳細事項に関する原理とモーメントの原理に加えて、その他の基準も考慮すべきである。

　目撃者は、詳細な情報を想起するために心理的に疲労するだろう。したがって面接官は、最も重要な情報が含まれるイメージを最初に活性化し探査すべきで、その後、相対的に重要度の低いイメージに進むべきである。表1に示した心的表象を見てみよう。最も重要な情報が犯人の顔だとすると、探査は対面したときのイメージから始めなければならない。捜査員が犯人の顔に関する良好な供述を得ることができたら、まだ残されている**最も重要な情報源は逃走車両であり、面接官はドアから走り去るイメージから始めるべきである**。一つのイメージを探査し尽くした後

表1　犯罪の心的表象

事実	店に入る	たばこコーナーの前に立つ	対面する	ドアから走り去る
左横顔		X		
右横顔	X			
正面の顔			X	
背面				X
髪型			X	
右手	X		XX	
靴	X			
ジャケットのバッジ		X		
シャツ			X	
ベルトのバックル			X	
銃			XX	X
逃走車両				X

注：いくつかの事実（たとえば、右手や銃）は、複数のイメージに表象されている。これらの事実についての最も明瞭なイメージについては、Xを二つ（XX）で示した。

に、次に重要なイメージを活性化して探査する。この過程は、すべてのイメージを探査し尽くすまで続けられる。

　短い時間間隔の中で同じ質問を反復すると、目撃者は、どの場合にも同じ答えをする傾向がある。犯人の顔についての質問が最初に行われたときに、目撃者から左の頬にあばた傷があるが、髭はきれいに剃られた顔であったという回答が示されたと仮定しよう。すぐ後に再び犯人の顔について質問されると、目撃者は同じ答えをするだろう。目撃者は、「さっきいいましたよね。犯人は左の頬にあばた傷があり、きれいに髭が剃られていました。」と答えてしまう可能性がある。同様に、目撃者が最初に質問されたときに、どのような情報も出せなかった場合には、少し後に同じ質問が反復されても答えは出てこないだろう。むしろ目撃者は多少、苛立って、「さっき、分からないわ、といいましたよね。」とまでいいかねない。[8]

　反復される質問から新しい情報を生み出すためには、他のいくつかの心的活動を介在させるべきである（Madigan, 1969を参照）。もし、対象が二つの異なるイメージに表象されているならば、二つのイメージは引き続いて探査されるべきではない。その代わり、面接官は二つのイメージの間に、それらとは異なるイメージを浮かばせて探査すべきである。上記の例において、目撃者が銃と対面したときのイメージとドアから走り去るイメージの両方で観察していたならば、面接官は、銃に関する情報を得るために、これらの二つのイメージを連続して探査してはならない。面接官は、対面したときのイメージの後に、たばこコーナーの前に立っているときのイメージや店に入ってきたときのイメージを探査し、これらのイメージを介在させた後でドアから走り去るイメージを探査するとよい。

　また面接官は、ストレスの強いイメージに直面した目撃者が落ち着き

8　まったく同じ質問が近接して提示されたならば、目撃者は二番目の質問に答えるために出来事の記憶をくまなく検索はしないだろう。それよりも、目撃者は最初の質問に対する回答を思い出し、それを単純に反復してしまう（Raaijmakers & Shiffrin, 1980, 本章の脚注4を参照）。

を失い、その後の面接が危うくなる、というリスクを常にもっている。そのような事態を招く可能性を最小限にするために、面接官は他のより無害なイメージ（第4章を参照）で様子をみた後に、面接の後半で不安を引き起こすイメージを探査すべきである。同じ理由で目撃者がとりわけ不安になり、情報を想起する能力に自信を失うならば、面接官は情報量が豊富ではないとしても描写しやすいイメージから開始した方がよい。

要約

1. 面接は、個々の目撃者の知覚の強さや事件の心的イメージに合わせるべきである。

2. 面接官は、目撃者の知覚の強さを示す手がかりを探すべきであり、それらの次元にあった特定の質問を行うか、またはより非指示的な質問をして、目撃者が自分のやり方で答えることができるよう促すべきである。

3. 面接官は目撃者の心的イメージを直接的に尋ねたり、目撃者の事件に関する語りを積極的に傾聴し、それを推測することによって目撃者がもつ事件の心的記録を判断することができる。

4. 目撃者の心的イメージを探査するための戦略は、詳細事項に関する原理とモーメントの原理に従って進めるべきである。質問は、(a) 各質問に答えるために最も詳細なイメージが用いられるようにするとともに（詳細事項に関する原理）、(b) 各質問が現在意識にあるイメージで答えることができるような順番にすべきである（モーメントの原理）。

5. 最も情報量の多いイメージを最初に探査してから、相対的に情報量の少ないイメージへと進めるべきである。ただ質問の順番には、目撃者の不安、自信、直前で同じ質問に答えさせたかどうかも、考えなければならない。

第10章
イメージ的・概念的記憶コードの探査

　面接官は、目撃者の記憶コードを探査するための効果的戦略をもったら、さらに情報抽出のメカニズムを体得しなければならない。この段階は、どんな捜査面接でも核心部分となるので、系統的かつ効果的に実践されることが重要である。

　面接官は、ある特定のイメージを探り始める前に少し時間をとって、攻略プランについて考えるべきである。目撃者のイメージはどんなものか？　どんな順序で探査するべきか？　それぞれのイメージからどんな詳細情報を抽出すべきか？　そこで面接官は自分の立てた攻略プランに従うべきではあるが、そのプランは暫定的なものとみなすべきである。探査段階で何らかの新しい情報が出てきて、それが攻略の変更を示唆するものであるならば、面接官はそれに応じてプランを変える柔軟性をもつべきである。たとえば、あるイメージの探査に対する回答が、面接官が気づいていなかった非常に価値のある別のイメージを意味することがある。このような場合、面接官は新たなイメージを書き留めて、今探っているイメージの探査が終了した直後にそれを探査すべきである。

イメージコードの探査

準備行為

　心的イメージを最も効果的に探査するには、競合する感覚シグナルを最小限に抑えるべきである。面接室は気が散るような物や音が、可能な限り少なくなるよう整える必要がある（第5章を参照）。その他の余分

なシグナルを遮断できるよう、**目撃者には目を閉じて心的イメージに集中するよう促すべきである**。面接官はこのようにいいだしてもよい。

これはとても難しい課題で、非常に集中していただく必要があります。おそらく目をつぶっている方があなたは集中しやすいと感じるでしょう。

こうした教示をはっきりさせるためと、目を閉じることに対する目撃者の抵抗感を弱めるために、面接官が目を閉じて手本を示してもよい。特に、まだ適切なラポールが形成されていないときには、目を閉じるのを嫌がる目撃者もいる。このような場合、面接官は目撃者に目は開けたままで、何もない壁のようなむらのない視野に焦点を合わせておくよう告げてもよい。

イメージの活性化

具体的な心的イメージの活性化は、心理的・環境的文脈の再現から始まる。ここでいう文脈とは、たとえば犯人が目撃者に金庫を開けろと叫んだときのように、出来事が起こっている間の特定の瞬間を指している点で非常に具体的である。こうした心的イメージを活性化するにあたり、現場に関して目撃者が先に述べた供述内容を、面接官は目撃者自身の言葉遣いと非言語的表現を保ちながら、できるだけ忠実に再現するべきである。目撃者が以前に、犯人は「ポケットから銃を引き抜き、『金庫を開けろ、さもないと撃つぞ』と叫んだ。」と述べているのであれば、**面接官はできれば目撃者の文言をその言葉どおりに再現すべきである**。目撃者が声を大きくして犯人の叫び声を真似たのなら、面接官は目撃者の集中を妨げないレベルを配慮しつつ、同じように真似て文脈を再現すべきである。

こうした文脈の再現の次に、**面接官は目撃者に対し、現場の詳細なイメージをできるだけ精緻かつ鮮明に思い浮かべるよう求めるべきである**。これをきちんと行うには数秒間かかり、**目撃者がイメージを「生成」している間、面接官は静かに沈黙していなければならない**。すぐにイメージすることができたと主張する目撃者には、そのイメージについてもっ

第10章　イメージ的・概念的記憶コードの探査　163

とよく考えて細かな部分を精緻化するよう促すべきである。こうした心的集中のための時間を多く与えるほど、イメージと後の描写が詳細なものになる。

　ここでの典型的なミスは、目撃者がイメージを思い浮かべるよう教示された直後に、すぐさまイメージの探査を開始することである。同様に面接官も、「イメージを思い浮かべて、私に話してください。」といった類のことをつい口にして、イメージ生成段階と描写段階を結合させてしまうという誤りを犯すことがある。ここでは面接官は忍耐強くなり、**目撃者が描写に先立ってイメージ生成だけに集中するための数秒間を与えなければならない**。目撃者がイメージを十分につくり出すのを助け、時期尚早に描写してしまう阻害効果を最小限にとどめるため、次のように指示するのもよい。

　　まだ何もいわないでください。心の中でイメージがくっきりと鮮明になるように、まずは時間を使ってイメージを膨らませてみてください。

　目撃者が心的イメージを適切に生成するのを数秒間待ってから、描写を求めることが可能になる。

イメージの探査

　目撃者が心的イメージを活性化し生成したら、その内容を述べる準備ができたことになる。詳細な描写の準備が整った目撃者に対し、面接官が次に行う質問は、効果的な面接を行ううえで非常に重要である。したがって、以下のガイドラインには厳密に従うべきである。

(1) 目撃者が気を散らさずイメージを保てるように、質問はゆっくり、慎重に、ソフトな口調で行なわなければならない。
(2) 質問は捜査に関連する情報に沿って焦点を絞るべきである。
(3) 目撃者が幅広く回答できるよう、質問はオープン形式でなければならない。
(4) 非常に細かいことも話してくれるよう、質問ではっきりと要求すべきである。

以下の引用文は一般的な手順を示している。
　　面接官：目を閉じてごらんなさい、スーザンさん。集中しやすいですよ。
　　目撃者：目は開けている方がいいわ。
　　面接官：結構です。それじゃあ壁の真ん中の、あの辺りに目線を合わせて（指し示す）。
　　目撃者：分かりました。
　　面接官：さて、強盗犯がカウンター越しに立っているときのイメージを心の目に呼び覚ましてください。時間を使って、鮮明になるまでイメージを膨らませて。まだ何もいわないでください、そのイメージができるだけ鮮明になるよう、膨らませてください。
［目撃者がそのイメージを生成できるよう、数秒間の間をおく。］
　　目撃者：はい、できました。
　　面接官：（ソフトに、慎重に、ゆっくりと）さて、強盗犯の顔に注目しましょう。
［目撃者がイメージの一部に注意を集中できるよう間をおく。］
　　面接官：さて、犯人の顔について思い出せることをすべて話してください。あなたが見ている細かなことのすべてを含みます。あなたが話せる細かなことは何でも役に立つので、すべてを漏れなく話してください。
［どのようにして質問の焦点を絞るか（「強盗犯の顔に注目しましょう。」）、どのようにして幅広い回答を求めているか（「思い出せることをすべて話してください…細かなことのすべてを含みます。」）に注目されたい。］

このような、広範で詳細な情報を求める焦点を絞ったオープン質問に対して、目撃者は自由に報告したり特徴を羅列するはずである。こうした反応は一次的な情報源であるので、ここでは絶対にさえぎってはならない。同様に、この時点で情報を最後の一滴まで搾り出すためには、目撃者が語り終えて、探査を続ける前に数秒間待つべきである。

不完全な自由報告に対するフォロー・アップ探査

　ほとんどの場合、目撃者はたくさんの詳細情報を提供してくれるだろう。しかし、自由報告はどうしても不完全になりがちである。たとえば、目撃者は犯人の目、傷、髭、口についてはいろいろ詳細に説明しても、頭髪については何もいわないことがある。あるいは具体的特徴（目、頭髪、口など）について、いくつかの事実を提供するものの、すべてではないこともある。また、たとえば犯人の髪の色を説明しても長さには触れないこともある。いずれにしても、報告は何らかの点で不完全であり、イメージをさらに探査する必要がある。こうした欠損情報の再探査は、次の心的イメージに移る前、つまり関連するイメージがまだ活性化されている間に即座に行うべきである（第9章「モーメントの原理」を参照）。

　省略された詳細情報が、ある特定の特徴に沿って整理できる情報であり、特にそれが非常に参考になるもの（たとえば頭髪）であるなら、面接官は省略された特徴に具体的に焦点を絞ることによって目撃者のイメージを再探査すべきである。そのやり方は前と同じで、焦点を絞ったオープン質問をすることである。面接官は次のように提案することができる。

　　犯人の髪の毛に特に注目していただけますか。時間をかけて、また目を閉じて、髪の毛がどんな風だったかを心の中に描いてください。[1]

　目撃者がイメージを再活性化し膨らませることができるよう数秒の間をおいてから、面接官はもう一度、完全で詳細な説明をはっきりと求める、「さあ、犯人の頭髪についてできるだけたくさんのことを話してください。」。

　目撃者の自由報告が関連のある特徴のすべてに触れているが、単純に不完全な回答である場合（たとえば、犯人の髪の色と質感を説明し、長

---

[1] 目撃者が自発的に応じない場合、面接官は目を閉じてもう一度、現場を思い描くよう目撃者に再度求めるべきである。目を閉じて心的イメージを再現するよう最初に一度だけ頼むのに比べ、より多くの情報が生成される（George, 1991）。

さと髪形には言及していない）、フォロー・アップ探査では具体的なクローズ質問をすべきである。こうした質問の前置きに、次のように述べてもよい。

　　既に話してくださった事柄のいくつかに戻って、もっと具体的な質問をしたいと思います。犯人の髪は茶色の直毛だったとおっしゃいましたが、長さはどのくらいでしたか？（目撃者が髪の長さについて回答したら、髪形に関するクローズ質問をする）

　ここでは、その時点で活性化されているイメージに関係する直接的な質問だけをするべきである。その他のすべての質問は、たとえ同じ対象に関するものであっても現時点で活性化されているイメージに沿わない質問の場合には、関連するイメージが活性化されるまで保留しておかなければならない（第9章「詳細事項に関する原理」を参照）。

　こうしたフォロー・アップ質問は、イメージの一方の端から始めて単一方向に（たとえば上から下へ）進み、極力「跳び回る」ことのないように順序立てるべきである。したがって、犯人の衣類について、シャツ→ベルト→ズボン→靴下→靴というように上から下へという順序に沿った質問系列は、あちこちに跳ぶ質問系列（たとえば、ベルト→靴→シャツ→靴下→ズボン）よりも望ましい質問の仕方である（Prior & Silberstein, 1969; Stone & DeLuca, 1980 も参照）。シンプルな単一方向の質問順序は目撃者の記憶検索課題を促進すると同時に、探査済みの項目と未探査の項目を把握しておくという面接官の課題にとっても助けとなる。

　特定の質問に対する返答が、重要で未だ探査されていない情報源（たとえば「犯人は目立つ宝石を身につけていた。」）を示しているなら、ここまでで概説した一般的手続き（文脈の再現、イメージの活性化、具体的探査に先立つオープン質問でのイメージ探査）に引き続いて、その特定の情報源を再度探査すべきである。

残存イメージの探査

　残存するイメージを探査する場合にも、同じ一般的手続きが用いられ

る。一つの心的イメージから別のイメージへと切り替えるとき、面接官は一連の流れにおいて、一つの区切りをつける必要がある。イメージの一つを探査し尽くしたら、次のようにいってもよい。

　それでは、次のイメージに進みましょう。あなたはさっき、犯人がドアから走り出るときにも見たとおっしゃいましたね。この新しいイメージを、これまでと同じやり方で検討してみましょう。

　新たなイメージの活性化とそこにある情報の読み取りに進む前に、この新しいイメージをそれまでのイメージとは切り離して扱うことを、目撃者には心にとめてもらう必要がある。つまり目撃者は、今この場で現れた新たに活性化されたイメージを述べるべきであって、面接の中でそれまでに行っている返答を単に繰り返すべきではないということである（第5章「目撃者に対する複数回の面接実施」を参照）。面接官は、たとえ以前の供述と矛盾したり一貫していないとしても、目撃者には独立した別個のイメージとして返答するよう求めるべきである。

先に活性化されたイメージの再探査

　それぞれのイメージの内容を探査し尽くしてから次のイメージに進むのが望ましいが、面接の中でそれまでに調べたイメージを再び探査することも、時として必要になるだろう。面接官は先に調べたイメージを再び活性化した後に、今度は最初の探査では得られなかった望むべき情報へと、目撃者の注意を向けるよう具体的に方向づけるべきである。つまり最初に行ったイメージ探査は、できるだけ多くの（関連する）情報を引き出すのに対して、再探査は不足している情報だけに向けられる。もちろん、目撃者がまた新しい別の関連情報を自発的に示した場合に、面接官はそれを追及すべきであるが、再探査の主目的はそれではない。

概念コードの探査

　関連するイメージコードをすべて探査した後では、有益な感覚情報のほとんどが喚起されている。しかしながら、概念コードの中に存在する

詳細ではないが広範囲に及ぶ種類の情報がまだ残されている。それには全般的情報、身体特徴（背丈や体重など）、パーソナリティ特性（「犯人は無学のようだった」）、行動の説明のような抽象的見解（「犯人は慌てていたのでバッグを落とした」）、主観的印象（「犯人は私のハリー叔父さんに似ていた」）といった情報が含まれる。

概念コードはアクセスが容易であり、一般に目撃者は強く促されなくても概念コードから事件を描写することができる。面接官は目撃者に対し、単に「何が起こったか？」とか「犯人はどんな風に見えたか？」を自分自身の言葉で示してくれるよう求めればよい。補足的な概念情報、特に行為の流れに関することを聞き出すためには、第8章で示した変則的な検索戦略を使って、目撃者に順向の次に逆向へと検索順序を変化させたり、他者の視点から考えたりするよう働きかければよい。そうすると、たとえば目撃者が犯人の視点から考えてみることで、犯人がなぜそうしたかという理由が示されるかもしれない。多数の犯人がいて、その中の一人が際立って犯行の音頭を取っているように見えたのなら、目撃者は首謀者の視点から、集団的犯罪行動を統率するような全体的なプランについて考える可能性もある。

面接官が、犯人の外見に関する主観的印象も喚起したいと思うなら、「誰か知っている人を思い起こさせましたか？」と尋ねることが可能である。あるいは、このようにも尋ねることもできる。

> 犯人について抱いた全体的印象を述べてください。たとえば典型的なスポーツマン、自動車技師、高校生……など何らかの固定的なタイプに当てはまるところがありませんか。

衣類の描写を引き出すためには、こざっぱりしているか、だらしないか、単調か、カラフルかといった、犯人の服装の全体的スタイルに関する情報を求めればよい。目撃者が何らかの主観的印象を自発的に提供してくれるなら、フォロー・アップ探査を行い客観的描写におき換えるべきである（第8章「特定情報の想起」を参照）。

次の面接例は、イメージコードと概念コードを用いた探査を展開する上での主要概念のいくつかを示している。この例では、目撃者が犯罪に

関して自由に語った後から開始される面接部分を紹介する。この面接官は目撃者の自由報告から、目撃者が犯人を、(a) 犯人から銃を向けられたとき、間近に正面から一回、(b) 犯人が逃走車両に乗り込んでいるとき、少し距離をおいて犯人の左側面を一回、つまり合計二回はっきりと見ていると推定した。

面接官：ジョアンさん、難しい課題だということも、気が動転しておられることも承知していますが、できるだけ集中していただくことが大切です。もっと集中できるよう目を閉じてみてください。

［面接官が自ら率先して目を閉じてみせる。］

銃を向けられたときに犯人をはっきり見た、そして本物の銃を見たのは初めてだと、あなたは先程いわれましたね。今から時間をかけて、犯人がどんな風に見えたか心の中で鮮明な姿を描いてみてください。まだ何も話さないで、犯人の鮮明な姿を膨らませるだけにしてください。

目撃者：（即座に）分かりました。犯人はとても大柄で、250ポンド（約113kg）くらいでした。

面接官：待ってください、まだ何もいわないで。まずは、できるだけはっきりしたイメージを心の中に描いてみてください。犯人がどんな風に見えたかを考えるだけにしてください。

目撃者：（数秒後に）はい、犯人が見えます。

面接官：結構です。さあ、犯人の顔に注目しましょう。やはり、まだ何もいわないで、顔のイメージを膨らませるだけにしてください。

目撃者：（数秒後に）できました。

面接官：さて、犯人の顔についていえることをすべて話してください。どんな小さな事も残さずにね。思ったことは何でも話してください。

目撃者：太りすぎみたいで、やや丸顔でした。顔色が悪くて、にきびがありました。目は小さいですが、色は分かりません。

　　　　　　　　短くて茶色い髪でした。これだけです。
［さらに詳しく述べさせるために面接官は間をおく。］
　目撃者：ああ、それに耳は大きめで、横に突き出していました。
　面接官：髪の毛に戻りましょう。短くて茶色とおっしゃいましたね。
　　　　　髪の生え際を説明できますか？
　目撃者：少し後退していました。特にここが［指差す］。髪は横に
　　　　　流れていました。
　面接官：それで、髪の長さは？
　目撃者：短くて、ほとんど角刈りみたいでした。
　面接官：にきびがあったといわれましたが、どこにありましたか？
　目撃者：このあたりです［指差す］。
　面接官：顔の状態について他にお話しいただけることは？
　目撃者：特に額に、にきびがあってまるで典型的なティーンエイ
　　　　　ジャーみたいでした。左の頬にあばたがありました。それ
　　　　　ほどハンサムではありませんでしたね。
［面接官は犯人の顔をさらに探査してから、現在のこのイメージで他
に利用できる銃に話題を切り替える。］
　面接官：その時点では、犯人が銃をあなたに向けていたとおっしゃ
　　　　　いましたね。もう一度、今度は犯人が銃を構えているとこ
　　　　　ろにイメージを絞り込んでみてください。まだ何も話さな
　　　　　いで、犯人が銃を構えているところに集中して。
　目撃者：分かりました。
　面接官：さて、銃について説明してください。できるだけ多くのこ
　　　　　とを話してください。
［目撃者はあまり銃に詳しくなく、この後、面接官が直接的なクロー
ズ形式の質問をしても最小限の話しか得られなかった。］
　面接官：銃を構えているときの犯人の手に集中してください。
［面接官は目撃者がイメージを膨らませるまで待つ。］
　　　　　どちらの手に銃をもっていましたか？
　目撃者：右手です。

第10章　イメージ的・概念的記憶コードの探査

　面接官：犯人が銃を構えていたときの右手についてお分かりになることをすべて話してください。
　目撃者：犯人は手が大きく、とても強そうでした。かなり毛深かったです、特に前腕が。
　面接官：傷とか刺青とか、何か目印が腕にありましたか？
　目撃者：いいえ。
　面接官：手首には何か貴金属が見えましたか？
　目撃者：はい。腕時計をしていました。銀のベルトでした。そう思います。
　面接官：時計について他に何かお分かりですか？
　目撃者：いいえ。あまりよく見えなかったもので。
　面接官：腕は衣類で覆われていましたか、それともむき出しでしたか？
　目撃者：犯人は半袖シャツを着ていたので、前腕はむき出しでしたが上腕はシャツの袖で途中まで隠れていました。

［最後のこのコメントを指針として、面接官はシャツについての探査へと進む。その次に、上から下の順で他の衣類について探査する。このイメージに関連するものすべてを網羅したら二つ目のイメージである、犯人が逃走車両に乗り込む場面へと面接を進める。］

　面接官：それではここで、話を車に切り替えましょう。あなたに犯人が車に乗り込むところを見たとおっしゃいましたね。車は郵便ポストの横に停めてあったと。今から郵便ポストの横に停まっている車をイメージしてみてください。まだ何も話さないで、車に乗り込む犯人の姿を鮮明に思い浮かべるよう努力してください。

［面接官は目撃者がイメージを膨らませるのを待つ。］
　　　　　車のどの部分が見えましたか？
　目撃者：右側と後ろです。
　面接官：車の後部を見たときと同じ心の状態に戻ってみてください。そのときに何を考えていたかを思い出して。［間をおく］

さて、車の後部のイメージを心の中に描いてみてください。そのイメージを鮮明にするよう努力してください。［間をおく］

さあ、車の後部について憶えていることをすべて話してください。思い出せることはどんな小さなことも漏らさないように。

目撃者：ナンバー・プレートを見ようとしましたが、チラッと見ただけで、はっきりとは見ていません。車は赤茶色でした。あまり新しい車には見えませんでした。こすった痕があって、塗料も剥げていたし。テールランプは楕円形で、上が赤で下が白だったと思います。

面接官：他には何を思い出せますか？

目撃者：リアウインドウが側面まで回りこんでいました。

面接官：リアウインドウについて他に何か思い出せませんか？

目撃者：いいえ、これで全部です。

面接官：結構です。それでは、ナンバー・プレートがチラッと見えた時点に戻りましょう。どこについていましたか？

目撃者：真ん中、バンパーの真上でした。

面接官：ナンバー・プレートの数字か文字を何か思い出せますか？

目撃者：いいえ、数字や文字を読み取れるほど、長く見てはいませんでした。

面接官：ほんの一瞬見るだけで数字や文字を読み取るのは難しいですよね。数字や文字を思い出せないとしても、ナンバー・プレートがどんな風に見えたかを思い出してみてください。地元のフロリダナンバーでしたか、それとも州外のナンバーでしたか？

目撃者：確かフロリダナンバーだったと思います。

面接官：ほとんどが数字だったか、ほとんどが文字だったか、それとも数字と文字が混じっていましたか？

目撃者：数字と文字が混じっていました。

[この後、面接官は、第8章で述べた具体的手続きによって、ナンバー・プレートに関する探査を続ける。]
　　面接官：あなたは、ナンバー・プレートがバンパーの真上にあったとおっしゃいましたね。プレートの真下のリアバンパーに注意を集中してみてください。［間をおく］
　　　　　さて、車のバンパーについてできるだけたくさん話してみてください。
　　目撃者：黒くて硬そうなゴム製で、車の後部の端から端までありました。
　　面接官：バンパーに転写シールやステッカーはありましたか？
　　目撃者：バンパーの右側にステッカーが貼ってありましたが、何が描いてあったかまで気づきませんでした。
　[この後、面接官は、まず後部、次に右側面と、車の目立つ特徴を探査していく。目撃者の供述では車の型や年式が示されていないので、車に関連したクローズ質問でこのセクションを締めくくることとする。]
　　面接官：犯人は車の右側に乗ったとおっしゃいましたね。前でしたか、後ろでしたか？
　　目撃者：前のドアから乗りました。
　　面接官：車の右前部から乗り込む犯人を心の中に描いてください。［間をおく］車に乗ろうとしているときの犯人に注意を集中して。［間をおく］さて、このイメージから犯人について、何かいっていただけませんか。先にいったことと矛盾することを話されても、ご心配にはおよびません。現在のこのイメージだけから犯人について話してください。
　[ここでは、以前のイメージからは得られない特徴（犯人の左側面、背中など）に重点をおく以外はこれまでと同じ一般手続きを用いて、人物描写を引き出すプロセスが続く。もし、このプロセスにおいて、目撃者が犯人は帽子を被っていたと述べたような場合、これは先だって正面から見たイメージを探査していたときには言及されなかった新事実である。そのような際には、面接官は「車に乗り込むところ」のイメージの

探査が完了したら、以前のイメージに戻って、犯人の帽子についてより詳細に探査することが必要である。］

面接官：それではここで、男が銃をあなたに突きつけていたときのイメージにもう一度、戻りましょう。男の顔と頭の上部に集中してください。［間をおく］この時点では犯人は帽子を被っていましたか、それとも被っていませんでしたか？　［目撃者がすでに帽子の存在に言及しているので、これは誘導質問には該当しない。］

目撃者：ええ、被っていました。お話しするのを忘れていたのだと思います。

面接官：いいですよ。帽子に注意を集中して、どんな風に見えたかを思い出してください。［間をおく］さて、帽子についてどんな細かいことでも話してください。現在のイメージだけからそれがどんな風に見えるかを話して、今までにおっしゃったことは、まったく気にしないでください。
［目撃者が帽子に関する追加情報を話し終えたら、面接官は概念コードからの情報探査を開始する。］

面接官：あなたが犯人を見たとき、全体的にはどんな印象をもちましたか？　年齢については？

目撃者：18か19くらいです。

面接官：犯人は、どのような感じの体つきでしたか？

目撃者：とても大きくて、本当に太っていました。たぶん250ポンド（約113 kg）くらい。背は高かったけど、さほどではありません。

面接官：私と比べてみてください。犯人は私より高いですか低いですか、それとも同じくらいの背丈ですか？

目撃者：たぶん、あなたよりも1インチか2インチ高かったです。

面接官：私は5フィート11インチ（約180cm）です。そうすると、犯人の上背はどのくらいになりますか？

目撃者：6フィートくらい、たぶん6フィート1インチ（約183～

185cm）です。
面接官：犯人の外見全体について他にいえることは何ですか？ あなたが知っている人を思い起こさせはしませんでしたか？
目撃者：それほどは。でも、たぶん髪の毛がちょっとだけ私の従兄みたいでした。
面接官：髪の毛のどこで、あなたの従兄を思い出したのでしょう？
目撃者：同じ分け方でした。左側だけに大きく流していて、とても変でした。

［面接はこの後も続き、面接官は概念コード内の追加情報を探査していく。］

要約

1. 目撃者のイメージコードの活性化を促進するため、面接官は、面接室内の不要な妨害要因を可能な限り少なくして、集中できるようにすべきである。また目撃者に対して、強く集中することの必要性を説き、目を閉じるよう勧めるべきである。

2. 目撃者のイメージを活性化させるときは、面接官は目撃者が以前にそのイメージの描写に用いたのと同じ言葉でそれに言及すべきである。

3. 面接官は目撃者に対し、イメージを心の中ではっきりと膨らませた後に、口に出して述べるよう教示すべきである。

4. イメージコードを探査するときは、面接官はそのイメージの関連する部分に沿って、焦点を絞ったオープン質問をすべきである。面接官は、詳細で精緻な返答をはっきりと求め、質問はゆっくりと慎重にすべきである。

5. 目撃者の自由報告での回答の中に含まれていない関連情報について、フォロー・アップ質問をすべきである。

6. 面接官は、一つのイメージから別のイメージへと切り替わるときには明確な区切りを挟むべきである。

7. 目撃者に他者の視点から考えたり、出来事をさまざまな時間順序で報告してもらうと、概念コードの探査を促進することができる。

第11章
認知面接の順序

　ここまですべての面接テクニックを一つひとつみてきたが、まだ、重要なことが残っている。それは、これらのテクニックを構成するさまざまなスキルを、円滑に機能する一つの操作にまとめるという仕事である。フットボールの監督は、多くの選手の動きを調整し、試合の序盤、中盤、終盤のそれぞれにおいて、どのプレイを選択するかという戦略を立てなければならない。これと同様に、有能な面接官は多様な質問のスキルを調整し、面接の序盤、中盤、終盤それぞれにおいて、どの情報を聞き出すかという全体的戦略をもたねばならない。そのような調整的アプローチがなければ、面接はうまく機能しない。本章では、面接の最初から最後に至るまでの各パートの下位目標を説明し、面接官がこれまで学習してきた探査スキルが効率的に使えることを目的としている。

　面接の全体的目標は、(a) 目撃者を最善の関連情報を含む記憶コードに導くこと、そして、(b) これらのコードが活性化されたときにコミュニケーションを進めること、である。目撃者の記憶コードのうち、どのコードが豊富な情報を有しているかを見極めるために面接官が最初にすべきことは、目撃者の出来事に対する全体的表象を熟知することである。その次に、面接官はどのイメージに最も価値のある情報が含まれているかについて、訓練に基づく判断が初めて下せるのである。さらに、目撃者を最善の記憶コードに導いた後に面接官がすべきことは、詳細に出来事を検索してそれを描写できるような望ましい心理状態と態度を目撃者の中につくることである。

　認知面接は五つのセクションより構成される。各セクションは、最終的な目標に到達するための異なる役割を担っている。それらのセクショ

ンとは、導入、自由報告、記憶コードの探査、振り返り、面接の終了である。導入では、その後の面接で効率的に記憶を想起しコミュニケーションを円滑にするために必要な、適切な心理的状態と人間関係のダイナミックスを確立する。自由報告では、面接官は目撃者がもっている出来事に関する全体的表象を推測し、さまざまな記憶コードを探査するために効率的な戦略を組み立てる。記憶コードの探査は、中心となる情報収集の段階であり、面接官は目撃者を最も豊富な情報源へと導きその内容を徹底して引き出す。振り返りでは、面接官は記録した内容を見直し、その内容が正確かどうかを確認すると同時に、目撃者にもう一度想起するチャンスを提供する。最後の面接の終了では、面接官は公的な警察活動を締めくくり、面接が効果的に働いている時間をさらに長く持続させるための提案をして、目撃者に対してポジティブな最終印象を残すように努力する。

これらの段階的なガイドとなるように、付録Aに認知面接の参照ガイドを掲載した。

導入

第一印象は持続し、それは面接全体の調子に影響するので、面接官はこの段階をうまく完了させる必要がある。不幸なことに多くの面接官は、この唯一の機会を無駄に使うことが多い。つまり、詳細な情報を少しでも早く得ようとして導入を大急ぎで終了したり、お役所仕事で必要な書類をつくるために、人定情報の収集を中心に時間を使っている。そのために、後の面接で綿密な情報を得るチャンスを失ってしまう。面接官が面接をうまく遂行するためには、導入におけるアプローチを一つの投資ととらえるとよいだろう。ここで、ちょっとした時間を使うことで、後で大きな収益を得ることができる。

面接が各段階で成功するか否かは、目撃者の全体的な心理状態と目撃者と面接官との社会的交互作用によって決まる。したがって、導入段階における面接官の第一目的は、目撃者の内面に適切な心理的ムードをつ

くり、目撃者と面接官の間に円滑な社会的ダイナミックスを形成することである。これらの最初の目的が達成されたら、面接官の第二の目的は、その後の記憶とコミュニケーションを最大限に活用するための一般的なガイドラインを伝えることである。

目撃者の不安コントロール

目撃者が自分の恐怖や不安をいかにコントロールできるかが、想起成功の鍵となる。特にその人物が被害者であり、面接が事件直後に実施される場合にはなおさらである。そのような場合には、面接官が面接のまさに冒頭で目撃者を落ち着かせ、自信を取り戻させることが重要である。それに失敗してしまうと、後の面接は往々にしてうまく運ばない。

目撃者の不安は面接成功の障壁となることが多いので、非常に不安状態の高い目撃者を落ち着かせるために、通常の面接順序を変更してもよい。その場合には、面接の最初に、犯罪には直接関係のない恐怖をもたらさないような質問だけをすることになる。人定に関する個人情報（住所や電話番号など）は、通常であれば面接の最後に聞くべきものだが、不安の高い目撃者の場合には面接の最初に聞く方がよい。なぜならば、それらの質問に答えることが心理的な鎮静効果を生み出すからである。

導入セクションにおける第二の大きな目的は、目撃者と面接官の間に円滑なコミュニケーションのために必要な社会的ダイナミックスを促進することである。これにより両者の間にラポール感が育まれるとともに、目撃者に本人が面接の中心的役割を担っていく期待感を確立させることができる。

ラポールの形成

ラポールの形成は、すべての面接で重要な要素である。しかし特に重要なのは、子どもや、身体的・精神的虐待の被害を被った被害者を聴取するときである。ラポールの形成段階の副産物として、面接官は目撃者と体験を共有することにより、その個人的背景、興味、能力を知ることができる。その過程において目撃者の見たり聞いたりする知覚の強さが

明確になれば、面接官は後の面接で目撃者が得意とする方向へ導いていくことが可能となる。

目撃者が中心的役割を担うことの確立

目撃者は面接官が面接をすべてコントロールするものと理解し、面接時に自発的に話をすることをためらう場合がある。面接官が適切な質問をしてくるのを待ち、直接聞かれたときにのみ回答をする。このような受身的反応をやめさせて、より主体的で自発的なコミュニケーションを促していくために、面接官は目撃者が主体的であること、面接で中心的役割を担っていくことを期待していると伝えなければならない。

記憶とコミュニケーションの最大化

ひとたび心理的そして対人的な目的が達成されると、次に面接官は記憶想起とコミュニケーションを最大にするための一般的ガイドラインを伝えることになる。面接官は、はっきりと指示しない限り、捜査に関連する情報を目撃者が自発的に話すと期待してはならない。そのため、面接官は詳細な情報が必要であると明確に伝えるべきである。これは、子どもを対象とする面接で特に当てはまり、子どもはそのように催促されなければ、細かい話はしないものである。

面接官は、ここで目撃者に対して思いついたことは何も省略せず、心に浮かんだことは何でも話すように念を押すべきである。この点に関しては、些細に思えること、今話すのは場違いと感じること、面接の前半で自分が話した内容と矛盾していると思えることも例外ではない。ただし、ここでは目撃者がこれらの教示により答えをねつ造してもよいと解釈しないように注意する必要がある。

導入における最後の目的は、より高い集中力をつくることである。そのためには目撃者に、記憶の細部を思い出すことは困難な課題であること、効率的な想起には鋭い集中力が必要であることを説明する必要がある。この教示をする際、面接官は目撃者に対して記憶を探査するときには徹底して集中するように伝えなければならない。これらの教示に加え、

鋭い集中力を促進するために十分な時間をかけるつもりであると、補足的に伝える必要がある。

自由報告

　面接の次の段階は、目撃者が物語の話し手のようなスタイルで出来事全体を思い浮かべて述べることである。自由報告の第一の効用は、面接官が目撃者の出来事に対する心的記録の推測ができるということである。これを把握することで面接官は面接の残りを、その目撃者に固有な心的記録に対応するように調整することが可能となる。この自由報告の段階では、面接官はどのような（特定の詳細）情報が貯蔵されているかよりも、知識がどのように貯蔵されているかについて注意を払うべきである。すなわち、目撃者は犯人をいつ見たのか？　どの心的イメージが重要な詳細情報について最も明確なイメージを提供してくれるのか？といったような観点である。

　面接官は往々にして、この自由報告段階で目撃者が話した特定の事柄が無視できず、すべての詳細な事柄を記録することに行き詰ってしまう。その結果、面接官は目撃者の犯罪に対する全体像を見失い、残りの面接をうまくやり遂げることができないことになる。この段階の目的は残りの面接の戦略を立てることであり、特定の詳細事項に関する情報を収集することではない、ということを忘れてはならない（Stone & DeLuca, 1980 も参照）。この時点で一つや二つの詳細事項に過度な注意を払ってしまうと、面接の後半段階で発見可能な多くの事実を見失ってしまうことになりかねない。

　面接の自由報告の段階は、休暇のための旅行計画を立てるのに似ている。どの町のどのアトラクションに行くのか（つまり、どの心的イメージを探査するのか）について、しっかりと決める前に経験豊かな旅行者であれば、まず、その場所で何が得られるかを調べる。そのような人々はアトラクションの内容を調べて、そして初めて、その場所までドライブをする。なぜなら面白くないところに着いて、結果的には楽しめたは

ずの多くの他の観光スポットを通りすぎていたことを、後になってから気づくということを知っているからである。楽しいかもしれないが、効率の悪いぶらり旅に出ることに固執しない限りは、最初に友人や旅行業者に相談して、どの場所にどのようなものがあるのか調べてから、自分の興味に見合う旅行場所を決定する。同様に面接官は、目撃者の心的イメージの一つをぶらりと「訪問」し、細かい事柄を探査する前に、まず、それぞれの心的イメージで何が見出せるのかを見極めるべきである。どのイメージが最も捜査の必要性を満たしてくれるのであろうか？　これを見定めると、最も適切なイメージを選択して探査し、それを最も効率的な順序で行うことができる。さまざまな内容を把握する前に、最初から細かい事柄に注意を向けてしまうと、捜査員としての「旅」は台無しになってしまうかもしれない。

全体的な文脈の再現

　目撃者に自由な報告を求める前に、面接官は出来事に関係している全体的な文脈を再現すべきである。面接のこの段階では、文脈は広範囲に渡っている。その文脈とは出来事直前の目撃者の全体的な心理状態や、出来事全体についての周囲の物理的環境に関わるものである。たとえば目撃者に対して、なぜ銀行に行こうとしていたのか、当日はだいだいどのような予定であったのか話すように求めるとよい。

報告の要求

　面接官が全体的な文脈を再現した後に、目撃者から報告を引き出すときが来る。その際の目撃者への教示には、次のようなものが考えられる。
　　あなた自身の言葉で、それ以降に犯罪について覚えていることは何でも私に話してください。できる限り多くのことを、できるだけ詳しく話してください。

情報的価値のない描写

　結果的に得られる自由報告では、多くの場合、出来事における行動が

中心であり、犯人についての詳細な描写にはあまり注意が払われていない。目撃者が、不当な経験への激しい憤りの感情や恐怖と不安によって話を中断することがある。目撃者が語るこれらの詳細な内容は、捜査にあまり関係ないことが多い。しかし面接官は、少なくともこの段階の初期においては、目撃者にこうした感情を話す機会を提供する必要がある。そして面接の後半までは、事件に関連の強い事項の詳細に焦点を当てることは保留しておくべきである。明らかなことは、ここで面接官は目撃者の話を中断させて事件に関連した方向に話を戻す以前に、どの程度の無関連な情報であれば、そのまま話を続けさせてもよいか適切な判断をする必要がある。ここでは大目に見て、目撃者に関連のない話を続けさせるというエラーの方が、たとえいくらかの時間を無駄にしているとしても、目撃者を管理しすぎて、結果的にドラッグネット流（「事実だけを話してください。」）（訳注：ドラッグネットはアメリカの刑事ドラマのタイトルであり、「奥さん、事実だけを話してください。」はそのキャッチフレーズとして知られている。）の応答スタイルを強いるよりも好ましい。面接の初期段階で目撃者を管理しすぎると、時間の節約になるかもしれないが、後にそのしわ寄せとして他の関連情報へのアクセスの妨げとなることがある。あまりに脱線しない限りは、面接官は話をさえぎるべきではない。

　もし目撃者の話が面接の目的からあまりにも脱線してしまった場合には、面接官は目撃者を叱るのではなく、犯罪にもう少し焦点を当てるように、それとなく穏やかに教示すべきである。同様に目撃者が自らの恩いや心配事について語った場合にも、面接官はそれらをありのまま受け入れて、話し続けるよう促す方がよい。

不安の高い目撃者

　目撃者が話をしながら極度の不安を示す場合には、話に戻る前にまず、その不安に対処しなければならない。不安の高い目撃者に応答を強いることは、エラーや不完全な回答を生み出す結果となる。さらに下手をすると最初は協力的であった目撃者を、その後の捜査において消極的もし

くは非協力的な目撃者に変えてしまう可能性もある。

詳細な事実関係の再探査

　大部分の目撃者は、出来事中の行動に重点をおいて話す傾向があり、犯人に関する詳しい身体的・物理的描写にはあまり触れないが、目撃者の中には詳細で情報価の高い受け応えをする人もいる。この描写こそが面接官が求めている話の内容であるので、面接官はしばしば話の途中に割り込み詳細事項を記録して、さらに探査しようとする。しかし、ここで話をさえぎってしまってはならない。ここで中断してしまうと、目撃者の話を邪魔することで、その話を不完全なものとしてしまうからである。その結果、面接官は目撃者の犯罪の全体的表象に関して、不完全な推論をする可能性がある。そしてそれは、その後の面接で、非効率的な探査をすることにつながってしまう。目撃者の話をさえぎるという単純な行為は、結果的に面接の後半において、多くの事実を知る機会を失うという事態を招きかねないことになる。面接官は目撃者の語りをさえぎるのではなく、面接の残りで先に述べた事実を再探査するための覚え書きとして、簡単なメモを取るべきである。

目撃者の表象の見極め

　目撃者の出来事に関する心的表象を見極める最も簡単な方法は、目撃者に対して、犯人もしくは他の重要な物品をどのような視点で見たのかを直接聞くことである。間接的な方法としては、目撃者の話を積極的に傾聴し、その視点から目撃者が最初に経験したのと同じように出来事を見ることによって、目撃者の心的表象について推測する。面接官は目撃者が話をする間、犯人、重要な物品、関連行為について、はっきりとした光景をもつ兆候を示した場合には特に注意を払うべきである。[1] この兆

---

[1] 明確な「光景」とは視覚に限らない、あらゆる感覚を意味する。目撃者が明確な音のイメージをもっていることもあり、その場合、目撃者は内面的に犯人の声を聴くことができるであろう。もしくは、目撃者は明確な触感のイメージをもっていることもあり、その場合、目撃者は、内面的に犯人の肌を感じることができる。

候は、「私は、犯人を目の端で見ました。」とか、「振り返ったときに初めて、犯人に気づきました。」といった言葉で、目撃者の見た光景の視点に立って表現されることがある。目撃者によっては、たとえば、「犯人は扉のそばに立っていました。」とか、「犯人は金庫の方に歩いていきました。」など自分が見た眺めからは切り離して、物理的な文脈として表現されることもある。

　目撃者が、非常に明瞭な心的イメージをもつイメージコードから話を引き出している兆候は、その応答の仕方が変化することで分かる場合がある。その場合、前より慎重に話しをするようになったり、犯人の話し方をまねるために声の調子を変えることもある。自分の内面を洞察するので目の焦点が合わなくなり、面接官から目をそらすような視線の変化もあるかもしれない。そうすると、描写のレベルは、より詳細になってくる。繰り返しになるが、これは概念コードからイメージコードへの変化を表していることになる。

目撃者のイメージの記録

　目撃者がもっているイメージコードに関するさまざまな兆候が認められた場合、面接官は面接の後半で各イメージを探査するための追加情報として、それらの兆候をメモすることが必要である。この段階では、面接官の記録は概略的内容にとどめるべきであり（Stone & DeLuca, 1930参照）、後でその光景を再現し、目撃者に先に用いたキーワードや語句を思い出させるのに十分な情報だけがあればよい。面接官は目撃者の話の詳細を記録することよりも、目撃者が今の話を引き出している心的イメージの方に関心をもつべきである。

　目撃者がもっている犯罪の心的イメージに関する面接官の知識の多くは、面接官が目撃者の語りを注意深く傾聴するところから生まれている。しかし目撃者の話の中に、情報的価値のある心的イメージが含まれていない場合も、しばしばある。目撃者は単に、それについて話すのを忘れていただけかもしれない。あるいは、他の心的イメージに集中してしまったのかもしれないし、そのイメージを不適切なタイミングで思いつき、

突然にそれを話すことは不自然だと感じたのかもしれない。理由はなんであれ目撃者が語り終えた後、面接官は目撃者に対して、まだ話していない犯罪の心的イメージ、特に犯人に関するイメージが残っていないか、はっきりと尋ねるべきである。認知面接に慣れていない方々への安全策として、面接官は、「あなたが犯人についてもっている最も明瞭な光景はどのようなものですか？」と聞くのがよい。

探査戦略の組み立て

目撃者の自由報告を一通り聴き終えた面接官は、どのイメージに人物、物品、行為が表象されているかが分かるはずである。この知識に基づいて、面接官は、これらの心的記録を効率的に引き出すための仮の探査戦略を練ることができる。探査戦略が目的とするところは、詳細事項に関する原理とモーメントの原理に基づいて、(a) 関連情報について最も優れた光景を含むイメージに意識的に注意を向けさせること、(b) これらのイメージから、あらゆる情報を探査し尽くすことである。最も情報価の高いイメージを最初に探査し、情報価の低いイメージへと探査を進めていく。探査戦略を検討する際には、(a) イメージごとの喚起された度合い、(b) そのイメージには他のイメージにも表象されている情報を含んでいるかどうか、(c) その供述時における目撃者の自信、についても同時に考慮する。

ここで注意して欲しいことが一つある。面接官は目撃者の記憶コードを探査するとき、よく検討された系統的な計画を立ててそれに従うべきである。しかし、その計画は柔軟でなければならない。変更を必要とするような当初予期しなかった情報が面接中に得られた場合には、最初の計画はそれに合わせて修正すべきである。

記憶コードの探査

この段階の大きな目的は、目撃者を多様な情報を含む記憶コードへと導き、それらのコードを活性化し、できる限り多くの情報を引き出して

記録することである。

心的イメージの活性化

　面接官は面接のこの段階で、まず目撃者が前段階、すなわち自由報告で述べた事柄のいくつかについて、より詳しく描写してもらうために、これから調べるつもりであると伝える必要がある。詳細に描写をするという課題は大変困難なもので、かなりの集中力が必要であると目撃者に念を押すこともいいだろう。目撃者に集中してもらい、さらに妨害要因を排除するために、目撃者に目を閉じるように勧めるとよい。

　特定の心的イメージを喚起する手順の第一は、たとえば犯人が最初に銃を取り出したときのような特定の出来事に関する心理的かつ環境的な文脈を再現することである。面接官の教示は、目撃者の言葉や非言語的行動をできる限り忠実に再現して、目撃者がその出来事について、先に話した内容をできる限り正確に反映するものでなければならない。

　目撃者を適切なイメージに方向づけた時点で、面接官は、(a) できる限り鮮明にそのイメージを心の中で膨らませ、(b) それを詳細に描写するように促すことが必要である。イメージを膨らませ、そして描写するという、この二つのことは別々に行われるべきであり、まず目撃者が鮮明なイメージを膨らませることを確実にしなければならない。

目撃者を導くことによって得られる一般的報告

　目撃者からの報告は、面接官が導いて語らせるような形をとるべきである。その結果として、報告が確実に広範囲に渡ってはいるが、関連情報に焦点が当てられるようにするために、面接官は、(a) 目撃者をイメージの中の特定箇所に導くことができるように質問の焦点を絞り、(b) オープン質問を使用し、(c) 目撃者に詳細で広範囲に渡る描写をするように求める必要がある。

　ここで得られる報告は、面接における主な情報源となるだろう(George, 1991)。したがって、目撃者の応答をさえぎらないことが絶対条件である。完全な応答を促すために、目撃者がいったん話を終えた後、

次の探査を続ける前に面接官は、短い静かな時間を設けることが必要である。

フォロー・アップ探査

目撃者を導いて得られる報告では、活性化されたイメージの情報がすべて話されているわけではない。したがって面接官は、クローズ質問あるいは、さらに限定したオープン質問（たとえば、「犯人の口について話してください。」）によって、より積極的に探査する必要がある。その際はモーメントの原理を考慮すれば、フォロー・アップ探査はすべて、現在、活性化されているイメージに関する情報に向けられていなければならない。

残存イメージの探査

目撃者を導いて報告させ、詳細な探査をするために特定の文脈の再現が行われるが、それと同じ手続きが残存するイメージの探査にも用いられる。一つの心的イメージから他のイメージへとスイッチを切り替える際には、面接官はその合間に小休止を入れてから、新しいイメージを引き出すという流れを明確につくらなければならない。その意味で同じイメージを二回目に描写させる場合、それが一回目の単純な繰り返しとならないように、面接官は目撃者に二つのイメージを別個のものとしてみなし、仮に二回目のイメージから得られる描写が一回目と矛盾していても、新しいイメージをその時点で湧き上がってきたまま描写すべきであると、はっきり教示する必要がある。ここで生じた矛盾は解決する必要があるが、面接のより後半で行えばよい。

先に活性化されたイメージの再探査

面接官は各イメージを最初に探査した時点で、それらのイメージのすべての内容を搾り出す努力をすべきである。しかし、これは明らかに不可能であり、往々にして先に調べたイメージを再探査する必要がある。よくあるのは最初にあるイメージが探査された後に、そのイメージに関

する新たな情報が見出される場合である。たとえば、犯人の左横顔からのイメージを探査した後になって、面接官が犯人は左耳にイヤリングをつけていたことを知るというような場合である。別の可能性として、最初のイメージ探査では、目撃者は重要な断片的情報が「喉まで出かかった」にもかかわらず想起できなかった場合も考えられる。イメージを再探査するときには、面接官は聴取すべき情報を他と切り離し、それについてのみ探査する必要がある。

概念コードの探査

　概念コードには、詳細ではないが簡単にアクセスできる情報が含まれているので、その探査は通常、関連性の高いイメージコードをすべて探査してから行うべきである。ただし目撃者の不安が非常に高く、面接を継続する前に不安を低減する必要がある場合には、概念コードを最初に探査する方がよい。

　概念コードを探査しても、詳細な情報が直接得られることはあまりない。しかし、詳細情報へのアクセスは、間接的ルートを通しても得られることがある。たとえば、主観的なコメントを、客観的情報へとおき換えらせることである。概念コードの探査に対する目撃者の答えが、それまでの面接段階では得られなかったイメージコードの存在を面接官に知らせることになって、より詳細な情報へと結びつく可能性もある。面接官は、この手続きで新たなイメージコードを見極めた場合、他のイメージコードと同様にそのイメージコードを活性化すべきである。

面接の振り返り

　最終の振り返り段階では、面接官は面接記録と自分の記憶の両方から目撃者にすべての関連情報を繰り返し確認する。面接を振り返る目的は、(a) 面接官が記録した内容の正確性をチェックすることと、(b) 目撃者が記憶を探査して新しい情報を見出す付加的チャンスを提供することにある。もし、この段階で目撃者が実際に追加情報を思い出した場合には、

目撃者には直ちに面接官の話を止めて報告をしてもらう。目撃者が積極的に聴けるように、また必要に応じて面接官の話を中断させ、その内容の修正・追加ができるように、面接官はゆっくりと話し、区切りのいい箇所では小休止を入れる必要がある。

目撃者が新たな情報を自発的に話した場合には、面接官はすぐに、この新たな手がかりをフォロー・アップして追加の詳細情報を探査しなければならない。新たな情報につながるような未開発のイメージがあれば、面接官はそれまでと同じ方法でイメージを探査する必要がある。

面接の終了

われわれが警察で行われた面接を収集して詳しく調べたところ、多くの面接官が実に単調に面接を終えていることが分かった。質問をすべて尋ねてしまい、もう何も話すことは残っていなかった。概して面接の終了とは無計画であり、前向きで系統的というよりも、質問がもう何もないことを表しているにすぎないようであった。しかし面接の終了方法とは、その後にまで印象を残すので、そこに秘められている潜在性を有効に活用して目的のあるガイドラインに沿うべきである。われわれは、面接の最終段階には三つの具体的な目的があると考えている。それは、(a)人定情報の収集、(b)面接が効果的に働いている時間を延長する、(c)面接後も続くポジティブな印象を残すことである。

人定情報の収集

どのような捜査であっても、目撃者、容疑者、その他の傍観者などに関する人定情報を収集することは重要だが、しばしば、このような情報は犯罪には直接関連がないことが多い。しかし、捜査をスムーズに行うためには必要なものである。たとえば面接官は、目撃者の電話番号や勤務先、被疑者となる可能性がある人物の住所などを知る必要性がある。しかし、この種の情報は素っ気のない国勢調査の面接のようなもので、面接官と目撃者間のラポール形成にはほとんど役に立たない。どちらか

というと、あまりに味気がないので、面接官を目撃者から遠ざけてしまうことがある。したがって通常の面接の流れの中では、このようにラポールを悪くするセクションは、詳細情報が収集された後の面接の終盤まで延期するのが最善である。さらにいえば、この種の人定情報にアクセスするのは容易でありコミュニケーションスキルも必要としないため、それまでの面接で行われてきた困難な記憶探査によって、目撃者が精神的に疲労した面接の最後でも、正確な回答が期待できる。

ただし目撃者の不安が高く、犯罪に関する難解で細かい質問に答えることができないような場合に限っては、この段階を面接の最初にやる方がよい。そのような場合、面接官はこれらの人定に関する質問を戦略的にうまく用いて、目撃者を落ち着かせる助けとすることができる。

面接が効果的に働いている時間の延長

目撃者は、面接終了後もずっと犯罪について考え続けているだろう。そのため、面接では話さなかった情報を想起することがある。捜査員の仕事は、面接が終わった後でもこの種の情報を報告するように目撃者を促すことである。そのために面接官は、目撃者が今後も新しい情報を思い出したときには、連絡を期待していることを伝える必要がある。

ポジティブな最終印象

面接を終了する際、面接官はポジティブな最終印象を残すように心がけなければならない。そのためには目撃者に協力への謝辞を述べ、一個人として目撃者を心配していることを示す必要がある。特にそれは被害者の場合にはなおさら必要である。これは人道主義の視点のみ考慮しても妥当なことである。

最終的にポジティブな印象をつくることは、目撃者だけでなく他の地域住民に対する今後の捜査活動の円滑化にもつながり、警察の利益にもなる。この段階を完成するためには、面接官は目撃者に対して面接の数日後に連絡を取り、健康状態を尋ねた後で何か新しい情報を思い出していないか確認するという最後の努力が必要である。

要約

 1. 導入の目的は、(a) 目撃者の内面に面接に適した心理的状態を形成すること、(b) 面接官と目撃者の間に効果的な社会的ダイナミックスを促すこと、(c) 記憶とコミュニケーションを最大化するための一般的なガイドラインを伝えることである。そのためには、目撃者の不安をコントロールしラポールを形成する必要がある。そして、面接における目撃者の中心的役割を確立し、集中力を高めることが求められる。

 2. 自由報告によって面接官は、目撃者の出来事に関する心的表象を推測することが可能となる。面接官は目撃者に対して出来事に関する全体的文脈を再現するように導き、その後オープン質問によって報告を引き出す。目撃者の自由報告に基づいて、詳細情報を引き出すための仮の探査戦略が組み立てられる。

 3. 最初にイメージコードを探査し、次に概念コードを探査する。面接官は関連するイメージコードを活性化し、イメージの関連部分に導くように焦点を絞ったオープン質問により自由に話を引き出す。不完全な回答に対しては、直接的なクローズ質問、もしくはさらに限定したオープン質問で補足する。概念コードの探査による回答は緻密性は低いが、時にはより緻密な情報を解明する間接的な手がかりとなる可能性もある。

 4. 面接官は目撃者とともに、面接で収集した関連情報を振り返る。その目的は、(a) 面接官の記録の正確性を確認し、(b) 目撃者が新たな情報を想起するための、付加的なチャンスを提供することである。事実を振り返る際には、面接官は目撃者に対して記録の内容に間違いがある場合や追加情報を思いついた場合には、面接官の話をすぐに中断するよう促すべきである。

 5. 面接の終了では、人定情報が収集される。面接官は、目撃者に対して面接終了後に思い出した追加情報があれば連絡するように促し、面接が効果的に働く時間を延長するように試みる。最後に面接官は、目撃

者に対してポジティブな最終印象を残して面接が終了できるように心がける。面接後には目撃者と連絡を取って、目撃者の健康状態や新たな情報がないかを尋ねる必要がある。

第12章
面接事例と分析

　本書で示されているコンセプトを具体的に説明するため、本章では二つの面接事例を紹介する。これら二つの面接は、大変異なる目撃者を対象としている。最初の事例は、犯罪を第三者として目撃しており、比較的冷静で優れた言語スキルをもち、いろいろな点で理想的な目撃者である。二番目の事例の目撃者は非常に不安感の強い被害者で、言語スキルも乏しく問題が多い。しかし、残念ながらより典型的な目撃者である。

　紙面の都合で、面接事例は簡略化されている。警察の正式な捜査で必要とされている詳細な内容の多くと、目撃者と面接官との重要ではないやり取りの多くは、ともに割愛されている。これらの面接は明らかに教育目的のために作成されたものであるが、細部のほとんどはわれわれの調査研究で収集した実際の面接から抜粋されている。

　読者の方々には、面接官のアプローチにおけるエラーは何かを考えつつ、積極的にこの節を読み、どのような質問をどのようないい回しで行うべきかを考えて欲しい。われわれは、いくつかのエラーを意図的に設定しているが、どうして間違っているのか、質問をどのように改めるべきかを理解するよう努めてもらいたい。

　ページの左側は面接事例、右側は関連する面接法の原理に関するわれわれのコメントである。原理の説明は簡略化しているが、それはいたずらに冗長となるのを避けるためである。興味のある読者は、さらに本書の該当箇所を参照すれば、より完全な説明が得られるであろう。

事例1：宝石店強盗を第三者として目撃した目撃者

　背景：面接の二日前、目撃者ジェーン・ウィルソンがミッドタウンの宝石店をブラッと見て回っていると、銃をもった二名の男が入ってきて、レジ係に現金を要求した。目撃者は店内の後方にいて、驚きはしたもののパニックには陥らなかった。目撃者の言語スキルは優れており、面接では比較的冷静である。

面　接	コメント
面接官：ジェーン・ウィルソンさんですか？　私は警視庁の捜査員のジェレミー・ズカーマンです。昨日お電話で宝石店強盗の件を簡単に伺いましたが、何が起こったのかをもっと詳しくお話していただきたいのです。	
目撃者：お入りください。	
面接官：昨日のお電話では気が動転しておられるようでしたが、今はいかがですか？	相手への気遣いを示す
目撃者：大丈夫です。本当にびっくりしました。特に犯人が怒鳴りだしたときと、銃を目にしたときは。テレビ以外で銃を見たことがなくて、すっかり動転してしまいました。	
面接官：ごもっともです、それは当然な反応ですよ。何といっても、強盗は確かに銃をもっていたし、危険な状況でした。何年も前、私が警官になる前のことですが、同じような状況におかれたことを思い出します。商店で買い物をしていたら強盗が起こったのです。そのときは気が動転したことを覚えています。	目撃者の感情を認める 理解と類似の感情体験を伝える

目撃者：この辺りのすべてが変わりつつあります。もう夜出かけるのが恐ろしい場所になってしまいました。あんなに犯罪が起こるのです。あの男たちが皆、刑務所に服役しているのを目にすることができればと思います。そうすれば、また安心して外を歩けることでしょう。

面接官：ここをもう一度安全な地域にすること、それは私たちも望んでいます。あなたが充分な情報を与えてくださされば、犯人を捕まえて街角から追い払う手助けとなるでしょう。
犯人を捕まえるために、できるだけ詳しく漏れがないように話していただきたいのです。詳しく話していただけるほど、犯人を見つけて起訴するのがたやすくなるでしょう。 　　　　　　　目撃者の不安を明確にして、協力することが目撃者にとっていかに利益となるかを示す
詳細な回答の必要性を説明する

目撃者：分かりました。どこで始めましょうか？

面接官：昨日お電話で話していただいたところでは、強盗犯をかなりよくご覧になっていて、起こったことについて多くのことを覚えておられるようでした。だから、面接をやり終えるのに時間がかかると思います。気が散らずに話せるよい場所はありますか？ 　　　　　　　目撃者の再生への期待感と完全な再生のためには時間がかかることを理解してもらう
妨害を最小限にする

目撃者：それでは居間にご案内します。すぐに、テレビを消しますから。

面接官：（写真を指して）お子さんですか？ 私にも三人子供がいます。女の子二人に男の子一人です。ジェーンさん、あなたがすべての情報を握っているということを念頭においていただくことが大切です。私は何が起こったのかをあなたから引き出そうとしています。だから、話をどんどん進めていくのは主にあなたであっていただきたい。私の 　　　　　　　個性を尊重した面接
ラポールを形成する

目撃者が主体的な役割を果たす

質問を待たないでください。たとえ些細なことや前に話していただいた内容と矛盾するように思えることであっても、何かが心に浮かんだらいつでも話してください。何も省かないでください。	すべてを報告する
分からないことがあっても大丈夫。知らないといっていただければ結構です。ただし、回答しようとしてつくり話をするのはやめてください。犯罪をすべて詳しく思い出すというのが難しい仕事であることは承知しています。だから、できるだけ集中するように努めてください。	作話を回避する
	集中を促す
始める前に、強盗が起こる直前にあなたが店の中のどこにいて何を考えておられたかについて、少し教えていただきたいのですが。	元の文脈の再現をする

目撃者：夫の誕生日に腕時計を買おうと思っていました。あの店ではここ何年かで宝石をいくつか買っていました。とてもお値打ち品で物がよいのです。犯人が怒鳴り始めたときは、私はお店の後ろの方に向かって立っていたはずです。

面接官：可能であれば、店の簡単な見取り図を描いてみてください。あなたが立っていた位置、強盗犯とレジ係の位置を示してください。	目撃者の視点を理解するための現場の略図

（目撃者が略図を描く）

面接官：店内の照明の具合はどうでしたか？	文脈の再現をする

目撃者：とても明るかったです。宝石店だし、すべてをキラキラさせたいのだと思います。

面接官：ジェーンさん、最初に強盗犯に気づいたときと同じ位置に立ったつもりになって、強盗事件が終わるまでの間に起こったことであなたが思い出せるあらゆることを、ご自分の言葉で話してみてください。また、できる限り、詳しく話してく	自由報告を求める
	詳細な描写を求める

ださい。

目撃者：ええと、初めは何も変わったことには気づきませんでした。店の中に宝石を見ている人たちがいただけです。それから、突然、怒鳴り声が聞こえました。最初は誰か具合が悪くなったか怪我をしたのだと思いましたが、その後二人の男たちがオーナーに向かって、カバンにお金を入れろとか何とか怒鳴っているのが見えました。男の一人は振り向いて、客に向かって「床に伏せろ」と怒鳴りました。男が銃をもっていたので本当に怖くなりました。私は銃のことを何も知らないのですが、本当に大きくて、見たことのあるオモチャの銃よりもうんと大きかったです。私は床に伏せましたが、銃をもった男が非常に興奮しているように見えたので怯えていました。男はとても神経質そうでした。相棒の周囲を見回し続けていて、急ぐようにいって、「逃げるぞ」ともいいました。もう一人の、お金を奪った男はあまりよく見えませんでした。私たちに銃を向けていた男に注意がほとんど集中していたのです。しばらくして店の正面にいた男が、銃を向けていた男に「行くぞ」とか何とか怒鳴って、それから二人とも店の外に走り出ていきました。そのときまで、私はブルブルと震えていました。店のオーナーが警察を呼んだと思います。数分で警官が来ました。警官の一人から、何が起こったかについていくつかの質問をされ、名前と電話番号を尋ねられました。彼はしばらくしたら連絡し直すといいました。それから家に帰り、起こったことを夫に電話しました。

面接官は後の探査のために目撃者の出来事の視点を思い出せるよう、ここでは簡単に次のようなメモを取るのみにする

a) 二名の強盗犯がオーナーに叫ぶ。鞄に金を入れろ
b) 犯人①が客に「床に伏せろ」と怒鳴る（声の変化に注意）
c) 犯人①の大きな銃に目撃者は怯える
d) 目撃者は怯えて床に伏せる
e) 犯人①：興奮している、神経質
f) 犯人②が犯人①に「行くぞ」
g) 犯人らは逃走

目撃者は夫に話す

面接官：その他にも強盗犯を見ていますか？

目撃者：いいえ、私が犯人を見たのはそのときだけでした。

最後に明瞭なイメージを喚起するよう求める

　[面接官は面接を続ける前に、次の段階における探査戦略を練る。目撃者は犯人①を（a）最初にオーナーに向かって怒鳴ったとき、（b）振り向いて客に怒鳴ったとき、（c）目撃者が床に伏せた後、（d）犯人①と犯人②が店外に走り去るときの四回見ている。（b）と（c）のイメージは正面から間近に見たものであり、犯人①の顔が最もよく見えているだろう。（b）では目撃者が凶器に注意を向けていたため、犯人①の凶器をもつ手についてさらに情報が得られるかもしれない。床からの視線である（c）では、犯人①の靴やズボンについてさらに情報が得られるかもしれない。（d）からは強盗犯の後姿や、どのように走ったかについても情報が得られるかもしれない。加えて、目撃者は犯人①に対する主観的印象（神経質である）と、「床に伏せろ」という声の鮮明なイメージを有している。犯人②については、（a）最初にオーナーに怒鳴ったとき、（d）犯人①と犯人②が店外に走り去るときの二回しか見ておらず、たぶん詳しくは見ていない。また、犯人①に声をかける（「行くぞ」）のを聞いている。

　犯人①の方がよく見えているので、面接官はまずこちらについて探査することにして、犯人①の人相、衣類、凶器に関する情報が最も含まれているイメージから始める。これは（b）と（c）でのイメージである。これらの正面からの見え方について十分に聞き尽くしてから、（d）に移り、犯人①の後ろ姿と走り方について探査する。最後に、（a）のイメージを活性化して、他のイメージには含まれていない何らかの新たな情報を喚起する。犯人②についてはその次に探査する。オーナーに怒鳴っている（a）のイメージのうち正面から見た情報から取り掛かり、店外に走り去る（d）のイメージへと進む。犯人②が「行くぞ」といっている

イメージに焦点をあてることで、声の情報も探る。これ以降の面接で何らかの新しい情報が得られたなら、目撃者の心的表象に沿って面接に取り入れる。]

面接官：ここまでにお話いただいたイメージに話を戻して、強盗犯のことをもう一度、今度はもっと詳しく説明してください。それは難しいことですし集中力を必要とすると思いますが、あなたが詳しいことを教えてくださればそれだけ犯人を捕まえやすくなるということを忘れないでください。銃をもった男が振り向いて「床に伏せろ」と叫んだところからいきましょう。	より詳細な描写を求める 記憶検索に集中するよう促す 詳細情報の必要性を伝える 目撃者が最初に用いた言葉使いと抑揚で特定の文脈を再現する
あなたに向かって叫んだ犯人だけに注目するようにしてください。 目を閉じた方が集中しやすいかもしれません。 （面接官は目を閉じる）男が最初に振り向いた場面について、頭の中でなるべく詳しい姿を描いてください。まだ何もいわないで。できるだけ詳しくイメージするだけにしてください。	一回に犯人一人ずつについて探査する 目を閉じる 面接官が見本を示す 詳細なイメージを形成する イメージが充分にでき上がるまで描写させない
（目撃者がイメージを形成するまで数秒の間をおく）	目撃者がイメージを形成するまで間をおく
犯人の顔と頭部に意識を集中してください。（間をおく）さて、犯人の頭部と顔をできるだけ詳しく説明してみてください。どんな小さな事も残さ	焦点を絞った質問 オープン質問 詳細に説明するよ

ないようにお願いします。 | う、はっきりと求める

目撃者：頭は卵型で、頬がふっくらしていました。黒っぽい肌。広い額。髪は暗い色で、茶か黒でした。ほとんど真っすぐに後ろに流してあって、少し左に分けていました。口が何か変な感じ、歪んでいたような…。 | 面接官はここで詳細なメモをとる

面接官：（黙って待つ） | 目撃者が話を止めたら少し間をおく

目撃者：…たぶん、口髭です。左右均等じゃなくて、右より左側の方が濃いように見えました。…思い出せるのはこれで全部です。

面接官：そのイメージを頭の中で保ってください。犯人の目元に注目して。目、眉、顔の上の部分について、どんなことでもいいから話してください。 | 重要な詳細部分に再度焦点を当てる　顔の上半分の目立つ特徴

目撃者：変な感じがしました…、すごく大きな瞳、まともじゃない人みたいな。目の色は思い出せません。黒っぽかったと思いますが、確信はありません。目の周りに皺がありました。それと、汗ばんでいました。額の汗に明かりが反射するのが見えました。

面接官：メガネはかけていましたか？ | イメージに沿った質問
直接的なフォロー・アップ質問

目撃者：いいえ。

面接官：髪の毛に戻りましょう。黒っぽくて真っすぐに後ろに流してあったといわれましたが、他に何かありませんか？ | オープン形式のフォロー・アップ質問

目撃者：真っすぐでした。少しウェーブが掛かっていたかもしれませんが、絶対に巻き毛じゃありま

せん。
面接官：髪の長さは分かりますか？ | 中立的な言葉遣いの質問（「長さ」という名詞形）

目撃者：耳に少しかかるくらいだから、そんなに短くはなかったけれども、長いというほどでもありません。
面接官：頬がふっくらしていたとのことでしたが、もう一度、頬に意識を集中してください。……(間をおく)……さて、顔について説明してください。 | イメージがまだ描写されていない部分へ再度焦点を当てる

目撃者：目立ったものはありませんでした。傷跡はないし、目立つ特徴もありません。
面接官：髭は剃っていましたか、生やしていましたか？ | 直接的なフォロー・アップ質問

目撃者：剃っていました。 | 面接官は矛盾点をメモする（目撃者は先に「口髭」と述べている）が、すぐには探査しない

面接官：肌はどのくらい黒っぽかったでしょうか？ | エラー：バイアス質問（「黒っぽい」）

目撃者：日に焼けたくらいでしたが、それほど黒くはありませんでした。
面接官：全体的に見て、顔で何が最も特徴的でしたか？ | 最も目立つ特徴

目撃者：目だと思います。瞳の大きな、とても興奮したような目です。
面接官：それでは、やり方を変えてみましょう。犯人は「床に伏せろ」と叫んだのでしたね。犯人があなた方に叫んでその命令をしたときのことを思い起こしていただきたいのです。犯人の声だけに、言葉の音に意識を集中してください。(聴覚的イ | イメージを変更する際ははっきりと一区切りつける

描写を求める前に

メージを形成するまで間をおく）犯人の声の調子について説明してみてください。犯人の声の調子に関するあらゆること、その他の話し方についても、どんなことでもいいから話してください。 — 間をおく／詳細な描写を求める

目撃者：意外に甲高い、神経質そうな声でした。訛りも少しあったと思いますが、どこの訛りかは分かりません。標準的な英語には聞こえませんでした……たとえば、つい最近に英語を習ったばかりのような感じでした。

面接官：犯人の話し方のどこが標準的な英語でないように聞こえたのか、思い出せますか？ — 主観的印象を客観的な内容に変換する

目撃者：自信はありませんが、そういえば犯人は「the」をつけずに「床に伏せろ（down on floor）」といいました。

面接官：それでは、もう一度、別のイメージに切り替えましょう。犯人が床に伏せろと叫んでから、あなたは床に伏せましたね。そのときはどんなことを考えていましたか？ — イメージを変更する際ははっきりと一区切りつける／文脈を再現する

目撃者：犯人が銃をもっていて興奮しているように見えたので、私は怯えていました。

面接官：あなたがいた位置と、床に伏せて銃をもった犯人を見たときに何を思ったかを、考えてみてください。（間をおく）私に説明できますか？ — 文脈を再現する／エラー：複雑な言葉遣い

目撃者：私は床に横たわり、強盗犯を見上げていました。床がとても硬かったのを覚えています。それに、冷たくて。最初は怯えていましたが、犯人が欲しいのはお金だけだと分かって少し安心したと思います。でも、銃が見えていたので怯えてはいました。

面接官：犯人が構えていた銃に意識を集中していた

だきたいと思います。もう一度、目を閉じて、銃に意識を集中してください。ゆっくりと、目を閉じて、銃をイメージしてください。さあ、銃をできるだけ詳細に説明してみてください。	目を閉じる エラー：イメージ形成から描写までに間をとっていない
目撃者：銃にはあまり詳しくはないのですが、黒かったです。他には何をお話したらいいのか、分かりません。	
面接官：ここに二種類の銃のスケッチがあります。（典型的な回転式拳銃と自動式拳銃のスケッチを見せる）犯人の銃はこちら（自動式を指す）とこちら（回転式を指す）のどちらに似ていましたか？	特に専門家以外に対しては、再生より再認の方がよい
目撃者：こちらの方（自動式）に似ていました。	
面接官：私の銃を見てください。同じタイプです。（目撃者に自分の銃を見せる）強盗犯の銃と私の銃を比べるとどうですか？	絶対的判断より相対的判断の方がよい
目撃者：この部分（弾倉を指して）がもっと長かったです。握りの部分の形も違っていました。あまりうまく説明できないわ。	
面接官：それで結構ですよ。できれば、握りの部分がどんな風に見えたか、絵に描いて見てください。	非言語的な回答方法を使う
目撃者：（銃把の絵を描く）	
面接官：それでは、銃をもった男の姿に戻りましょう。もう一度、頭の中で鮮明に描いてください。（イメージをつくるための間をおく）さて、犯人がどのように銃を構えていたかに注目してください。	焦点を絞った質問
目撃者：こんな風に銃を右手に構えていました。（実演する）銃に注意が向いていたので犯人の手を思い出せます。手の爪がとても長かったです。手はとても大きくて、犯人は強そうに見えました。それと親指の外側に傷がありました。	

面接官：どこに傷があったのか、あなたの手で示してください。 目撃者：（傷の場所を指で示す）	非言語的な説明
面接官：床に伏せて犯人を見ているときに靴は見ましたか？ 目撃者：はい。 面接官：どんな種類の靴でしたか？	エラー：突然のイメージ切り替え
目撃者：ランニングシューズでした。 面接官：靴のブランドについては分からないですね、そうですね？	エラー：オープン質問の前にクローズ質問をしている
目撃者：はい、分かりません。 面接官：色は何色でしたか？	エラー：否定文を使っている
目撃者：グレーでした。 面接官：さて、犯人のズボンにいきましょう。あなたはズボンを見ましたか？ 目撃者：はい。	エラー：クローズ質問が多すぎる
面接官：床から犯人を見上げたときのズボンのイメージに意識を集中してみてください。（目撃者がイメージを形成できるよう間をおく）犯人のズボンについてできる限りのすべてを話してください。思い出せるどんな細かいことも、すべて話していただくことを忘れないでください。 目撃者：ブルージーンズでした…、濃紺で、色褪せてはいませんでした。ポケットのこの辺りが破れていたので古い物のように見えました（左前のポケットを指差して）。カウボーイみたいな、バックルの大きな茶色い革ベルトをしていました。	オープン質問 詳細な描写を求める

面接官：どこがカウボーイのベルトみたいでしたか？	主観的な描写の変換
目撃者：ベルトに馬の彫刻があったと思います。	
面接官：結構です。では、シャツにいきましょう。何色でしたか？	エラー：クローズ質問から始めている
目撃者：白でした。	
面接官：半袖でしたか？	エラー：誘導質問
目撃者：はい。	
面接官：何か模様はありませんでしたか？	エラー：クローズ質問が多すぎる
目撃者：ありません。	
面接官：床に伏せているときに犯人の顔を見ましたか？	
目撃者：はい。	
面接官：犯人の首と顎の辺りに意識を集中してみてください。シャツの首のところから顎までの部分だけに注目しましょう。 （目撃者のイメージ形成まで間をおく）あなたが見たことを詳しく説明してください。	イメージに沿った探査（床からの視点）
目撃者：犯人のシャツは首元が開いていました。首に細い金の鎖をつけているのが見えました。鎖の下端はシャツの内側だったので、ペンダントがついていたかどうかは見えませんでした…。胸毛が生えていました。シャツの首のところから見えました。腕も、特に前腕のあたりが毛深かったです。	面接官の柔軟性：面接官は現在のイメージを探り尽くしてから探査する必要のある追加されたイメージ（腕）に目を向ける
面接官：床に伏せていたときに犯人の顔は見えましたか？	
目撃者：ほとんど銃に注意が向いていたのであまり注意深く見ませんでした。犯人が私たちに向かっ	

て何かいったときにちらっと見たと思いますが、あまり思い出せません。

面接官：あなたは今、犯人は前腕がとても毛深かったという風にいわれましたね。いつ腕に気がついたのですか？ | 目撃者の言葉を使ってイメージを活性化させる

目撃者：銃を構えているときです。右手に銃をもっていたので、右手を見ていました。

面接官：銃を構えている右手に意識を集中してみてください。腕に注意を向けて。（目撃者がイメージを形成するまで間をおく）犯人の右腕についてできる限り何でも話してください。

目撃者：いいましたように、とても毛深かったです。ウエイトトレーニングをしているみたいに、とてもがっしりしていました。二の腕も太くて、上腕に何かの跡のようなものがありました。刺青か痣だったかもしれません。はっきりしませんが、何か変った特徴でした。

面接官：その跡について、もっと詳しく説明できますか？ | フォロー・アップ探査

目撃者：いいえ。ちらっと見ただけでしたし、はっきりとは見ていませんでした。でも、腕のあそこ、この辺り（自分の腕を指差して）に何かがありました。

［面接官は今までに紹介したのと同じやり方で、強盗犯二人に関する追加情報を求めてイメージ（d）と（a）を探りつづける。イメージ（a）と（d）はそれほど念入りには探査しない。非常に限られた情報しか含まれていないこと（イメージ（d）は店から逃走するとき）、注意深く観察されていないこと（イメージ（a）は何が起こっているのかを目撃

者が充分に理解していないとき）が理由である。強盗事件の後で目撃者が電話で夫と話した際に伝えた可能性がある情報を探りながら、面接は続けられる。]

面接官：ジェーンさん、強盗事件の後、何が起こったかを旦那さんに話したといわれましたね。事件のことをとても詳しくお話になったのですか？あるいは、強盗に遭ったという概要のみ話をされたのですか？

目撃者：夫は好奇心の強いタイプですので、何があったかを完璧に話すよう求めてきました。アマチュア捜査員の真似をして、犯人を見つけ出したかったのだと思います。

面接官：旦那さんにお話したときには、起こったことがどのくらい上手く説明できましたか？

目撃者：ええ、強盗事件の直後だったので、細かいことのいくつかは思い出しやすかったです。実は、犯人の一人の名前を夫に話したのです。もう片方が名前を呼んでいましたので。でも、今は思い出せません。書き留めておけばよかったですね。

面接官：それでは、旦那さんに話したときに戻りましょう。そのとき、あなたはどこにいましたか？

目撃者：自宅です。台所の電話で話をしました。

面接官：電話で旦那さんに話したときのことを思い出して、会話を再現してみてください。

目撃者：何が起こったかを話しました。もちろん夫は、私が無事かどうか、それから警察に話をしたのかどうか尋ねました。私は「いいえ」と答えましたが、どんな風体の男たちだったとか、犯人の一人の名前を覚えている、といいました。でも、

以前、再生したときの文脈を再現する

今はその名前を思い出せません。
面接官：旦那さんとの会話の中で強盗犯の名前を思い出した瞬間のことを振り返ってください。時間をかけて、どうやって名前を思い出したかを振り返ってください。 | 以前の再生時の心的操作を再現する

目撃者：ええっと、夫がそれについて冗談をいったのを覚えています。似たような名前のロビーという甥がいますから。でもまったく同じ名前ではありませんでした。外国人の名前で、ロビーよりも少し長かったです…ロバート。そうです、男は「ロバート」って呼ばれていました。 | 部分的特徴の再生

面接官：どちらの犯人がロバートでしたか？ あなた方に向かって銃を構えていた男ですか、それとも店の前方にいた男ですか？
目撃者：私たちに向けて銃を構えていた男です。
面接官：今ははっきりしないけれども、旦那さんに話したときの話題で他に思い出せることがありますか？
目撃者：ないです。名前だけです。

［この段階なら、面接官はいつでも非イメージ的なコード（つまり、概念コード）の探査を開始することができる。］

面接官：強盗犯は一方がリーダーでしたか、それとも二人とも対等であるように見えましたか？
目撃者：レジにいて、お金を奪った方の男が仕切っているようでした。彼はロバートに、次に何をするか命令していました。仕切っていた男の方が知的であるようにも思えました。

面接官：どこが知的に見えたのでしょうか？ | 主観的印象を変換する
目撃者：よく分かりません。ロバートよりも話し方がハッキリしていたか、訛りがなかったと思います。服装もましで、ジーンズじゃなくて普通のズボンを履いていました。それに、こざっぱりしていました。メガネも掛けていました。メガネを掛けているとスマートに見えることがあるでしょ。

面接官：ジェーンさん、ご自身をリーダーの男の役割におき換えてみて、何が起こったかをその男の視点から考えてみていただけますか。つまり、男が何を考えていたか、強盗についてどのように考えていた等であるかをイメージしてみてください。それは難しいことだと思いますので、集中してください。つくり話はしないで、あくまでも実際にあなたが見たことだけを、強盗犯の視点で話してください。 | 変則的な検索（視点の変更）

作話しないよう注意する

目撃者：分かりました。ええと、私たちは店に入ると銃を取り出して、金を出せとオーナーに叫びました。空のバッグをカウンターにおいて、金を中に詰めるようにいいました。ロバートに店内にいる他の客が邪魔をしないよう見張っていろと、いいました。オーナーはすっかり怯えていて、カウンターにお金をおいただけでバッグには入れませんでした。だから私がバッグに詰めました。カウンターの上には時計か宝石がいくつかあって、ちょうどよかったのでそれも入れました。一つ落としたと思いますが、急いでいたので手を止めて拾うことはしませんでした。お金を全部奪うとすぐに、ロバートに「トラックに乗れ」と叫びました。先にロバートが出て行きました。それから私

は、銃を振り回し、お客に「ヒーローになろうなんて思うなよ」と叫びながら、出入口に戻りました。それから逃げました。

[ここで新たな情報がいくつか明らかになっている。金を運ぶためのバッグ、時計に加え宝石も奪われたこと、主犯格の強盗犯の正面からの姿と銃、逃走車両のトラックである。新たな情報を引き出すため、これらの情報源についてもここまでのイメージ探査と同様のやり方で探ることになる。]

面接官：今までに、強盗犯と出来事について詳しいことをたくさん教えていただきました。それでは、身長、体重、体格といった、もっと一般的な表現で強盗犯のことを説明していただけますか。それから、犯人たちについて全般的な印象が何かありましたら、または犯人たちから誰かを思い起こすようでしたら、私にお話ください。あなた方に銃を突きつけたロバートから始めましょう。

目撃者：背は低くて、5フィート7インチ（約170cm）くらい、いくぶん胸板が厚かったです。ボクサーみたいに見えましたが、それはたぶん、鼻が平たかったからです。それから、しばらく髭を剃ってないと思いました。美術館で見かけるような類のいい男ではありませんでした。

面接官：年齢はどうでしたか？

目撃者：20代半ばだと思います。

直接的フォロー・アップ質問

[面接官はその他の全般的特徴の探査を続け、それから犯人②について探査する。]

面接官：結構です。それでは、もう一人の強盗犯に行きましょう。彼について説明してみてください。
目撃者：少し年上で、たぶん30歳くらいでした。より上品そうでした。
面接官：私と比べて背丈はどうでした？ 高い、低い、それとも同じくらいでしたか？ 相対的判断（基準を提示する）
目撃者：ちょうど、あなたくらいですが、たぶん1インチほど低いかも。
面接官：私は5フィート11インチ（約180cm）ですから、犯人はどのくらいといえますか？
目撃者：5フィート10インチ（約178cm）か、そのくらいです。
面接官：その男について何か全般的な印象はありますか？ 誰か知っている人に似ていましたか？
目撃者：特にないですね。しかし、髪の毛が変な形に立っていて、バート・シンプソンというマンガの登場人物にちょっと似ていました。でもそれ以外は何も変ったところはありませんでした。
面接官：ジェーンさん、たくさんの情報を提供していただきましたが、全部正確に書きとめられたかどうか確認したいと思います。最終チェックとして、一緒にメモを読み返して振り返っていただけますか？ 私がメモを読み上げる間、強盗事件のことを考えてみてください。私のいうことが正しくないと思えたり、まだお話をしていなかったことを新しく思い出したりしたら、いつでもいいですから私の話を止めて、すぐにそれを話してください。 記録の正確さをチェックするために読み聞かせをすると同時に、追加情報の検索を促す

［面接官はメモをゆっくり読み上げる。］　　　　　　　記録をゆっくり振
　　　　　　　　　　　　　　　　　　　　　　　　　　　り返る

面接官：公的な記録とするために、あなたに関する　　最後に公的な人定
　情報が必要となります。警察が供述調書を取ると　　情報を確保する
　きに必要とされる類のものにすぎません。ジェー
　ンさん、フルネームは？
目撃者：ジェーン・エレン・ウィルソンです。
面接官：ご住所は？
目撃者：アルパイン通り222番地です。
面接官：ジェーンさん、捜査に大変役立ちました。　　目撃者の協力への
　お時間を取っていただきありがとうございまし　　感謝を示す
　た。あなたにとって過酷な試練でなかったことを
　祈ります。数日の間は、強盗事件の最中の出来事　　面接が効果的に働
　に思いを巡らし続けていることに、おそらく、お　　く時間を延長する
　気づきになるでしょう。ご無理ありません。その
　ときに、今日取り上げられなかった新しい情報を
　おそらく思い出すことでしょう。そのときは、そ
　の情報を書き留めて私に電話してください。こち
　らが私の名刺です。ご協力に再度感謝申し上げま
　す。

事例2：銃撃された被害者

　背景：被害者カーラ・トンプソンは45歳の女性で、店の前に立って
いるときに、銃で片足を撃たれた。明らかに、銃撃は走行中の車から被
害者の近くに立っている別の人間を標的にして行われたものであった。
面接は、被害者が収容された病院で実施された。トンプソンさんは、口
べたであると同時に、銃撃から一日経過した後においても、未だにひど
く怯えた状態である。

読者の方々は、これから紹介する面接事例が、先の事例に比べると、ほとんど情報を引き出せていないことに気がつくと思う。その主たる理由は、面接官がコントロールできない要因に起因している。瞬間的に発生した事件であったため、犯人を見る機会はほとんど存在していなかった。さらに注目すべきことは、この事例の被害者は冷静でいることが困難であり、先の事例の目撃者のように事件を詳しく語る言語能力をもってはいないということである。しかし、これらの要因は、面接官がコントロールできることではない。面接官の仕事は、どうすることもできない、いかなる制約があっても対象となる目撃者から、できるだけ多くの情報を引き出すことに他ならない。

面接	コメント
面接官：カーラさん、私は、郡保安官事務所に所属する捜査官のマーク・ブレイクです。私の同僚のボブ・ロッカーが昨日、銃撃に関してお話を伺いましたが、今日は、さらに詳しい話を聞きたいと思っています。	
目撃者：昨日、警察は、いったいどこにいたの？ どうして、あなたたちは、あんな凶暴な人間を通りにうろつかせておくの？ 自分の仕事のことを考えていたら、そのときいきなり、誰かが私を撃ったのです。理由もなくよ。私は誰にも迷惑をかけていないわ。もう少しで、あそこで殺されるところだった。この町はどうなっているの？ 今は病院にいるけど、明日、仕事に出て給料を受け取らなければならないのに、動くこともできないのよ。私が、あなたのお役に立てるとは思わないし、私はほとんど何も見ていないの。突然のことだったから。	

面接官：気分はいかがですか？ まだ、痛みますか？	目撃者の健康を気遣う
目撃者：足はほとんど動かないし、起き上がるたびに、もっと痛むのです。	
面接官：何か私でお役に立てることはないですか？	相手への気遣いを示す
目撃者：いいえ、何もありません。あの馬鹿が私を撃たなければ、私はここにいることもないのに。	
面接官：本当にひどい目に遭いましたね。世の中には、ひどい人間がいて、何の罪もない人間がよく、災難に巻き込まれるのです。私の妻も、以前、自動車事故に遭いました。その車は赤信号を無視して、交差点を歩いていた妻に衝突したのです。彼女も何も悪いことはしていません、ただ、通りを歩いていただけなのに、結局、足の骨を折りました。	目撃者の感情を認める 自分の人生における同様の経験を伝える
目撃者：私は、昨夜は外に出るべきではなかったわ。妹のアリーシャは、夜の外出は危険だとずっといっていたわ、だから、私は特に夜は、外に出るべきではなかったの。だけど、食事の買物もしなければならないし、一日中、家にはいられないわ。でも、妹の忠告を守るべきだった。そうすれば、心を砕かれることなく、今頃は家で安全に過ごせたのに。まったく、近頃の世の中は狂っているなんてこと、いったい誰が知るものですか。	

［目撃者が非常に不安で、感情を吐き出させなければならないことに気づいた場合、面接官は、犯罪に関係した情報収集を開始する前に、目撃者が自らの感情について、最初の時点でより自由に話すきっかけを与える。］

面接官：カーラさん、あなたが気を落とされるのは よく分かります。しかし、買物に行こうとした自 分を責めるべきではないですよ。

目撃者：私は一日中家にいないといけないの？　そ んなことは理解できない。私はただ、そこに立っ ていただけだし、何も分からずに、足を撃たれて 病院に運ばれてきたの。それが当たり前？　私は 真面目に働き、誰にも迷惑をかけていない。それ なのに、あのいかれた馬鹿が私を撃った。

面接官：本当に、ひどいことです。

目撃者：私は、銃が怖いから自分の銃などもっては いません。私の従兄弟が家の中に銃をおいている けど、そこが、怖くて仕方ないの。暴発しないか といつも恐れています。

面接官：おっしゃるとおり、銃は危険です。

目撃者：銃声が頭の中に響きっぱなしで、それを感 じる度に、怖くなるのです。銃の音と、足の痛み 以外のことは何も思い出せません。

面接官：それは、本当に怖いでしょうね。
　カーラさん、あなたのような善良な市民が安心し て外を歩けるようにするために、あなたを撃った 犯人を逮捕したいのです。今までに何が起こった か、あなたに質問してもいいでしょうか。質問に 答えられそうですか？

目撃者：刑事さん、私は何が起こったかほとんど、 覚えていません。別の刑事さんが、最初に聞いて きたときに、知っていることは、すべて彼に話し ました。あなたに何か新しいことを、申し上げる ことはできそうにありません。

目撃者の行動は、 何らとがめられる べきものではない ことを伝える

目撃者の感情を認 める

目撃者の気持ちを 支持する
面接官は目撃者の 要求をかなえるよ う努力する

面接官：それで構いません。最初の警察官に話したことは気にしないでください。何が起こったかに関して、ただ、できる限り多くのことを話してください。

> 複数回の面接を行う場合、先の面接で話したことに縛られず回答するよう求める

［面接の開始に際して、目撃者が恐怖の兆候を多く示し、深く集中することが困難と予測されるので、面接官はある意味では、目撃者をリラックスさせるという目的のためだけに、人定情報を聞きながら面接を開始する。］

面接官：最初に、あなたのことについて聞きますよ。これは、どこの警察でもすることですから、少し、時間を頂きますね。カーラさん、あなたのフルネームは？
目撃者：カーラ・メイヨー・トンプソンです。
面接官：ご住所は？
目撃者：ヒルサイド通り7400番地です。
面接官：ありがとうございます。さて、昨日、何が起こったかという話に戻って、あなたが思い出せることをお聞きしたいと思います。
目撃者：私は、本当に、ほとんど思い出せません。

> 人定情報の収集が形式的なものであることを伝える

面接官：それで大丈夫ですよ。今できるだけで構いません。あなたが話してくださることは、すべてが重要です、だから、リラックスしてゆっくり時間をかけてください。急ぐ必要はありません。あなたが、今、混乱なさっているのはよく分かります。このような事件の後では、まったく当たり前のことです。あなたの気持ちが落ち着かなくて、

> あわてない
> 犯罪後の不安感は自然なことである

休憩が欲しいときはいつでもすぐにいってくださ | 目撃者の不安をコ
い。そうすれば時間を取ります。 | ントロールする

［より冷静な目撃者に対しては、面接官は、この段階で、より深く集中するように促す教示を行ってもよい。たとえば、「すべての事柄は、あなたの心の中に残っていますので、あなたには集中して頂きたいのです。」といった教示である。しかし、この事例のような不安感が高い目撃者に対しては、面接官はこれ以上、付加的に不用意な不安を生み出させないように、これらの教示は省略する。その代わりに目撃者をリラックスさせるよう、ただし、可能な限り情報を取るように試みるための別のアプローチを選択する。目撃者がよりリラックスした面接の後半では、面接官は、さらに深く集中するように目撃者を促してもよい。］

面接官：カーラさん、昨日あったことに、思いを巡らせると、たくさんの考えが心に浮かぶでしょう。何か心に浮かんだら、それが、些細なことだと感じても、あるいは適切でないと感じても、先に話したことの内容と矛盾していたとしても、何でもいいから、心に浮かんだら、留めることなく話してください。 | すべてを報告するよう伝える

銃撃が発生する前のことを考えてみてください。あなたがどこにいて、何を考えていたか思い出せますか？ | 全体的な文脈を再現する

目撃者：私は、ただ、スーパーの前で立っていただけです。何か特別なことを考えていたかどうかは思い出せません。

［この目撃者からは、一般的な質問から文脈の詳細な描写は望めそうにない。したがって、面接官は、特定の次元に関する質問を尋ねることで、文脈を再現してもらうよう質問戦略を変更する。］

面接官：そのとき、あなたはどこに向かっていたのですか？

目撃者：ちょうど、帰宅中でした。私は、ただ、赤信号が青信号に変わるのを、立って待っていただけです。

面接官：そこには、誰か別の人がいましたか？

目撃者：一人だけ居ました。彼もまた交差点を渡ろうと待っていました。

面接官：そのときの交通状況を覚えていますか？

目撃者：ラッシュ後の夕方でしたから、道路はほとんど混んでいませんでした。

面接官：いいですよ、カーラさん。では、銃撃が始まってからその車が見えなくなるまでの間に起こったことを、あなたの自由な表現で私に話してくれませんか。 | 自由報告を求める

目撃者：先に話したように、私はほとんど覚えていません。私は、信号の側に立っていただけです。一台の車が近づいてきて、誰かが私を撃った。私は、未だどうしてかさえ分からないのです。お巡りさんは、犯人は私の近くに立っていた男を撃ったのかもしれないといっていました。運悪く、犯人は別の人間を撃つ目的で、代わりに私が撃たれたのです。私の人生、すべてそうなのです。私は、世界で一番不運なのです。私の車は3カ月ごとに故障するし、夫は失業中です。私は退院したばかりだったのです。これからどうしていいか分かりません。

［目撃者が、事件と関係のない個人的な問題に逸脱することを避けるために、面接官は、ここで批判的にならないように話をさえぎり、目撃

者を本来の目的に戻すように導く。同時に、目撃者は、まだ、ほとんど情報を伝達していないので、面接官は目撃者の心的イメージを探り出すために、より突っ込んで探査しなければならない。]

面接官：本当につらいでしょうね。それでは、銃撃時について、あなたが話したことに話をもどしましょう。	事件の詳細に戻すために面接官は目撃者の感情にコメントをする
あなたを撃った男をどの位置で見ましたか？	エラー：誘導質問、目撃者は犯人が男だと示唆していない
目撃者：私は犯人が何かを叫んでいるのを聞き、犯人の方を向きました。	
面接官：そのとき、車はどこにいましたか？	特定の文脈の再現をする
目撃者：ちょうど交差点の手前です。車はスピードを落として、犯人は何かを叫びました。	
面接官：そして？	さらに詳しい応答を促す
目撃者：そこで、銃声を聞いたのです。二発聞こえたと思います。	
面接官：二発の銃声後に何がありました？	さらに詳しい描写を促す
目撃者：私は倒れ、ひどい痛みを感じました。そのときは、何の前触れもなかったので、何が起こったのか分かりませんでした。	
面接官：銃撃後に車を見ましたか？	他の関係したイメージを探査する
目撃者：はい、角を左折して、クック通りに上がっていきました。そのとき、非常に速いスピードだったし、それに、私はとても驚いていたので、車はよく見えませんでした。	
面接官：車が最もよく見えたのはどの状況でしたか？	最初に、一番鮮明なイメージを分離して探査する

目撃者：おそらくは、撃つ直前に犯人が叫んだときでしょう。

［面接官は、関係する二つのイメージを探査するように試みる。まず、目撃者に接近してきたときの車であり、次は、車がその場を去って交差点を曲がったときである。面接官は、最初のイメージに関して、車の正面および右サイド、射撃者、銃、さらに車内にいた他の人間の詳細について探査していく。次のイメージに関しては、車の後部および左サイド、運転者、さらに、左側から見えた可能性がある別の同乗者についても探査していく。］

面接官：分かりました。カーラさん、車に関するそのイメージに集中してくれませんか。目を閉じると集中しやすくなりますよ。 | 目を閉じる

目撃者：私は目をつむりたくはありません。本当に怖くなるのです。

面接官：目を閉じるのが怖いことも、ありますよね。そのような場合は、正面の壁をまっすぐ見るようにしてください。車があなたの正面に近づき、男が叫んだときのことをよく考えるように努力して、そのイメージを、あなたの心の中に描くようにのみ試みてください。まだ、何も喋らないで。 | 閉眼の代わりに、空白部分に視線を向けてもらう
特定の文脈を再現する
描写する前にイメージを膨らませるように促す

（目撃者は直ちに反応する）

目撃者：それは新車でした。私は、車の種類に関してはあまり知らないのですが。

面接官：車に関する話をする前に、もう少し待ってください。時間をかけて、まず、車のイメージについて、よく考えてください。数秒間、車のイメージに集中して、しばらくは、何も話さないでください。 | 描写前に徹底してイメージを膨らませるように目撃者に要求する
即答を阻止しイ

（目撃者がイメージに集中するのを待って）さて、あなたは心の中で車のどの部分に焦点を当てていますか。 | メージを膨らませるように促す

目撃者：横です。

面接官：分かりました。では、可能な限り車の側面について詳しく話してくれませんか。覚えていることは何もいい残さないように。大したことではないと思うことでも、車の側面に関してできるだけ詳しくすべてを話してください。 | 詳細に描写するよう、はっきりと求める

焦点を絞った質問

目撃者：えーと、青でした。かなり新しく見えました。たぶん二年か三年くらいでしょうか。しかし、何という車かは分かりません。私の車がダッジということくらいしか知りません。それだけです。

面接官：あなたは車が新しく見えたといいましたね。どうして新しいと思いましたか？ | 主観から客観へ変換する

目撃者：車はいたってきれいでしたし、また、傷がなかったです。

面接官：あなたは青といいましたね。青の濃さについてはいかがでしょうか？　ここに何種類かの青色の見本がありますが（色見本の本を差し出す）。車の色に最も似ているのはどれでしょうか？ | 再認は再生より容易である

非言語的回答形式を使用する

目撃者：これです（色見本を指で示す）

面接官：ちょうど、この色でしたか、それとも少し違いますか？ | 絶対的判断より相対的判断の方がよい

目撃者：もう少し、暗かったかな、たぶん、緑がかっていたように思います。

面接官：車の正面を、視覚的に思い浮かべてください。（イメージを膨らませるように促す間をおいて）さあ、見える物は何でも喋ってください。

目撃者：ちらっとしか見ていないのです。角張った正方形の感じでした。正面にエンブレムのような模様がありました。
面接官：その模様を描くことができますか？ | 非言語形式の回答を使用する
目撃者：私は絵が苦手ですが。
面接官：構いませんよ、描けるだけでいいですから。
目撃者：（模様に関する略図を描く）
面接官：さて、次はフロントガラスについて考えて、それを私に話してくれませんか。ガラスには色がついていましたか、それとも透明でしたか？ どこかにステッカーのようなマークや傷がありませんでしたか？ | エラー：イメージを膨らませるための間をおいていない
エラー：複雑な質問である（多重質問）
目撃者：それは透明だったと思います。
面接官：車の前部のナンバー・プレートを見ましたか？
目撃者：いいえ。
面接官：車後部のナンバー・プレートを見ましたか | エラー：この質問は現在活性化されているイメージと関連していない

目撃者：いいえ、車は非常に速く走っていました。
面接官：カーラさん、次に、あなたを撃った男に焦点を当てましょう。男は、どこに座っていましたか？ | 文脈を再現する
目撃者：前の座席の助手席です。

面接官：男のどの部分が見えましたか？
目撃者：ほんの一部です、男の胸と顔が少しです。
面接官：男を見たときに、誰かに似ているように見えたかしばらく考えてくれませんか。男が叫んで、そのときに男を見たとおっしゃいましたね。あな

たは男の顔と胸を見ている。その瞬間の姿に焦点を当ててください。時間をかけて、イメージを膨らませてください。（イメージを膨らませるために、間をおく）さあ、何でもいいから話してください。	特定の文脈を再現する
目撃者：車の中は暗かったので、私は、ほとんど男を見ていません。男が明るい色のシャツかジャケットを着ているのだけが見えました。それがすべてです。	
面接官：男の顔も見たといいましたね。その顔について何か覚えていますか？　白人でしたか、黒人でしたか？	エラー：最初はオープン質問で聞く
目撃者：白人でした。それが覚えていることのすべてです。車内は暗くて、ほんの瞬間の出来事でした。	
面接官：男が髭をはやしていたかどうかは分からないのですね？	エラー：否定形の質問形式であり、誘導質問である
目撃者：はい。	
面接官：男はどんな種類の銃を握っていましたか、回転式それとも自動式？	エラー：イメージを膨らませていない、一般市民に対して専門用語を使用している
目撃者：分かりません。	
面接官：銃撃の後に、車はクック通りの方に左折したといいましたね。そのとき、あなたは何を考えていました？	エラー：イメージを変更する際ははっきりと一区切りをつける 文脈の再現をする
目撃者：私は怖くて、それに足が痛んで。狂ったような状態で車を見ました、それに、誰が私を撃ったか知りたかったのです。	

面接官：車が曲がるのを見て、さらに、あなたを撃った男を見ようとしたその瞬間を思い浮かべてください。曲がっているときの車を心の中でよく見てください。まだ、何も喋らないで。その光景から車をイメージするように試みてください。（イメージを膨らませるための間をおいて）さあ、曲がっているときの車の左側面について、どんな小さなことでも私に話してくれませんか？	特定の文脈を再現する 描写する前にイメージを膨らませるように要求する 詳細に語るよう、はっきりと求める
目撃者：それは四角い形の小さな車でした。 面接官：なるほど、なるほど、他には？	さらに詳細に描写するように促す
目撃者：車の後ろには、二つの丸いランプがありました。 面接官：（沈黙して間をおく）	目撃者の話が終わった後に間をおく
目撃者：ええと、それから、後ろに何か光るものが、たぶん車の名前だと思います。車はとても離れていたので、それはよく見ていません。 面接官：車の後ろがどのように見えたか、描いてみてください。最初に車の後部の大まかな形を描いて、その後で、あなたが覚えている詳しい部分を描き込んでください。ライトやナンバー・プレートの位置など覚えていることは何でも含めて、できるだけ完成させてください。 目撃者：（車の絵を描く） 面接官：いろいろな車の写真を載せた本をお見せしましょう。この本に目を通して、あなたが見た車に似ている写真があるかどうか教えてください。 目撃者：（車の写真集を検討する）	非言語的回答形式 詳細な情報を求める 再認は再生より優れている

第 12 章　面接事例と分析　　227

面接官：車がクック通りに左折したとき、車内に運転者か他の人は見えませんでしたか？　｜　イメージに関連する質問
面接官：運転者は一瞬だけ見ましたが、他に車内には誰もいませんでした。

［面接官は、今までにイメージを探査してきたのと同じ方法で、運転者に関する何らかの情報を得るためにこのイメージを探査する。これに引き続いて、捜査員は概念コードに関する情報を探査する。なお、目撃者が犯人の声を聞いたことを再生したにもかかわらず、声の情報の探査をしなかったことは、この段階でのエラーといえる。］

面接官：カーラさん、銃をもっていた男に話を戻します。あなたが、その男を十分に見ていないことは分かっていますが、男に関する何か全体的な印象はもっていませんか？　たとえば、何歳くらいだとか？
目撃者：何かいえるほどは、本当に男を見ていませんが、20代前半と思います。
面接官：どのくらい、太っていたか分かりますか？　｜　エラー：名詞（体重）を用いた形式を使用する
目撃者：いいえ、ほとんど見ていないのです、それに彼は車内に座っていました。
面接官：運転者に関しては、どうですか。できる限りのことを話してくれませんか？
目撃者：いいえ、本当に見ていません。
面接官：分かりました。カーラさん、あなたのご協力に感謝します。まだ他に、何か思い出したときには、私にご連絡ください。　｜　エラー：記録の振り返りをしていない
性急に面接を終了しており、相手を

ほとんど気遣っていない
目撃者が新たな情報を再生しないことが暗示されている

第13章
認知面接習得のための訓練プログラム

　認知面接を実施するための学習方法について一連の提案をここで行って、このマニュアルを締めくくりたい。認知面接は熟練を要する技術であり、単純にその原理を覚えただけでは不十分なので、われわれはこの章を追加した。筆記試験に合格し、きちんとした教室のような環境で面接を実施しただけでは不十分である。捜査の実務において認知面接の力を発揮するには、面接官は遭遇した状況下でさまざまなテクニックを正しく使うことが必要である。それは、面接中に次に何をすべきかと意識的にあれこれ考えることなく、自然にテクニックが応用できることを意味している。

　熟練を要する他の行動と同様に、学習には相当量の練習が必要である。何時間もの練習なくして自転車を乗りこなす、あるいはバスケットボールのシュートを放つといった学習が期待できないのと同じ様に、豊富な練習をやらずに認知面接の実施を学習することは期待できない。この本を読むことで練習の代替にするのではなく、むしろ練習のためのガイドとして役立ててもらいたい。

　アメリカとイスラエルの捜査員から得たわれわれの体験は、イギリスの警察におけるジョージ（George, 1991）の訓練報告と類似していた。その内容は、まず特定の面接テクニックを実施するための短期講習を受講した捜査員は、その手続きの理論を理解したと感じて、結果的に練習には乗り気でなかったということである。しかし、実際に実務の面接を実施する段階になると、多くの捜査員がそのテクニックを理解していたにもかかわらず、自分で期待していたほど、実行できないのに気がついたということである。反復練習によってのみ、捜査員は真の理解とテク

ニックの的確な実施の双方が獲得できたのである。

　ジョージによると、認知面接で成功する鍵は、訓練プログラムにおける練習課題にあるといわれている。認知面接に含まれる多くのテクニック——とりわけ面接のダイナミックスに関する部分（第3章）——は「会話の管理」においても述べられている。それにもかかわらずジョージの実務調査によると、認知面接における訓練の方が、かなり優れた結果をもたらしていることが示されている。二つの訓練プログラムにおけるある重要な違いは、会話の管理よりも認知面接の方に、練習課題が多く組み込まれていることである。このことから、会話の管理の受講者は、**原理面**において面接を理解し、その面接の実施方法を知っているのに対して、認知面接の受講者は、**練習面**において具体的スキルを習得していくのかもしれない。このような理由で、われわれは読者の方々が以下に示した訓練プログラムに沿って基本スキルを習得されることを強く推奨する。

13の基本スキル

　多くの重要なスキルがこの本には紹介されている。しかし、最も重要で訓練プログラムの中核を占めるものは以下の13項目である。
 1. ラポールを形成すること
 2. 積極的に傾聴すること
 3. 目撃者が主体的に情報を話し、面接官の質問を受動的に待たないように伝えること
 4. オープン質問で尋ねること
 5. 目撃者の返答後、次のフォロー・アップ質問を尋ねるまでに間をおくこと
 6. （目撃者の話を）さえぎらないこと
 7. 詳細な供述を、はっきりと要求すること
 8. 目撃者が、徹底して集中できるように促すこと
 9. 目撃者が、イメージを活用するように促すこと

10. 目撃時の文脈を再現すること
11. 目撃者の視点に立つこと
12. 目撃者に対応した質問形式で尋ねること
13. 認知面接の順序に従うこと

　認知面接を学習するには積み上げ方式、つまり先に学習したスキルを完全に身につけた場合のみ、次のスキルへ進んでいく方式を強く推奨する。一度に二つ以上の課程の達成に挑戦し、あるいは前の課程のすべてのスキルを完全に習得しないまま次の課程に進もうとすると、スキルがあまりにも多くて一度に処理できないことに気がつくものである。

　そこで、われわれは13の基本スキルを、以下に示すプログラムに従って分類する。

　　　　課程A：　（1）ラポール形成
　　　　　　　　　（2）積極的傾聴
　　　　課程B：　（3）目撃者が主体的に情報提供するよう伝達する
　　　　　　　　　（4）オープン質問で尋ねる
　　　　　　　　　（5）目撃者の返答後の間
　　　　　　　　　（6）（目撃者の話を）さえぎらない
　　　　課程C：　（7）詳細に供述するよう、はっきりと求める
　　　　課程D：　（8）目撃者の集中を促進
　　　　　　　　　（9）目撃者のイメージ活用を促進
　　　　　　　　　（10）目撃時の文脈再現
　　　　課程E：　（11）目撃者の視点に立つ
　　　　　　　　　（12）目撃者に対応した質問形式
　　　　課程F：　（13）認知面接の順序

　当然のことではあるが、面接官には課程AからFに加えて、この本に紹介されている他の付加的なあらゆるテクニックを含む認知面接全体を学習することを推奨したい。しかし、これらのすべてのテクニックは、それぞれ個別的に使用することができるので、面接官は認知面接全体を習得する前であっても、自分が得意と思うテクニックのいずれかを使うことができる。したがって面接官は、全プログラムを習得する前であっ

ても、現在行っている面接スタイルを修正し、主にオープン質問で尋ねるというテクニックのみを使用し始めてもよい。しかし最善の結果をもたらすには、たとえば課程Aのスキルの次に課題Bのスキルを組み込んでいくという形式で、本書に掲げられている習得スキルの順番を面接官は厳格に守るよう努力すべきである。

　おそらく面接官は、課程AとBを完全に身につけると、収集される情報量が劇的に増加することに気づくであろう。事実、認知面接の実施に伴う効果の大部分は、課程AとBに示されている、ごく僅かなスキルの使用から出てくるものと考えられている。面接官がこれらのスキルを習得した後には、目撃者が会話のほとんどを話し始め、面接官はそこから流れ出る情報の単なる傍聴者となるため、認知面接の実施は予想していたほど、難しくないことに気づくだろう。

　課程CとDのスキルは、目撃者に特定の教示をするものであり、加えて面接官に対して困難な決定が求められるような内容ではないので、習得することが比較的容易である。それでもなお、面接官は実際の面接で応用する前に練習セッションを何回か行って、これらのスキルに馴染む必要がある。さらに、これらのスキルを組み込んだ面接を何回か実施して初めて、次の段階である課程Eのスキルに進むべきである。

　次なる課程Eは大きなハードルである。なぜなら、この課程では面接の焦点を再び目撃者に向け、さらに目撃者の心の中でどのように情報が表象化されているかを理解することが要求されるからである。面接官には、複数の練習セッションによりこのスキルを習得し、面接中の必要なときは自動的に応用できることが求められる。

　課程Fは習得が一番難しいので、前にあるすべてのスキルが自然な状況で完全に身につくまで取り組むべきではない。この課程は二つの段階に分けて習得すると対処しやすい。まず、第一の段階は面接の全体的順序（導入、自由報告、記憶コードの探査、振り返り、終了）の習得で、さらにもう一つの段階は、第9章で述べられているイメージコードの検索戦略である。

　全体的順序の戦略は、論理的な順序に従っているので習得しやすい段

階である。しかし、イメージコードの探査に関する戦略は、認知面接全体の学習において最も困難なスキルであり、特に目撃者が複数の人物に対して異なるイメージをもっている複雑な事件においてはさらに困難である。このような場合の戦略に関しては、まず、最初に犯罪者のそれぞれについて、目撃者がもっている最も鮮明なイメージを話すよう目撃者に依頼し、次に、各犯罪者が最も鮮明に見えたときの視点に立って、一人ひとりの犯罪者について描写してもらうように面接官に助言している。ひとたび面接官がこのスキルに慣れると複数のイメージを探査し、目撃者のもつイメージを推測することが徐々にできるようになる。

　これら13の基本スキルの習得後にのみ、面接官はこの本全体で述べられてきたような、第二義的な応用スキルへの挑戦が可能となる。その段階になると、この本の読者の方々は、われわれの調査研究（付録Eの脚注1を参照）で紹介している最高レベルの面接官たちと同じレベルか、あるいはそれ以上のレベルに到達されると思う。

練習スケジュール

　複数の課程を通して上達するために必要な時間には個人差が見られるが、認知面接を学習する者は、通常、各課程を完了するために数回の練習セッションが必要である。

　各課程の練習に関しては、一つの長いセッションよりもいくつかの短いセッションに分割した方がより効果的に進歩するであろう。理想的には、各練習セッションでは一つあるいは二つのスキルに焦点を当てて、セッションの大部分を練習課題に割り当てるのが望ましい。十分な練習時間もなく、多くのスキルを一回だけの長いセッションで詰め込む方式では、一つか二つの特定スキルの練習に専念する短時間形式のセッションを何回も実施する場合に得られるような効果は、ほとんど期待できない。当然ではあるが、人に自動車の運転を教える場合、運転に必要なすべての手続きを一回か二回の長時間講習でやり遂げようとは考えないであろう。運転初心者には、左折、右折、あるいは並列駐車と個別に練習

するように教えるのと同様に、捜査員に有効な面接の実施方法を教えるときも、各セッションを一つか二つの関連スキルに限定し、セッションの大部分を練習に当てるような時間割が要求される。

　警察の捜査活動では、重要な法律との絡みも考える必要があるので、捜査員は認知面接に関するスキルを、統制された「安全な」環境下で徹底して練習した後に、実際の捜査で応用すべきである。われわれは、まず、友人、家族、他の捜査員を相手にした面接から練習することを推奨する。友人、家族、隣人、そして、その他の警察関係者以外の人間は、いわゆる捜査知識のない一般市民に相当する目撃者という意味で目撃面接の練習には最適である。警察関係者が目撃者役をしてくれる場合は観察眼に優れ、どのような情報が犯罪捜査に有効か熟知しているという点で、より正確な反応を提供してくれる。しかし素人ではないという理由から、警察関係者は一般市民との面接で必要となるスキルの練習相手としては、本当の難しさを十分には教えてはくれない。

　認知面接を学習する場合、目撃者が必ずしも本当の犯罪を供述することは必要でない。述べられる対象が犯罪あるいは犯罪以外の内容であっても、記憶とコミュニケーションを支配している心的過程は同じ原理に従っているので、どのような出来事でも十分に可能である。そのため、自ら進んで目撃者役を引き受けてくれる人に対して、最近スーパーマーケットで出会った人物に関する描写を引き出す面接は、面接スキルを向上させるための十分な練習となる。同様に、フットボールの試合における選手のプレイに関する面接によっても、動きに関する描写を引き出す練習が可能である。もし捜査員が、より典型的な犯罪に関する面接の練習を行いたいなら、目撃者役に犯罪が記録されたようなフィルムのような映像を見るように依頼して、犯罪場面の詳細を探査することが可能である。多くの警察機関は、新任警察官の研修用にその種の映像を保有している。

　これらの練習課題として重要なことは、目撃者役は、自らが実際に目撃あるいは体験した事実を述べなければならないということである。目撃者役は事実のねつ造やでっち上げ、ましてや犯罪のシナリオを自分で

組立ててはならない。実際に目撃した事実を描写する心的過程と、実際には発生していない空想的出来事を描写する心的過程は異なっている。目撃者役に犯罪とはまったく関係がないが、実際に目撃した平凡な事実を描写させることは、つくり話の犯罪状況を描写させるより、面接官にとってはより有効な練習となる。

予想されるエラー

われわれが開催した訓練ワークショップや警察面接の実務調査から得られた経験では、7種類のエラーが高頻度で発生し、捜査員がそれらを克服することは非常に困難であった。そのため認知面接を学習する者は、以下に示す行動の自己観察に特別な注意を払うことを推奨する。同様に訓練プログラムの実施責任者は、これらのエラーを完全に排除する特別な練習を組み込むよう努めるべきである。

1. 面接官が十分なオープン質問をせずに、クローズ質問を多く行うこと
2. 面接官が（目撃者の話を）頻繁にさえぎること
3. 目撃者の話が終了して、次の質問を尋ねるまでに面接官が十分な間を設けないこと
4. 目撃者に心的イメージを展開するように依頼した後に、そのイメージの描写を求めるまでに面接官が十分な時間を設けないこと
5. 面接官が目撃者の心的記録に対応した質問をしていないこと
6. 面接官が面接の冒頭に良好なラポールを形成していないこと
7. 目撃者の全体的な心的表象を把握しないまま、面接官が詳細な情報の探査を開始すること

フィードバック

面接官が面接遂行に関するフィードバックを受けることは、面接中には自分自身の観察ができないために必要不可欠である。われわれのフー

クショップでよくあることは、面接官が第三者に指摘されて初めて、過ちを犯していることに気づくことである。われわれが接した捜査員の大部分は、目撃者の返答の途中に話をさえぎったことは、ほとんどなかったと主張するが、自らの面接の録音テープを実際に聞くと初めてそれに気づくのであった。多くの捜査員が、われわれの調査研究における捜査員と同じエラーを犯しているのをテープで実際に耳にすると驚くのである。このようなフィードバックのセッションは、時には屈辱的な経験であるが、学習手段としては必要なことである。

　面接後にフィードバックを受けるには多くの方法がある。最も簡単なのは、テープ（あるいはビデオ）による記録である。この方法では、面接官は単に巻き戻して聞くことにより、手軽に自分を評価することができる。さらに有効なのは、プライバシーが確保されなくなるが、同僚や指導者に面接後に評価を受けることである。集団討論セッションは、参加者が交互に批評しあうことで、最も効率的であることが多い。まず第一に、各面接官からフィードバックが与えられるし、その上、参加者全員が他の参加者の失敗を見出すために注意深く耳を傾けることになる。集団討論の第二の利点は、グループ全員がどこかの時点で批判を受けることが分かっているために、参加者が自己防衛的にならず批評を受けやすくなることである。このようなフィードバックセッションを指導する際には、誰がフィードバックを提供する立場になろうと、参加者が脅威を受けないような建設的な批評が提案されることが重要である。

　別の有効な学習方法は、目撃者役に面接を評価してもらうことである。面接官の言動が目撃者の思考過程に及ぼす影響に関しては、目撃者自身から貴重な洞察が提供されることが多い。おそらくは面接官が違った質問で尋ねていたら、あるいは沈黙を保っていれば、目撃者役は微妙に異なる反応を示したかもしれない。目撃者は確かに貴重な洞察をもつことができるので、面接官の言動が目撃者の内的思考にいかに影響するか理解するため、訓練中の各面接官が、目撃者役のロールプレイを体験することは価値がある。

　われわれは、多くの捜査員が自らと同僚の面接を観察することによっ

て、この本では述べられていない新しいテクニックを開発することを期待する。さらにわれわれは、捜査員がそのテクニックを自らの面接スタイルに組み込み、同僚たちと共有することも強く望んでいる。

付録 A

認知面接の実施に関する参照ガイド

I. **導入**
    A. 目撃者の不安をコントロールすること
    B. ラポールを形成すること
    C. 目撃者が主体的に情報を話し、面接官の質問を受動的に待たないように伝えること
    D. 詳細な供述をはっきりと要求すること
    E. 目撃者に心に浮かんだことを省かないように伝えること
    F. 目撃者に作話や答えのねつ造をしないように伝えること
    G. 面接官が目撃者の鋭い集中を期待していることを伝えること

II. **自由報告**
    A. 全体的文脈を再現すること
    B. 自由に表現して報告するように要求すること
    C. （目撃者の話を）さえぎらないこと
    D. 目撃者が話を止めた後、次の質問に移るまでに長い間をおくこと
    E. 目撃者のイメージを確認すること
        1. 目撃者に鮮明なイメージをもっているか尋ねること
        2. 別のイメージがあるか尋ねたり、別のイメージの存在を推測すること
    F. 目撃者が示すイメージの概略的記録を取ること
    G. 仮の探査戦略を計画すること（詳細事項に関する原理とモーメントの原理）

III. 記憶コードの探査
    A. 目撃者の集中が大切であることを改めて強調すること
    B. 特定の出来事に関する文脈を再現すること
    C. 目撃者に目を閉じてもらうこと
    D. 焦点を絞ったオープン質問で尋ねること
    E. 詳細な描写を求めること
    F. 目撃者の話をさえぎらないこと
    G. 詳細な証言記録を取ること
    H. 目撃者が話を止めた後、次の質問に移るまでに長い間をおくこと
    I. 報告の中に含まれていなかった情報に対するイメージをくまなく探すこと
    J. 残りのイメージを検索すること
    K. 既に活性化されたイメージを再探査すること
    L. 概念コードを探査すること

IV. 振り返り
    A. 面接官の記憶あるいは記録を目撃者に確認すること
    B. ゆっくりと慎重に話すこと
    C. 目撃者が新しい情報を思い出したり、面接官の読み聞かせにミスがある場合は、直ちに中断するように求めること
    D. 新しい手がかりが発見されたときは、関連情報を探査すること

V. 終了
    A. 人定情報を収集すること
    B. 新たな情報を思い出したときは、電話連絡をくれるように依頼すること
    C. ポジティブな最終印象を残すこと

付録 B
研究の要約

　以下は研究の要約のみを紹介するものである。もっと詳細な内容に関しては、原著文献を参考にしてもらいたい。それらは一般に、応用心理学や法科学の雑誌に掲載されている。紹介する研究の大部分は、司法省の援助を受けたものである。

　初期に行われた二つの代表的な認知面接研究（Geiselman, Fisher, MacKinnon, & Holland, 1985, 1986）では、200名の成人に暴力犯罪の再現映像を四分間見せた。この映像は、ロサンゼルス警察の銃器訓練で使用されているものであり、非常に生々しいものであった。その「目撃者たち」は、二日後に実験室に戻り、経験豊富な捜査員の面接を受けた。最初の実験では、面接官は、警察の標準的な面接、催眠的誘導面接、そして、認知面接のいずれかを行った。こうした初期の研究における認知面接は、面接の最初に目撃者に与えられた以下に示す四種類の基本教示で構成されていた。(1) 目撃当時の心理的状況（たとえば、考えていたこと）そして、環境的状況（たとえば、明るさ）を再現するよう試みること。(2) どんなことでも報告すること。具体的には、心に浮かんだことは、どんなに些細あるいは不適切と思えてもすべてを話すこと。(3) 出来事を、自分（目撃者）の視点と、犯罪に関係した別の主要人物からの視点の双方から描写すること。(4) 報告する順序を変えてみること。具体的には、出来事を普通に時系列順で描写した後に逆の順序で描写すること。

　約20-30分続いた面接は、録音されてその内容が筆記された。研究助手のチームにより、筆記記録から各目撃者の発言内容における正答数と誤答数が得点化された。最初の実験では、目撃者として大学生が参加し

たが、この認知面接の簡略版と催眠面接は、正確な情報を引き出すのに同じくらい有効であり、いずれも標準的な警察の面接より、約 30-35％優れていた。目撃者一人あたり、認知面接は 41、催眠面接は 38、標準的警察面接は 29 の事実を引き出していた。また三種類の面接間の誤答率は、約 15％で類似していた。二番目の実験では、大学生以外が目撃者として参加し、認知面接と標準的警察面接だけの比較が行われた。その結果も第一実験と類似しており、認知面接は誤回答を増加させることなく警察面接より約 20％も正確な情報を引き出していた。

近年、特に子どもが被害者となる民事・刑事事件において、子どもに証言が求められることが増加しつつある。そのため、われわれは幼い子どもに対する認知面接の有効性を調べる追加研究を実施した（Geiselman & Padilla, 1988; Geiselman, Saywitz, & Bornstein, 1992）。

自発的に参加してきた 7 歳から 12 歳の子どもに、先の実験で使用した映像の一つを見せ、その三日後に、子どもたちが見た内容に関する面接を実施した。まず、ガイゼルマンとパディーリャ（Geiselman & Padilla, 1988）では、認知面接は標準的面接テクニックに比べると、正しい情報の再生を約 20％増大させた（37 vs. 31 項目）が、誤答数に関しては、認知面接と標準面接は同じであった。次のガイゼルマンら（Geiselman, Saywitz, & Bornstein, 1992）では、認知面接は分析対象となる面接に先立って、テクニックの用い方の練習を受けた子どもに対して特に有効であった。練習を伴うと、認知面接は標準面接より 45％も多い正確な再生を生み出した。

この結果の可能性として、認知面接は目撃者に対して、被暗示性を過剰に高めるのではないかという疑問が提起されよう。つまり目撃者は、単に面接官の質問内容から正答に関する微妙な手がかりを得ているだけの可能性があるということである。もしそれが事実ならば、催眠で認められるのと同様に（Putnam, 1979）、誘導質問と誤誘導質問が過度に目撃者の記憶を変容させる可能性が考えられる。

この問題は次の実験（Geiselman, Fisher, Cohen, Holland, & Surtes, 1986）で検討された。目撃者はある出来事を目撃した。その内容は、目

撃者たちが出席した会議の席上において、緑色のリュックサックを背負った乱入者役の演技者が、会議の妨害をするという出来事であった。その後、目撃者は中性的質問、誘導質問、誤誘導質問のいずれかを受けた。目撃者の三分の一ずつが中性的質問（リュックサックを背負っていた乱入者は、インストラクターに何を話しましたか？）、誘導質問（緑色のリュックサックを背負っていた乱入者は、インストラクターに何を話しましたか？）、誤誘導質問（青色のリュックサックを背負っていた乱入者は、インストラクターに何を話しましたか？）を受けた。実験の後半にすべての目撃者は、リュックサックの色を再生するよう求められた。（誤）誘導質問は概して目撃者の再生を変化させた。つまり誘導質問を受けた者は、リュックサックの色の正再生率が最も高かったのに対し、誤誘導質問を受けた者は正再生率が最も低かった。しかし、認知面接を受けた目撃者は、標準面接を受けた目撃者より（誤）誘導質問の影響を受けることが少なかった。この結果に示されたように、認知面接は、（誤）誘導質問の影響による被暗示性を高めるのではなく低下させた。

　実施されたすべての実験において、認知面接は標準面接より良好な再生をもたらすことが示された。しかしながら、すべての関連情報が再生されるわけではなく、まだ改良すべき余地を多く残していた。手続きを改良する一つの方法として、面接が上手な面接官とそうでない面接官のテクニックの違いを詳しく調査して、上手な面接官が用いるテクニックが認知面接に採用され、上手ではない面接官が用いるテクニックは削除された。

　次の関心は、われわれがこれまでに得てきた知見が実験室という隔離された世界だけで通用するものなのか、それとも実際の犯罪の被害者や目撃者を対象として、本当に犯罪捜査の実務で、正確に通用するのかということであった。そのためにメトロ・デイト警察が快く提供してくれた実際の目撃者、被害者の実務面接の録音テープを調査する研究を継続した。これらの録音テープの分析は、認知面接の改良にさらに多くの見識を加えることになった（Fisher, Geiselman, & Raymond, 1987）。

　現在使用されているバージョンの原型である最終改訂版が作成される

と、認知面接のオリジナル版と改訂版を比較する実験研究が行われた（Fisher, Geiselman, Raymond, Jurkevich, & Warhaftig, 1987）。その実験は、目撃者が模擬犯罪の映像を見てから面接までに二日間の間隔を設定するという、先に紹介した実験と同じ手続きで行われた。手続き上の唯一の違いは、面接官が認知面接のオリジナル版か改訂版の訓練を受けた実験助手であることであった。改訂版の認知面接は、オリジナル版よりも45%-50%も多い正答数を引き出した。一番最初に行われた実験と比較すると、改訂版認知面接は誤回答率を増加させることなく、標準的警察面接に対して96%、催眠面接に対して65%の情報量の増加が認められた。

改訂版認知面接の二番目の実験研究は、子どもを目撃者として行われた（Fisher & McCauley, 1991）。子どもと成人の認知における二つの重要な違いは、(a) 成人が物事の意味に重点をおくのに対して、子どもは感覚的情報に大きく頼るということ、(b) 子どもは、成人に比べて、詳細で複雑な反応を言語化するのが苦手で、自発的に言語化を行わないことである。そのため、子ども用に認知面接を修正した。その内容は、まず最初に出来事に対する心的イメージをよく考え、その内容を描写する前にその考えを行動で示すように促すことであった。第二に馴染みの行動（歯を磨くなど）の詳細な表現を行う練習により、子どもたちが複雑な反応ができるよう準備した。実験では、一連の簡単な行動（座る、足先に触れるなど）を行うサイモン－セズ・ゲーム（Simon-says game）（訳注：リーダー役がいろいろな命令を出すが、"Simon says‥"と前置きしたときだけその通りの動作をし、前置きなしの命令に従ったら負けとなる）で、一人の大人と8歳の子どもが遊んだ。二週間後に、子どもたちは、標準面接形式あるいは子ども用に修正された認知面接で面接された。認知面接では、標準面接の約二倍（84%多い）の正答数が引き出されたが、ここでも誤回答数には差が認められなかった。

認知面接が標準的警察面接より多くの情報を引き出すことが実験で繰り返し示されたので、われわれは研究プログラムの最後、そして最も重要な課題である実務における検証手続きに着手した（Fisher,

Geiselman, & Amador, 1989)。つまり、認知面接は実際の犯罪の被害者や目撃者に対して刑事が面接しても、本当により多くの情報を引き出すことができるか、ということである。メトロ・デイト警察強盗課の経験豊富な刑事16名による犯罪被害者と目撃者との面接がテープに録音された[1](商店強盗とひったくりが中心)。これらの録音テープは筆記されて、引き出された情報の総数（犯罪に関連した事実の数）が判定者の合議により得点化された。

これを何回か行った後、刑事たちは面接得点に基づいて均等な二つのグループに分割された。一つのグループ7名の刑事は認知面接の実施訓練を受け、もう一つのグループ9名の刑事は追加的訓練を受けなかった。訓練は、効果的、非効果的面接テクニックを紹介する内容で、一時間の一セッションが四回行われた[2]。

訓練グループは、講習の後にテクニックの集団練習を行った。その後、別の実務面接を録音して、その面接の仕方に関するフィードバックを受けた。訓練後、すべての刑事は被害者と目撃者に対する複数の面接をテープに録音した。これらのテープは筆記されて、面接ごとの情報の総数が、どのグループの面接か分からないような条件で得点化された。

結果は明快であった。認知面接の訓練を受けた刑事は訓練前よりも46％も多くの情報を引き出していた（40対27項目）。訓練された7名の中で6名は劇的な改善を示していた（34％-115％の増加）。改善しなかった刑事一名は、訓練前からの面接スタイルを変えなかった唯一の刑事であった。認知面接の訓練を受けた刑事を、訓練を受けなかった刑事と比較すると、63％も多くの情報を収集していた（40対24項目）。この研究は実務調査なので、収集された情報の正確性を評価することは不可能である。しかし、裏付け率（対象犯罪の他の目撃者によっても正確

---

[1] われわれは、ジョン・ファーレル警視、ケン・ルッス警部補、ジム・ワンダー巡査部長、また参加した刑事たちのこの研究に対する援助に謝辞を述べたい。
[2] この調査研究のために用意された訓練（約5年前に開始された）は、現在の訓練プログラムほど効率的でないばかりか、本書で紹介されているように詳細な内容ではなかった。そのため、この調査研究から得られた結果は、現行版の認知面接訓練の有用性より低い評価の内容である。

な情報と裏付けられた率）は、非訓練グループ（93％）および訓練グループ（94％）の面接の双方において非常に高かった。[3]

認知面接による記憶促進効果が見られなかった課題は、ラインナップや写真台帳における人物の再認である。四種類の独立した実験で、目撃者役は犯罪のビデオテープ、あるいは、大学の授業中に乱入する実際の人物（McCauley, Chin, Fisher, & Brock, 1991）を目撃した。数日後、目撃者役に対して、標的となる人物（犯罪者あるいは乱入者）を言葉で描写するか、4名から5名で構成される人物の写真台帳あるいはラインナップからその人物を特定することが試みられた。目撃者の半数には認知面接が実施され、残りの半数には認知面接は適用されなかった。認知面接グループは標的となる人物をよりよく描写したが、写真台帳やラインナップにおける人物の再認に関しては、差が認められなかった。われわれは、顔や人物の再認課題は、最小限の意識的な制御だけで行われているのではないかと推測している。そのため、目撃者の記憶検索操作を変化させる教示を与えても、課題遂行の改善にはあまり効果が得られないのかもしれない。たとえば、写真台帳の代わりにビデオテープを使用するなど（Cutler & Fisher, 1990）、標的となる人物のイメージの質を向上させることの方が実り多いアプローチだろう。

実質的に認知面接に関する初期の研究はすべて、UCLAかフロリダ国際大学のわれわれの実験室で実施された。当然ながら、これらの研究はアメリカ人の目撃者に対して実施されている。最近は他の研究者により、アメリカ人以外の目撃者を用いて他の実験室で独立した実験が行

---

3 この裏付け率の高さが、代表的な実験研究（80％-85％）で報告された正確率と比較しても極端に高いことは注目に値する。同様に高い正確率がユイルとカットシャル（Yuille & Cutshall, 1986）とユイルとキム（Yuille & Kim, 1987）の実務研究でも報告されている。明確にはされていないが、目撃記憶に関する三種類の実務研究における正確-裏付け率が、それぞれの対となっている実験的研究よりもかなり高いということは、興味深いことである。実験研究と実務研究におけるこの差が継続的に明らかになれば、法廷において実務事例における目撃証言の信頼性が一般に低いことの証拠として、実験室で示された正確率を引用することの妥当性が、疑問視されるかもしれない（たとえば、McCloskey & Egeth, 1983を参照）。

われている（研究のレビューに関しては、Memon, 1991 を参照）。たとえばアッカーマンら（Aschermann, Mantwill, & Kohnken, 1991）では、認知面接のドイツ版が作成されて、成人のドイツ人目撃者を用いた実験研究が行われている。その結果、オリジナル版（Geiselman, Fisher, MacKinnon, & Holland, 1985）で認められたのと同様の結果が得られ、ドイツ版認知面接も標準面接より 38％も多くの情報を引き出した。

　コーンケンら（Kohnken, Thuerer, & Zoberbier, 1991）によって、ドイツ人目撃者に関する二番目の実験が行われ、ここでも認知面接が標準面接より優れていることが示されている。認知面接を受けた目撃者は、標準面接を受けた者より 52％も多い事実を再生した。この著者たちは、目撃者により再生された事実の評価だけでなく、面接中に集められた情報を記述した面接官の報告書に含まれている事実の数も調べた。ここでも、認知面接ではより多くの情報が明らかになっていた（42％増加）。ドイツにおけるこの二つの研究は、認知面接、標準面接ともに同じ程度の誤反応が示されたと報告している。

　ロンドン市警察のリチャード・ジョージ（Richard George）巡査部長は、最近、イギリス人の犯罪被害者および目撃者を対象として、非常に綿密で意義のある実務研究を実施した。異なる警察の部署から異なるタイプの捜査（制服警官、刑事、交通）の代表として 32 名のベテラン警察官が、無作為に四グループの訓練条件の一つに割り当てられた。それは、認知面接グループ（CI）、会話の管理グループ（CM：第 1 章を参照）、CI と CM の両方グループ、付加的訓練のないグループである。訓練後、各警察官が行った犯罪被害者および目撃者に対する面接が三回、テープに録音された。その後、テープは筆記され情報の総量および形式（「誰が」、「何を」、「いつ」、「どこで」、「どのように」、「なぜ」に対する回答がなされているか）が得点化された。

　質問形式は、CI グループにおいてのみ、訓練の前後で劇的に変化していた。主な変化はクローズ質問の減少とオープン質問の増加、さらに（返答後の）長い間の挿入である。クローズ質問からオープン質問へシフトするのと同時に、CI グループの面接官は、訓練前（一面接あたり

52質問)よりも訓練後(一面接あたり15質問)に質問数が大きく減少していた。興味深いことに、各面接の総時間は、四グループすべてがほぼ同じであった(約16分)。

フィッシャーら(Fisher, Geiselman, & Amador, 1989)の実務研究と同様に、ジョージの研究でも訓練された面接官とそうでない面接官の比較で14%の情報量の増加、同じ刑事の訓練前後の比較でも55%の増加が認められ、認知面接は標準的な警察面接より多くの情報を引き出すことが示された。この進歩は質問の全形式(誰が、何を、いつ、どこで、どのように、なぜ)において支持されていた。対照的に会話の管理グループと、認知面接と会話の管理の複合グループはともに、訓練なしグループより多くの情報を引き出すことはできなかった。

どの実務研究でも同様であるが、引き出された事実が正確かどうかを調べるのは不可能である。そのため、ジョージ(George, 1991)は追試のための実験研究を行なった。その実験では、まず大学教授と二人の乱入者によるあらかじめ計画された口論が、大学生に目撃された。一週間後に目撃者となった大学生たちは、認知面接訓練グループ、会話の管理と認知面接の複合訓練グループ、そして付加的訓練なしグループのいずれかに割り当てられ、ベテラン警察官による面接を受けた。実務研究と同様に、認知面接グループは標準面接よりも多くの情報(36%)を引き出したが、今回、CIとCMの複合グループは、認知面接単独グループと同じくらい効果的であった。これまでに、われわれが行ってきたすべての実験研究と同様に、各面接における誤回答数は異なる面接条件間でほぼ同数であった。

さまざまな研究者と目撃者の母集団に及ぶ知見の一貫性は、得られた結果が、われわれの検証手続きだけに特有の産物ではないことを示唆している。むしろ、これらの研究知見は、認知面接テクニックの基本的優位性を反映するのである。

認知面接は、認知に関する一般原理に基づいており、犯罪だけに限定されるものではないので、われわれは、そのテクニックに適切な修正を加え、異なる種類での調査の有効性を検討する最後の実験を実施した。

こうした分野の一つは公衆衛生であり、調査員は食中毒の兆候を示す人々に面接を実施して原因を特定する。つまり、どこで体に悪いものを食べたか、ということである。これまでに公衆衛生研究者は、回答者の想起の向上のために行えることはほとんどないと主張している（Decker, Booth, Dewey, Fricker, Hutcheson, & Schaffner, 1986）。

　この問題を研究するため、フィッシャーとキグリー（Fisher & Quigley, 1991）では、大学生を招待して、異なる34種類の食品（ソフトドリンク、チーズ、クラッカー、サラダなど）を盛った一つのテーブルから食事（もちろん、食材は新鮮である）をさせた。その際、大学生が何を食べたかはビデオテープに録画された。4日から14日後に大学生を実験室に招き、先日食べた食品を再生する試みが行われた。大学生の半分は、食品の選択と摂取に関係する行動に焦点を当てた修正版認知面接が実施され、残り半分には、記憶促進の教示を伴わない標準形式の面接が実施された。認知面接グループは、教示なしグループの倍の食品を再生したが（12.2 対 5.9）、誤反応の増加は認められなかった。再生の手がかりとして食品のメニューが与えられた場合でも、認知面接グループは教示なしグループ（75％）よりも多い食品数を再認した（83％）。

　この犯罪捜査と犯罪以外の調査の双方で示された有効性に基づき、われわれは認知面接が、特に回答者の記憶とコミュニケーション能力が要求される多様な領域で応用可能であると考える。われわれは、他の研究者が認知面接の新しい使用方法を研究し、その結果を報告してくれることを奨励する。

参考文献

Alagna, F. J., Whitcher, S. J., Fisher, J. D., & Wicas, E. A. (1979). Evaluative reaction to interpersonal touch in a counseling interview. *Journal of Counseling Psychology, 26,* 465-472.

Anderson, J. R. (1990). *Cognitive psychology and its implications.* New York: W. H. Freeman.

Anderson, R. C., & Pichert, J. W. (1978). Recall of previously unrecallable information following a shift in perspective. *Journal of Verbal Learning and Verbal Behavior, 17,* 1-12.

Aschermann, E., Mantwill, M., & Kohnken, G. (1991). An independent replication of the cognitive interview. *Applied Cognitive Psychology, 5,* 489-495.

Atkinson, R. C., & Shiffrin, R. M. (1968). Human memory: A proposed system and its control processes. In K. W. Spence (Ed.), *The psychology of learning and motivation: Advances in research and theory.* Vol. 2. New York: Academic Press.

Baddeley, A. D. (1986). *Working memory.* Oxford: Oxford University Press.

Bailey, F. L. & Rothblatt, H. B. (1971). *Successful techniques for criminal trials.* Rochester: The Lawyers Co-operative Publishing & Bancroft-Whitney.

Bartlett, F. C. (1932). *Remembering.* Cambridge: Cambridge University Press.

Belmont, J. M., & Butterfield, E. C. (1971). Learning strategies as a determinant of learning deficiencies. *Cognitive Psychology, 2,* 411-420.

Bower, G. H. (1967). A multicomponent theory of the memory trace. In K. W. Spence & J. T. Spence (Eds.), *The psychology of learning and motivation* (Vol. 1). New York: Academic Press.

Broadbent, D. E. (1957). A mechanical model for human attention and immediate memory. Psychological Review, 64, 205-215.

Brooks, L. (1968). Spatial and verbal components of the act of recall. *Canadian Journal of Psychology, 22,* 349-368.

Brown, C., & Geiselman, R. E. (1991). Eyewitness testimony of mentally retarded: Effect of the cognitive interview. *Journal of Police and*

Criminal Psychology 6, 14-22.

Brown, R., & MacNeill, D. (1966). The "tip-of-the-tongue" phenomenon. *Journal of Verbal Learning and Verbal Behavior, 5,* 325-337.

Burns, M. J. (1981). The mental retracing of prior activities: Evidence for reminiscence in ordered retrieval. (Doctoral Dissertation, University of California, Los Angeles, 1981.) *Dissertation Abstracts International, 42,* 2108B.

Cady, H. M. (1924). On the psychology of testimony. *American Journal of Psychology, 35,* 110-112.

Cahill, D., & Mingay, D. J. (1986). Leading questions and the police interview. *Policing,* Autumn, 212-224.

Chelune, G. J. (1979). *Self-disclosure.* San Francisco: Freeman.

Chi, M. T H., & Ceci, S. J. (1986). Content knowledge and the reorganization of memory. *Advances in Child Development and Behavior, 20,* 1-37.

Connor, R. A., & Davidson, J. P. (1985). *Marketing your consulting and professional services.* New York: Wiley.

Cutler, B. L., & Fisher, R. P. (1990). Live lineups, videotaped lineups, and photoarrays. *Forensic Reports, 3,* 439-448.

Cutler, B. L., Fisher, R. P., & Chicvara, C. L. (1989). Person identification from live versus videotaped police lineups. *Forensic Reports, 2,* 93-106.

Cutler, B. L., & Penrod, S. D. (1989). Forensically relevant moderators of the relation between eyewitness identification accuracy and confidence. *Journal of Applied Psychology, 74,* 650-652.

Decker, M. D., Booth, A. L., Dewey, M. J., Fricker, R. S., Hutcheson, R. H., & Schaffner, W. (1986). Validity of food consumption histories in foodborne outbreak investigations. *American Journal of Epidemiology, 124,* 859-862.

Deffenbacher, K. A. (1980). Eyewitness accuracy and confidence: Can we infer anything about their relationship? *Law and Human Behavior, 4,* 243-260.

Deffenbacher, K. A. (1988). Eyewitness research: The next ten years. In M. Gruneberg, P. Morris, & R. Sykes (Eds.), *Practical aspects of memory: Current research and issues.* New York: Wiley.

Dent, H. R. (1982). The effect of interviewing strategies on the results of interviews with child witnesses. In A. Trankell (Ed.), *Reconstructing the past.* Netherlands: K. H. Aver Publishing.

Dillon, J. T. (1982). The effect of questions in education and other enterprises. *Journal of Curriculum Studies. 14*, 127-152.

Eich, E. (1977). State-dependent retrieval of information in human episodic memory. In J. Birnbaum and E. Parker (Eds.), *Alcohol and human memory*. Hillsdale, NJ: Erlbaum.

Ellis, H. D. (1984). Practical aspects of face memory. In G. Wells & E. Loftus (Eds.), *Eyewitness testimony: Psychological perspectives*. Cambridge: Cambridge University Press.

Festinger, L. (1957). *A theory of cognitive dissonance*. Stanford, CA: Stanford University Press.

Festinger, L., & Carlsmith, J . M. (1959). Cognitive consequences of forced compliance. *Journal of Abnormal and Social Psychology*, 58, 203-210.

Fisher, R. P., & Chandler, C. C. (1984). Dissociations between temporally-cued and theme-cued recall. *Bulletin of the Psychonomic Society. 22*, 395-397.

Fisher, R. P., & Chandler, C. C. (1991). Independence between recalling interevent relations and specific events. *Journal of Experimental Psychology: Learning, Memory, and Cognition, 17*, 722-733.

Fisher, R. P., & Cutler, B. L. (1991). *The relation between consistency and accuracy of eyewitness testimony*. Unpublished manuscript. Florida International University, Miami.

Fisher, R. P., Geiselman, R. E., & Amador, M. (1989). Field test of the cognitive interview: Enhancing the recollection of actual victims and witnesses of crime. *Journal of Applied Psychology, 74*, 722-727.

Fisher, R. P., Geiselman, R. E., & Raymond, D. S. (1987). Critical analysis of police interview techniques. *Journal of Police Science and Administration, 15*, 177-185.

Fisher, R. P., Geiselman, R. E., Raymond, D. S., Jurkevich, L. M., & Warhaftig, M. L. (1987). Enhancing enhanced eyewitness memory: Refining the cognitive interview. *Journal of Police Science and Administration, 15*, 291-297.

Fisher, R. P., & McCauley, M. R. (1991). *Improving the accuracy of children's eyewitness memory with the cognitive interview*. Unpublished manuscript. Florida International University, Miami.

Fisher, R. P., McCauley, M. R. & Geiselman, R. E.(1994). Improving eyewitness testimony with the cognitive interview. To appear in D.

Ross, J. Read, & M. Toglia (Eds.). *Adult eyewitness testimony.* New York: Cambridge University Press.

Fisher, R. P., & Quigley, K. L. (1988). *The effect of question sequence on eyewitness recall.* Unpublished manuscript. Florida International University, Miami.

Fisher, R. P., & Quigley, K. L. (1991). Applying cognitive theory in public health investigations: Enhancing food recall. To appear in J. Tanur (Ed.) *Questions about Questions.* New York: Sage.

Flanagan, E. J. (1981). Interviewing and interrogation techniques. In E. J. Grau (Ed.) *Criminal and civil investigation handbook.* New York: McGraw-Hill.

Flavell, J. H. (1986). The development of children's knowledge about the appearance-reality distinction. *American Psychologist, 41,* 418-425.

Flexser, A. J., & Tulving, E. (1978). Retrieval independence in recognition and recall. *Psychological Review, 85,* 153-172.

Geiselman, R. E., & Callot, R. (1990). Reverse versus forward recall of script-based texts. *Applied Cognitive Psychology, 4,* 141-144.

Geiselman, R. E., Fisher, R. P., Cohen, G., Holland, H., & Surtes, L. (1986). Eyewitness responses to leading and misleading questions under the cognitive interview. *Journal of Police Science and Administration, 14,* 31-39.

Geiselman, R. E., Fisher, R. P., Firstenberg, I, Hutton, L. A., Sullivan, S. J.,Avetissian, I. V., & Prosk, A. L. (1984). Enhancement of eyewitness memory: An empirical evaluation of the cognitive interview. *Journal of Police Science and Administration, 12,* 74-80.

Geiselman, R. E., Fisher, R. P., MacKinnon, D. P., & Holland, H. L. (1985). Eyewitness memory enhancement in the police interview: Cognitive retrieval mnemonics versus hypnosis. *Journal of Applied Psychology, 70,* 401-412.

Geiselman, R. E., Fisher, R. P., MacKinnon, D. P., & Holland, H. L. (1986). Enhancement of eyewitness memory with the cognitive interview. *American Journal of Psychology, 99,* 385-401.

Geiselman, R. E., & Padilla, J. (1988). Interviewing child witnesses with the cognitive interview. *Journal of Police Science and Administration, 16,* 236-242.

Geiselman, R. E., Saywitz, K. J., & Bornstein, G. K. (1993). Effects of cognitive questioning techniques on children's recall performance. To appear in G. Goodman & B. Bottoms (Eds.) *Understanding and improving children's testimony: Developmental, clinical, and legal issues*. New York: Guilford Publications.

Geiselman, R. E., Woodward, J. A., & Beatty, J. (1982). Individual differences in verbal memory performance: A test of the alternative information processing models. *Journal of Experimental Psychology: General, 11*, 109-134.

George, R. (1991). *A field and experimental evaluation of three methods of interviewing witnesses/victims of crime*. Unpublished manuscript. Polytechnic of East London. London.

Goodman, G. S., Bottoms, B., Schwartz-Kenney, B. M., & Rudy, L. (1991). Children's testimony for a stressful event: Improving children's reports. *Journal of Narrative and Life History, 1*, 69-99.

Greenspoon, J. (1955). The reinforcing effect of two spoken sounds on the frequency of two responses. *American Journal of Psychology, 68*, 409-416.

Greenwald, A. G. (1970). Sensory feedback mechanisms in performance control: With special reference to the ideo-motor mechanism. *Psychological Review, 77*, 73-99.

Haber, R. N. (1969). *Information-processing approaches to visual perception*. New York: Holt, Rinehart, & Winston.

Harris, R. (1973). *The police academy*. New York: Wiley.

Hilgard, E. R., & Loftus, E. F. (1979). Effective interrogation of the eyewitness. *International Journal of Clinical and Experimental Hypnosis, 27*, 342-357.

James, W. (1890). *The principles of psychology*. New York: Holt.

Johnson, N. F. (1972). Organization and the concept of a memory code. In A. Melton & E. Martin (Eds.), *Coding processes in human memory*. Washington, D.C.: V. H. Winston.

Johnston, W. A., Greenberg, S. N., Fisher, R. P., & Martin, D. W. (1979). Divided attention: A vehicle for monitoring memory processes. *Journal of Experimental Psychology, 83*, 164-171.

Kahneman, D. (1973). *Attention and effort*. Englewood Cliffs, NJ: Prentice-Hall.

Kintsch, W. (1970). *Learning, memory, and conceptual processes*. New York: Wiley.

Kintsch, W., & Van Dijk, T. A. (1978). Toward a model of text comprehension and production. *Psychological Review, 85*, 363-394.

Klatzky, R. L. (1980). *Human memory: Structures and processes.* San Francisco: Freeman.

Koffka, K. (1935). *Principles of Gestalt psychology.* New York: Harcourt, Brace.

Kohnken, G., Finger, M., & Nitschke, N. (1991). *Statement validity analysis and the cognitive interview with child witnesses.* Unpublished manuscript. University of Kiel, Kiel.

Kohnken, G., Thuerer, C. & Zoberbier, D. (1991). *The cognitive interview: Are the interviewers' memories enhanced, too?* Unpublished manuscript. University of Kiel, Kiel.

Kosslyn, S. (1981). The medium and the message in mental imagery: A theory. *Psychological Review, 88,* 46-66.

LaBerge, D. L., & Samuels, S. J. (1974). Toward a theory of automatic information processing in reading. *Cognitive Psychology, 6,* 292-323.

Landauer, T. K. (1986). How much do people remember? Some estimates of the quantity of learned information in long-term memory. *Cognitive Science, 10,* 477-493.

Latts, M. G., & Geiselman, R. E. (1991). Interviewing survivors of rape. *Journal of Police and Criminal Psychology, 7,* 8-17.

Leibowitz, H. W., & Guzy, L. (1990). *Can the accuracy of eyewitness testimony be improved by the use of non-verbal techniques?* Paper presented at the American Psychology-Law Society, Williamsburg.

Leonard, V. A. (1971). *Criminal investigation and identification.* Springfield, IL: Charles C Thomas.

Levie, R. C., & Ballard, L. E. (1981). Taking notes during the investigation. In E. J. Grau (Ed.) *Criminal and civil investigation handbook.* New York: McGraw-Hill.

Lindsay, R. C. L., Wells, G. L., & Rumpel, C. M. (1981). Can people detect eyewitness- identification accuracy within and across situations? *Journal of Applied Psychology, 66,* 79-89.

Lipton, J. P. (1977). On the psychology of eyewitness testimony. *Journal of Applied Psychology, 62,* 90-93.

Loftus, E. F. (1979). *Eyewitness testimony.* Cambridge, MA: Harvard University Press.

Loftus, E. F., & Loftus, G. R. (1980). On the permanence of stored information in the human brain. *American Psychologist, 35,* 409-420.

Loftus, E. F., Manber, M., & Keating, J. F. (1983). Recollection of naturalistic events: Context enhancement versus negative cueing. *Human Learning, 2,* 83-92.

Loftus, E. F., & Marburger, W. (1983). Since the eruption of Mt. St. Helens, has anyone beaten you up? Improving the accuracy of retrospective reports with landmark events. *Memory & Cognition, 11,* 114-120.

Loftus, E. F., & Zanni, G. (1975). Eyewitness testimony: The influence of the wording of a question. *Bulletin of the Psychonomic Society, 5,* 86-88.

Madigan, S. A. (1969). Intraserial repetition and coding processes in free recall. *Journal of Verbal Learning and Verbal Behavior, 8,* 828-835.

Matarazzo, J. D., & Wiens, A. N. (1985). *The interview: Research on its anatomy and structure.* Chicago: Aldine.

McCauley, M. R., Chin, D., Fisher, R. P., & Brock, P. (1991). *Revising the cognitive interview for eyewitness identification.* Paper presented at the Southeastern Psychological Association, New Orleans.

McCloskey, M., & Egeth, H. (1983). What can a psychologist tell a jury? *American Psychologist, 38,* 550-563.

Melton, A. W. (1963). Implications of short-term memory for a general theory of memory. *Journal of Verbal Learning and Verbal Behavior, 2,* 1-21.

Memoy, A. (1991). *Introducing the cognitive interview as a procedure for interviewing witnesses.* Paper presented at the Annual Conference of the British Psychological Society, Bournemouth.

Metzler, K. (1979). *Newsgathering.* Englewood Cliffs, NJ: Prentice-Hall.

Miller, G. A. (1956). The magical number seven, plus or minus two: Some limits on our capacity for processing information. *Psychological Review, 63,* 81-97.

Miner, E. M. (1984). The importance of listening in the interview interrogation process. *FBI Law Enforcement Bulletin, June,* 12-16.

More, H. W., & Unsinger, P. C. (1987). *Police managerial use of psychology and psychologists.* Springfield, IL: Charles C Thomas.

Neisser, U. (1981). John Dean's memory: A case study. *Cognition, 9,* 1-22.

O'Hara, C. E., & O'Hara, G. L. (1988). *Fundamentals of criminal investigation.* Springfield, IL: Charles C Thomas.

Orne, M. T., Soskis, D. A., Dinges, D. F., & Orne, E. C. (1984). Hypnotically induced testimony. In G. Wells & E. Loftus (Eds.) *Eyewitness testimony: Psychological perspectives.* New York: Cambridge University Press.

Paivio, A. (1971). *Imagery and verbal processes.* New York: Holt, Rinehart, & Winston.

Payne, D. G. (1987). Hypermnesia and reminiscence in recall: A historical and empirical review. *Psychological Review, 101,* 5-27.

Peters, D. L. (1988). Eyewitness memory arousal in a natural setting. In M. Gruneberg, P. Morris, & R. Sykes (Eds.) *Practical aspects of memory: Current research and issues.* New York: Wiley.

Prior, J. A. & Silberstein, J. S. (1969). *Physical Diagnosis.* St. Louis: C. V. Mosby.

Putnam, W. H. (1979). Hypnosis and distortions in eyewitness memory. International *Journal of Clinical and Experimental Hypnosis, 27,* 437-448.

Pylyshyn, Z. W. (1981). The imagery debate: Analogue media versus tacit knowledge. *Psychological Review, 88,* 16-45.

Raaijmakers, J. G. W. & Shiffrin, R. M. (1980) SAM: A theory of probabilistic search of associative memory. In G. Bower (Ed.) *The psychology of learning and motivation: Advances in research and theory, 14,* New York: Academic Press.

Rand Corporation (1975). *The criminal investigative process.* Vols. 1-3. Rand Corporation Technical Report R-1777-DOJ. Santa Monica, California.

Reiser, M. (1980). *Handbook of investigative hypnosis.* Los Angeles: LEHI.

Rochester, N.Y. Police Department (1981). Preliminary investigations manual. In J. Grau (Ed.) *Criminal and civil investigation handbook.* New York: McGraw Hill.

Rock, I., & Harris, C. S. (1967). Vision and touch. *Scientific American, 216,* 96-104.

Roediger, H. L., III, & Payne, D. G. (1982). Hypermnesia: The role of repeated testing. *Journal of Experimental Psychology: Learning, Memory, and Cognition, 8,* 66-72.

Roediger, H. L., III, Payne, D. G., & Gillespie, G. L. (1982). Hypermnesia as determined by level of recall. *Journal of Verbal Learning and Verbal Behavior, 21,* 635-655.

Rogers, C. R. (1942). *Counselling and psychotherapy: Newer concepts in practice.* Boston: Houghton-Mifflin.
Rohrlich, T. (1991). "The Christopher Commission." *Los Angeles Times.* September 1, 1991.
Rosch, E. (1973). Natural categories. *Cognitive Psychology, 4,* 328-350.
Sanders, G. S. (1986). *The usefulness of eyewitness research from the perspective of police investigators.* Unpublished manuscript. State University of New York at Albany, Albany.
Saywitz, K. J. (1988). Interviewing children: A psychological perspective. *Family Advocate, 10,* 16-20.
Saywitz, K. J. (1989). Children's conceptions of the legal system: "Court is a place to play basketball. " In S. Ceci, D. Ross, & M. Toglia (Eds.) *Perspectives on children's testimony.* New York: Springer-Verlag.
Shepard, R. N. (1975). Form, formation, and transformation of internal representations. In R. Solso (Ed.) *Information processing and cognition: The Loyola symposium.* Hillsdale, NJ: Erlbaum.
Shepard, R. N., & Metzler, J. (1971). Mental rotation of three-dimensional objects. *Science, 171,* 701-703.
Siegman, A. W. (1978). The meaning of silent pauses in the initial interview. *Journal of Nervous and Mental Disorders, 166,* 642-654.
Smith, A. F., Jobe, J. B., & Mingay, D. J. (1991). Question-induced cognitive biases in reports of dietary intake by college men and women. *Journal of Health Psychology, 10,* 244-251.
Smith, M. (1983). Hypnotic memory enhancement of witnesses: Does it work? *Psychological Bulletin, 94,* 387-407.
Smith, S. M. (1979). Remembering in and out of context. *Journal of Experimental Psychology: Human Learning and Memory, 5,* 460-471.
Smith, V. L., & Ellsworth, P. C. (1987). The social psychology of eyewitness accuracy: Misleading questions and communicator's expertise. *Journal of Applied Psychology, 72,* 294-300.
Stone, A. R., & DeLuca, S. M. (1980). *Investigating crimes.* Hopewell N.J.: Houghton Mifflin.
Timm, H. W. (1983). The factors theoretically affecting the impact of forensic hypnosis techniques on eyewitness recall. *Journal of Police Science and Administration, 11,* 442-450.

Tulving, E. (1974). Cue-dependent forgetting. *American Scientist, 62,* 74-82.
Tulving, E. (1983). *Elements of episodic memory.* Oxford: Clarendon Press.
Tulving, E., & Thomson, D. M. (1973). Encoding specificity and retrieval processes in episodic memory. *Psychological Review, 80,* 352-373.
Tversky, B. (1969). Pictorial and verbal encoding in a short-term memory task. *Perception and Psychophysics, 6,* 225-233.
Underwood, B. J. (1983). *Attributes of memory.* Glenview, IL: Scott, Foresman.
Visher, C. A. (1987). Juror decision making: The importance of evidence. *Law and Human Behavior, 11,* 1-17.
Webb, J. T. (1972). Interview synchronicity: An investigation of two speech rates. In A. Siegman & B. Pope (Eds.) *Studies in dyadic communication,* New York: Pergamon.
Wells, G. (1988). *Eyewitness identification: A system handbook.* Toronto: Carswell Legal Publications.
Wells, G., & Hrcyiw, B. (1984). Memory for faces: Encoding and retrieval operations. *Memory & Cognition, 12,* 338-344.
West, R. (1985). *Memory fitness over 40.* Gainseville, FL: Trial Press.
Weston, P. B., & Wells, K. M. (1970). *Criminal investigation.* Englewood Cliffs, NJ: Prentice-Hall.
Wickelgren, W. A. (1969). Auditory or articulatory coding in verbal short-term memory. *Psychological Review, 76,* 232-235.
Wicks, R. J. (1974). *Applied psychology for law enforcement and correction officers.* New York: McGraw Hill.
Yarmey, A. D. (1979). *The psychology of eyewitness testimony.* New York: Free Press.
Yuille, J. C., & Cutshall, J. L. (1986). A case study of eyewitness memory for a crime. *Journal of Applied Psychology, 71,* 291-301.
Yuille, J. C., & Kim, C. K. (1987). A field study of the forensic use of hypnosis. Canadian *Journal of Behavioral Science, 19,* 418-419.
Yuille, J. C., & Tollestrup, P. A. (1990). Some effects of alcohol on eyewitness memory. *Journal of Applied Psychology, 75,* 268-273.

索　引

人名索引

A

Alagna, F. J.　28
Amador, M.　4, 5n, 96, 245, 248
Anderson, J. R.　110, 116
Aschermann, E.　247
Atkinson, R. C.　138n
Avetissian, I. V.　88

B

Baddeley, A. D.　84n
Bailey, F. L.　46n
Ballard, I. E.　84, 89, 118n, 125
Bartlett, F. C.　41n
Beatty, J.　115
Belmont, J. M.　132n
Booth, A. L.　249
Bornstein, G. K.　40, 43, 60, 242
Bottoms, B.　59
Bower, G. H.　107
Broadbent, D. E.　103
Brock, P.　246
Brooks, L.　112
Brown, C.　55n
Brown, R.　131

Burns, M. J.　47, 132
Butterfield, E. C.　132n

C

Cady, H. M.　88
Cahill, D.　1
Callot, R.　132n
Carlsmith, J. M.　73n
Ceci, S. J.　58
Chandler, C. C.　41n, 43n, 106, 108, 150n
Chelune, G. J.　26
Chi, M. T. H.　58
Chicvara, C. L.　131n
Chin, D.　246
Cohen, G.　5, 41n, 242
Connor, R. A.　141n
Cutler, B. L.　46, 46n, 106n, 107n, 131n, 246
Cutshall, J. L.　54, 246n

D

Davidson, J. P.　141n
Decker, M. D.　249
Deffenbacher, K. A.　44, 82, 83, 90, 106
DeLuca, S. M.　25, 47, 74, 76n, 99, 101, 145, 166, 181, 185
Dent, H. R.　59
Dewey, M. J.　249
Dillon, J. T.　93
Dinges, D. F.　4

E

Egeth, H. 246n
Eich, E. 56
Ellis, H. D. 11, 54
Ellsworth, P. C. 82n

F

Festinger, L. 73n, 74n
Finger, M. 44n
Firstenberg, I. 88
Fisher, J. D. 28
Fisher, R. P. 2n, 4, 5, 5n, 14, 19n, 22, 41n, 43n, 46, 46n, 52n, 88, 92n, 96, 106, 107n, 108, 114, 125, 131n, 132, 144, 150n, 151n, 241, 243, 244, 246, 247, 248, 249
Flanagan, E. J. 45, 79, 83, 87, 89, 95, 125, 145
Flavell, J. J. 133
Flexser, A. J. 107
Fricker, R. S. 249

G

Geiselman, R. E. 4, 5, 5n, 14, 19n, 22, 40, 41n, 43, 52n, 55n, 60, 88, 92n, 96, 115, 125, 132, 132n, 133, 144, 241, 242, 243, 244, 245, 247, 248
George, R. 4, 5, 5n, 19n, 22, 76n, 89n, 144, 165n, 187, 229, 230, 247, 248
Gillespie, G. L. 74n
Goodman, G. S. 59

Greenberg, S. N. 114
Greenspoon, J. 45
Greenwald, A. G. 51
Guzy, L. 51n

H

Haber, R. N. 103
Harris, C. S. 134
Harris, R. 1
Hilgard, E. R. 88
Holland, H. 5, 19n, 41n, 132, 241, 242, 247
Hrcyiw, B. 131n
Hutcheson, R. H. 249
Hutton, L. A. 88

J

James, W. 41
Jobe, J. B. 57
Johnson, N. F. 88n, 93n
Johnston, W. A. 114
Jurkevich, L. M. 244

K

Kahneman, D. 84n
Keating, J. F. 66
Kim, C. K. 41n, 246n
Kintsch, W. 50, 148n
Klatzky, R. L. 13, 120n
Koffka, K. 106
Kohnken, G. 44n, 97n, 247
Kosslyn, S. 110n

L

LaBerge, D. L.　104
Landauer, T. K.　12
Latts, M. G.　40
Leibowitz, H. W.　51n
Leonard, V. A.　1
Levie, R. C.　84, 89, 118n, 125
Lindsay, R. C. L.　106n
Lipton, J. P.　38, 69
Loftus, E. F.　10, 38, 66, 81, 88, 117n, 139
Loftus, G. R.　117n

M

MacKinnon, D. P.　19n, 132, 241, 247
Madigan, S. A.　158
Manber, M.　66
Mantwill, M.　247
Marburger, W.　139
Martin, D. W.　114
Matarazzo, J. D.　33
McCauley, M. R.　5n, 57, 244, 246
McCloskey, M.　246n
McNeill, D.　131
Melton, A. W.　12
Memon, A.　247
Metzler, K.　42n
Metzler, J.　111n
Miller, G. A.　49, 49n
Miner, E. M.　95
Mingay, D. J.　1, 57
More, H. W.　1

N

Neisser, U.　133n
Nitcshke, N.　44n

O

O'Hara, C. E.　1
O'Hara, G. L.　1
Orne, E. C.　4
Orne, M. T.　4

P

Padilla, J.　60, 133, 242
Paivio, A.　112
Payne, D. G.　71, 71n, 74n, 115
Penrod, S. D.　106n
Peters, D. L.　38
Pichert, J. W.　116
Prior, J. A.　23, 29, 52, 83, 89, 125, 145, 166
Prosk, A. L.　88
Putnam, W. H.　5, 41n, 242
Pylyshyn, Z. W.　110n

Q

Quigley, K. L.　2n, 131n, 151n, 249

R

Raaijmakers, J. G. W.　43n, 73n, 158n
Rand Corporation　1, 9, 64
Raymond, D. S.　14, 22, 52n, 92n, 125, 144, 243, 244

Reiser, M.   38, 40, 70
Rochester, N. Y. Police Department   49, 83, 125
Rock, I.   134
Roediger, H. L., III   71n, 74n, 115
Rogers, C. R.   27n
Rohrlich, T.   35
Rosch, E.   49
Rothblatt, H. B.   46n
Rudy, L.   59
Rumpel, C. M.   106n

S

Samuels, S. J.   104
Sanders, G. S.   1, 10
Saywitz, K. J.   40, 43, 58, 59, 60, 242
Schaffner, W.   249
Schwartz-Kenney, B. M.   59
Shepard, R. N.   111n
Shiffrin, R. M.   43n, 73n, 138n, 158n
Siegman, A. W.   97
Silberstein, J. S.   23, 29, 52, 83, 89, 125, 145, 166
Smith, A. F.   57
Smith, M.   4
Smith, S. M.   66
Smith, V. L.   82n
Soskis, D. A.   4
Stone, A. R.   25, 47, 74, 79n, 99, 101, 145, 166, 181, 185
Sullivan, S. J.   88

Surtes, L.   5, 41n, 242

T

Thuerer, C.   97n, 247
Thomson, D. M.   13n, 38n, 50n, 114
Timm, H. W.   41n
Tollestrup, P. A.   56
Tulving, E.   13n, 38n, 50n, 81n, 107, 113n, 114
Tversky, B.   112

U

Underwood, B. J.   107
Unsinger, P. C.   1

V

Van Dijk, T A.   148n
Visher, C. A.   10

W

Warhaftig, M. L.   244
Webb, J. T.   33
Wells, G. L.   64, 69, 70, 82, 83, 90, 99, 106n, 131n
Wells, K. M.   118n
West, R.   43
Weston, P. B.   118n
Whitcher, S. J.   28
Wicas, E. A.   28
Wickelgren, W. A.   138n
Wicks, R. J.   23, 27, 29, 64, 66, 70, 90, 93, 125

Wiens, A. N.　　33
Woodward, J. A.　　115

Y

Yarmey, A. D.　　83
Yuille, J. C.　　41n, 54, 56, 246n

Z

Zanni, G.　　81
Zoberbier, D.　　97n, 247

事項索引

あ

アイ・コンタクト
 妨害要因　123-124
 目撃者の自信の維持　45
 ラポール　30
握手　28
一貫性のない証言　30, 46-47, 73, 150
イメージ(心的イメージを参照)
イメージコード(概念コードとイメージコードを参照)
色(色彩)
 色見本　49
 絶対的判断と相対的判断　49-50
 忘却率　69
ウォーターゲート事件の公聴会　133
オープン質問(クローズ質問とオープン質問を参照)

か

概念コードとイメージコード　110-113, 121, 134, 161-168
 アクセスのしやすさ　112
 会話の速度　110
 形式　110-112
 探査　163-164
 知識の精度　108-110, 121
 兆候　110
 面接の順序　186-189
会話／声
 速度(会話の速度を参照)
 面接官の会話／声　33, 95-96, 127-128, 162-163
会話の管理　5
 認知面接との比較　230, 247-248
会話の速度(目撃者に関する)
 概念コードとイメージコード　112
 メモの取り方　98-99
 目撃者の会話の速度を減速させる　33, 97-98
顔　130, 135
 上から下への質問順序　54
記憶／記憶の正確性
 一貫性のない証言　30, 46-47, 73, 150
 検索(検索過程を参照)
 原理　11-14
 コード(心的表象を参照)
 自信　43-46, 106
 段階　11-14
 特徴　107-108, 136
 忘却　11-14, 113-114
記憶されている特徴
 主観的　136-138
 非事象依存的　136-138
 部分的　108

文脈的　136-138
記憶術　135-139
逆向再生　132, 168
共感　24, 26-30
凶器　50, 52, 135
教示（面接官の）
　　　逆向再生　132
　　　視点の変更　132-133
　　　集中力　121-123
　　　詳細な描写　52-53, 163, 181
　　　省略しない　48
　　　第三者　64
　　　ねつ造／推測　48, 59-60, 133
　　　文脈の再現　118-121
　　　閉眼　162, 165
　　　目撃者の主体的関与　19-20
共時性の原理　33, 41
協力的目撃者と協力的ではない目撃者　1, 79, 132
クリストファー委員会報告　35
クローズ質問とオープン質問　54, 87-92, 124
　　　子ども　59
　　　集中力　124
　　　心的イメージの探査　163
　　　戦略的活用　90-92
　　　捜査と関係のない情報　89
　　　特異な詳細情報　88
　　　法律的な懸念　88-89
　　　間をおく　130
　　　目撃者の主体的関与　21-22, 87
訓練（警察の訓練；練習も参照）

　　　1, 229-237
　　　集団討論　236
　　　13の基本スキル　230-233
　　　順序　146
　　　スケジュール　233-235
　　　積み上げ方式　231
　　　テープレコーダーとビデオテープ　236
　　　同僚や指導者による評価　235-237
　　　フィードバック　235-237
　　　予想されるエラー　235
　　　練習課題　234-235
　　　練習の課程　231-233
　　　ロールプレイング　236
警察／警察面接
　　　訓練　1
　　　警察署　66-67
　　　地域との関係　33-35
検索／検索過程　113-115, 124-125, 128
　　　記憶の段階　11-14
強姦
　　　第三者的な立場からの描写　40-41
航空機事故　51
交通事故　51
高齢の目撃者
　　　自信　43
　　　ラポール　23-24
声（会話／声；会話の速度を参照）
顧客中心の販売方法　141
子ども

視点の変更　133
　　詳細な描写　57-60
　　自信　43
　　図面(略図)　51
　　ラポール　23-24, 58-59
コミュニケーション　48-60
　　再認と再生　50
　　絶対的判断と相対的判断
　　　49-50
　　独自の問題を有する面接対象者
　　　55-60
　　非言語的反応　51-52
　　有益な回答　53-55

さ

再認と再生　50
催眠
　　認知面接との比較　4-5, 41,
　　　241
　　被暗示性　5, 41
　　誘導質問　4-5
さえぎり／さえぎる(間；沈黙も参照)
　　集中力　125-128
　　心的イメージの探査　164
　　フォロー・アップ質問　125
　　メモの取り方　126-127
　　面接の順序　184
　　目撃者の主体的関与　21-22
参照ガイド　239-240
自信(目撃者の)
　　アイ・コンタクト　45
　　顔の再認　106

　　記憶の正確性　43-46, 106
　　高齢の目撃者　43
　　子ども　43
　　質問の順序　45-46, 158-159
　　不安　42
　　面接官からのフィードバック
　　　44-45
　　面接の順序　179
　　目撃者の自信の強化と維持
　　　43-46
視線の固定(集中力を参照)
質問、質問法
　　当たり障りのない質問　43
　　オープン形式(クローズ質問と
　　　オープン質問を参照)
　　業界用語　86-87
　　クローズ形式(クローズ質問と
　　　オープン質問を参照)
　　質問の語法　80-87
　　質問の順序　42, 147-152,
　　　158-159
　　ストレスの高い質問　42-43,
　　　158-159
　　専門用語　86-87
　　多重質問　84-86
　　中立的な語法　81-83
　　反復質問　158
　　非指示的質問　143
　　否定的な語法　83-84
　　不安を誘発させる質問　42-
　　　43, 158-159
　　フォロー・アップ質問
　　　125

　　　　複雑な質問　　84-86
　　　　ペース／タイミング　　92-95
　　　　丸暗記の質問　　25-26
　　　　誘導質問　　4-5, 81-83
質問の語法　　80-87
質問の順序　　42, 45-46, 147-152,
　　　158-159
　　　　上から下への順序　　54
　　　　単一方向への順序　　166
　　　　目撃者に対応した探査方法
　　　　　147-159
　　　　目撃者の自信　　45-46
　　　　目撃者の疲労　　157-158
　　　　目撃者の不安　　42, 159
視点の変更　　132-133, 168
司法省　　241
写真　　106, 119
写真台帳　　46, 106
車両　　50, 135
車両のナンバー・プレート　　120-
　　　121, 135
13の基本スキル　　230-233
集団面接　　64
集中力　　109-110, 114-115, 121-128
　　　　さえぎり　　125-128
　　　　視線の固定　　110, 114-115
　　　　面接官の教示　　121-123
　　　　目撃者の集中力の持続　　122-
　　　　　128
自由報告　　178, 181-186
主観的回答　　55, 168
趣味（目撃者の）　　142-143
順序の変更（逆向再生を参照）

詳細（詳細事項に関する原理を参照）
詳細事項に関する原理　　149-151,
　　　166
焦点を絞った質問法　　89, 163-164
職場（目撃者の）（面接の実施場所を
　　　参照）
ジョン・ディーン　　133
身長（容疑者の）　　53-54, 144-145
人定情報　　26, 179, 190-191
心的イメージ（概念コードとイメー
　　　ジコードも参照）　　110-113,
　　　144-159, 161-162
　　　　イメージの推測　　145-147
　　　　イメージの生成／鮮明化
　　　　　162-163
　　　　イメージの探査　　151-155,
　　　　　163-164
　　　　イメージを読み取る過程
　　　　　147-148
心的イメージの再探査　　165-167
心的作用（過程）　　106-107
　　　　目撃者の心的作用の再現
　　　　　118-121
心的資源の限界　　103-105
　　　　メモの取り方　　126-127
　　　　面接官の限界　　25, 105, 125-
　　　　　126
　　　　目撃者の限界　　104
心的表象　　105-113, 156-157
数字／文字（車両のナンバー・プレー
　　　トも参照）　　135, 137
ステレオタイプ　　142
図面（略図）　　51

犯罪現場　　119, 146
　　　非言語的反応が有効な目撃者
　　　　　51
積極的聴取　　24-25, 143, 146
絶対的判断と相対的判断　　49-50
戦略
　　　イメージの探査　　155-159
　　　クローズ質問とオープン質問
　　　　　90-92
捜査報告書　　145
相対的判断　　49-50

　　　　　　　た

第三者的立場からの描写　　40-41
体重（容疑者の）　　53-54, 144-145
単一方向への質問順序　　166
探査戦略　　155-159
地域・警察間の関係　　33-35
チェックリスト　　145
知識の精度（概念コードとイメージ
　　コードも参照）　　108-110, 121
抽象的な同型論　　111
中立質問　　81-83
調査研究　　144
沈黙（間も参照）　　93-95, 130
　　　クローズ質問とオープン質問
　　　　　130
通訳　　57
テープレコーダー（ビデオテープも
　　参照）　　99-101
　　　訓練　　236
　　　法律的な懸念　　100
電話　　69, 76

導入　　178-179
特徴の独立性　　107
ドラッグネット流の質問形態
　　　183
取調べ（と面接）　　79, 132

　　　　　　　な

名前　　135-137
日時に関する事象　　138-139
認知面接　　14-16
　　　改訂版とオリジナル版　　243-
　　　　　244
　　　会話の管理との比較　　230
　　　研究　　4-5, 241-249
　　　再生の正確性　　44
　　　催眠との比較　　4-5, 41, 241
　　　制約　　5-6
　　　面接官に求められること　　6
ねつ造／推測
　　　子ども　　59-60
　　　視点の変更　　132-133
　　　自信　　43
　　　注意　　48, 59-60, 133
年齢（容疑者に関する）　　144-145
喉まで出かかっている情報　　130-
　　　131

　　　　　　　は

犯罪現場（面接の実施場所も参照）
　　　写真　　119
　　　図面（略図）　　119, 146
　　　犯罪現場への再訪　　66
反対尋問　　133

非言語的
  行動　30
  反応　51-52, 59
  フィードバック　45
  メッセージ　143
否定的な語法　83-84
ビデオテープ
  自らのモニタリング　123
  訓練　236
批判的コメント　29
描写
  顔　54
  凶器　52
  子ども　57-60
  主観的描写　55
  詳細な描写　30, 52-60, 163-164
  身長　53-54
  全体的描写　53-54
  体重　53-54
  第三者的立場からの描写　40-41
  特徴的な／特異な容姿　54-55, 94-95
  独自の問題を有する面接対象者　55-60
  非英語圏の目撃者　57
  非言語的表現を使う目撃者　51-52, 59
  描写の促進　48-60
  酩酊した目撃者　56-57
  面接官の教示　52-53, 163
  有益な回答　53-55

表象の多様性　108-113
不安
  驚愕効果　40
  自信　42
  事前に予期させる　40
  受容　39
  面接の順序　159, 179
  面接の中断　43
  目撃者の不安のコントロール／緩和　33, 38-43
  リラクゼーション　41-42
フィードバック
  共感　27
  訓練　235-237
  さりげないフィードバックと明確なフィードバック　44-45
  自信　44-45
  非言語的フィードバックと言語的フィードバック　44-45
フォロー・アップ(面接後のフォロー・アップ；質問／フォロー・アップを参照)
複数回の面接　71-76
  法律的な懸念　72
複数の検索の試み　115-116, 128-131
服装(衣類)　135, 168
符号化(文脈／再現も参照)
  記憶の段階　11-14
  検索との比較　38
  符号化特定性原理　38
ふるまい(面接官の)　44-45

文脈／再現
　　回復（再現を参照）
　　過去における想起の成功
　　　119-120
　　再現　　38, 107, 114, 117-121,
　　　182
　　心的表象　　105-107
　　日時に関する事象　　138-139
　　犯罪現場への再訪　　66
　　面接官の教示　　114, 118
文脈の再現（文脈／再現も参照）
　　目撃者の過去における想起の成
　　　功　　119-120
　　目撃者の声　　162-163
　　面接官の教示　　114, 118
変則的な検索　　116, 132-134, 168
妨害要因／混乱（集中力；さえぎり
　　も参照）
　　アイ・コンタクト　　123-124
　　集中力　　122-123
　　心的資源の限界　　103-105
　　無線　　123
　　面接の実施場所　　63-69
　　割り込み　　64
法律的な懸念
　　一貫性のない目撃者の報告
　　　46-47
　　集団面接　　64
　　テープレコーダー　　100
　　特徴の独立性　　108
　　反対尋問　　133
　　複数回の面接　　72
　　目撃記憶　　9-11

誘導質問　　82

ま

間／間をおく（沈黙も参照）　　93-95
　　クローズ質問とオープン質問
　　　130
　　心的イメージの探査　　163-164
　　複数の検索の試み　　128
　　目撃者の主体的関与　　19-20,
　　　93-94
導くことによって得られる報告
　　187-188
無線　　123
酩酊した目撃者　　56-57
メートル法　　57
メトロ・デイト警察　　4, 243
メモの取り方　　98-99
　　さえぎり　　126-127
　　面接の順序　　185
面接が効果的に働いている時間
　　76-77
面接官
　　期待感　　25, 30-31
　　声　　33, 95-96, 127-128, 162-163
　　心的資源の限界　　25, 125-126
　　柔軟性　　6, 16, 161
　　上手な面接官とそうではない面
　　　接官　　125
　　フィードバック　　45
　　ふるまい　　44-45

索引 273

　　面接官に求められること　6
　　面接のコントロール　19
面接効果の持続　76-77
面接後のフォロー・アップ　35,
　　76-77
面接室
　　子ども用　58
　　準備　67
面接スケジュール　70
面接の延期／面接の中断
　　スケジュール　70
　　酩酊した目撃者　56-57
　　目撃者の不安　42, 66, 70
面接の実施場所　63-69
　　家（目撃者の）　67-68
　　警察署　66-67
　　職場（目撃者の）　68-69
　　電話面接　69
　　犯罪現場　64-66
　　妨害要因　63-69
面接の終了　190-191
面接の順序　177-191
面接の順序　イメージコードの探
　　査　186-189
　　イメージの再探査　165-167
　　概念コードの探査　189
　　記憶とコミュニケーションの最
　　　大化　180-181
　　自信　179
　　自由報告　181-186
　　人定情報　179, 190-191
　　探査戦略　186
　　導入　178-179

不安　179
不安を誘発する質問　42-43,
　　158-159
フォロー・アップ探査　188
文脈の再現　182
導くことによって得られる報告
　　187-188
メモの取り方　185
面接の終了　190-191
面接の振り返り　189-190
目撃者の主体的関与　180
ラポールの形成　179-180
面接の振り返り　101
モーメントの原理　149, 151-155,
　　165
目撃者
　　期待感（目撃者の期待感を参照）
　　恐怖　39-40
　　協力的目撃者と協力的ではない
　　　目撃者　1, 79, 132
　　高齢者（高齢の目撃者を参照）
　　子ども（子どもを参照）
　　主体的な関与　17-23
　　趣味　142-143
　　職業　142-143
　　信憑性　29
　　自分中心的な視点　132-133
　　制約　2, 38-43
　　専門知識　142-143
　　男性と女性　142
　　犯罪に関する知識　18-19,
　　　47-48
　　非英語圏　57

不安(不安を参照)
酩酊(酩酊した目撃者を参照)
目撃者に対応した質問法　141-159
　　目撃者の心的イメージ　144-147
　　目撃者の専門知識　142-143
目撃者の期待感
　　限定された応答時間　93
　　不安／恐怖　38-43
目撃者の行動の修正(不安；会話の速度も参照)　32-33, 41, 97-98
目撃者の視点の確認　146
目撃者の主体的関与　17-23, 179
　　クローズ質問とオープン質問　21-22
　　さえぎり　21-22
目撃者の報告(目撃証言を参照)
目撃証言　9-11
　　一貫性のない(一貫性のない証言を参照)
　　犯罪行動の優先　31, 52
　　不正確性　44

や

有益な回答
　　顔特性　54
　　クローズ質問とオープン質問　88-89
　　特異な容姿　54-55
誘導質問　4-5, 81-83
抑圧された情報　46-48

省略しない教示　48
読み取る過程　147-148

ら

ラインナップ　46
ラポール　23-30
　　アイ・コンタクト　30
　　共感　24, 26-30
　　個性を尊重した面接　24-26
　　固定観念　24
　　子ども　23-24, 58-59
　　人定情報　26
　　不安／恐怖　39
　　面接の順序　179-180
ランドマーク　139
リラクゼーション　41-42
練習(訓練も参照)
　　課題　234-235
　　スケジュール　233-235
ロールプレイング　236
ロサンゼルス警察　241
ロンドン市警察　247

訳者あとがき

　本書は1992年に出版されたロナルド・フィッシャーとエドワード・ガイゼルマン共著『*Memory-enhancing techniques for investigative interviewing: The cognitive interview*』の全訳である。現在、フロリダ国際大学の教授であるフィッシャー博士は、オハイオ州立大学でPh.D. を取得し、本書のテーマである認知面接手続きをガイゼルマン博士とともに開発するなど、司法の現場に認知心理学の原理を応用することが主たる研究領域である。共著者のガイゼルマン博士は、オハイオ大学でPh.D. を授与された認知心理学を主とする実験心理学者であり、現在、カリフォルニア大学ロサンゼルス校の教授を務めている。二人はともに犯罪被害者や目撃者に対する認知面接だけでなく、目撃証言に付随するさまざまな現象や法的理解を長年に渡り研究し、数多くあるアメリカの法執行機関に対して訓練セミナーを開催して助言を与える立場にある。

　20年前に出版されたこの原著は、認知面接のマニュアルとして世界の多くの捜査員に愛読されている。この本には、アメリカの捜査機関から効果的な面接法の開発依頼を受けたフィッシャーとガイゼルマンが認知心理学に基づいた基礎実験を重ね、実際の現場で行われている数多くの捜査員の面接を詳細に調査して、時には捜査員とともに実際の面接を実施した貴重な知見が集約されている。いかにして記憶を効果的に引き出し、目撃者とのコミュニケーションを最大にするか、というのがこの本の最終目的である。現在も認知面接の手法は改訂を重ね、さらに進化しているが、本書はそれらの基礎となる認知面接の主要な要素を学ぶには最適な本である。

　海外の多くの国が認知面接を実際の捜査に導入しているが、日本では認知面接の存在は、あまり知られていない。現在、日本の捜査機関において、取調べなどの捜査面接の高度化が検討されているが、日本の捜査員が科学的な方法に基づいて目撃者の記憶を引き出すための技術を学ぶ

には、この本はまたとない良書といえるであろう。

　また、本書では認知面接の開発にあたって「ジャーナリズム、口述歴史、医学的面接、心理療法面接などからの研究知見を引用した」という記述が出てくるが、単に目撃証言を効果的に引き出すというだけでなく、社会心理学における対人コミュニケーションの基本が学べるものである。認知面接の手法そのものは、最近はマーケティングや栄養学の調査など本来の犯罪捜査以外の幅広い分野でも研究されている。そのため、たとえば私たちの身近な例でいえば、自分や友だちの「ど忘れ」という現象を理解するのにも有効だと思われる。さらに、犯罪捜査に従事する捜査員や法曹関係者だけでなく、大学教員や認知心理学系の学生のみならず、幅広い読者層にも応用可能な情報が本書を通じて提供されるであろう。

　この原著が出版されて、ちょうど20年の歳月を経て日本語に翻訳される経緯となるが、監訳者である関西学院大学名誉教授の宮田洋先生は、多くの卒業生を警察のポリグラフ検査担当者として輩出され、日本警察の心理学的基盤に大きく貢献された心理学者である。そして今回、翻訳者の一人が宮田先生の教室から警察に就職した最後の学生であるために、関西学院大学出版会を紹介していただいた。監訳作業に関しては、ご多忙の中、毎朝四時から起床し、さらには通勤電車の中でまで一言一句に目を通し本当に細やかなご指導をいただいた。

　今回の翻訳者四名は、犯罪者プロファイリングやポリグラフ検査の研究と実務に従事する者である。また、この本の帯に言葉を添えていただいた法政大学の越智啓太教授（元警視庁科学捜査研究所）は、初めて日本警察において認知面接の有効性を唱えられた人物である。表紙カバーのデザインをお願いした福島県警察本部刑事部科学捜査研究所の三本照美氏は、地理プロファイリングと呼ばれるプロファイリング手法の開発に関して、日本の捜査に多大な貢献をなした人物である。このように翻訳作業に従事した関係者は、実際の犯罪捜査における目撃証言の大切さを身に沁みて知る人間であり、この翻訳本の出版により日本の捜査に認知面接の技術が広く認識されることを切に望んでいる。

最後になりましたが、今回この翻訳の企画にあたって、関西学院大学出版会事務局の田中直哉氏、レイアウト担当の戸坂美果さんのご尽力に対してここに記して感謝の意を表します。

訳者を代表して
高村　茂

訳者略歴

監訳者

宮田　洋（みやた・よう）

1929年	大阪府に生まれる
1953年	関西学院大学文学部心理学科卒業
1955年	関西学院大学文学部専任助手
1958年	関西学院大学大学院博士課程修了
1964年	ポーランド科学アカデミー・ネンツキー実験生物学研究所に留学（1966年まで）
1965年	関西学院大学文学部より文学博士を取得
1971年	関西学院大学文学部教授
1995年	関西学院大学文学部長
1998年	関西学院大学を定年退職、関西学院大学名誉教授
1999年	関西福祉科学大学教授
2005年	関西福祉科学大学を退職、同大学非常勤講師（2011年まで）
2008年	大阪バイオメディカル専門学校医療福祉心理学科顧問及び非常勤講師、現在に至る

学会　日本生理心理学会代表（1983～1995）、北米パブロフ学会会長（1993）、日本生理心理学会名誉会員、日本心理学会名誉会員、関西心理学会名誉会員

著書　人間の条件反射（単著）　誠信書房　1965
人間の条件反応（共著）　日本心理学会（心理学モノグラフ13）1973
生理心理学（編著）　朝倉書店　1985
脳と心（編著）　培風館　1996
新生理心理学（全3巻）（監修）北大路書房　1997～1998
など

　日本の生理心理学・条件反射学の第一人者である。多くの分野で業績を残すが、日本警察における貢献に関しては、多数の門下生を全国の科学捜査研究所（ポリグラフ検査担当）に輩出しただけでなく、1960年初頭から警察庁科学警察研究所に積極的な学術協力を行っている。その充実した指導方針は海外にまで広まり、1990年9月17日にはアメリカ国防総省（ペンタゴン）のポリグラフ研究所長 W. J. Yankee 博士が、日本のポリグラフの現状を尋ねるために来日し、特別に関西学院大学心理学研究室の生理心理・精神生理学研究室を見学した。

訳者

高村　茂（たかむら・しげる）
担当：序文、第1章、第4章、第12章、第13章（分担）、付録AB及び編訳

1959年　徳島県に生まれる
1983年　関西学院大学文学部心理学科卒業
2007年　関西学院大学文学部より博士（心理学）を取得
現　在　徳島県警察本部刑事部科学捜査研究所専門研究員
　　　　臨床心理士、日本法科学技術学会評議員
　　　　日本犯罪心理学会四国地区理事

横田賀英子（よこた・かえこ）
担当：第2章、第3章、第8章、第11章及び
内容の確認と修正（序文、第1、4、5、7、10、12、13章）

1973年　広島県に生まれる
1996年　東京大学文学部行動文化学科社会心理学専攻卒業
2005年　リヴァプール大学捜査心理学専攻博士課程修了、博士（捜査心理学）を取得
現　在　科学警察研究所犯罪行動科学部捜査支援研究室主任研究官

横井幸久（よこい・ゆきひさ）
担当：第5章、第7章、第10章、第13章（分担）及び
内容の確認と修正（第2、3、6、8、9、11章）

1964年　愛知県に生まれる
1988年　名古屋大学文学部哲学科心理学専攻卒業
2000年　中京大学大学院文学研究科修士課程修了
現　在　愛知県警察本部刑事部科学捜査研究所文書心理鑑定室研究官
　　　　日本犯罪心理学会中部地区研究委員

渡邉和美（わたなべ・かずみ）
担当：日本語版への序文、第4章、第9章

1967 年　千葉県に生まれる
1990 年　学習院大学文学部心理学科卒業
2007 年　東京医科歯科大学大学院医歯学総合研究科博士課程修了
　　　　博士（医学）を取得
現　在　科学警察研究所犯罪行動科学部捜査支援研究室長
　　　　臨床心理士、日本法科学技術学会理事
　　　　日本犯罪心理学会常任理事

表紙カバー　　福島県警察本部刑事部科学捜査研究所　　三本照美
帯　　　　　　法政大学文学部教授　　　　　　　　　　越智啓太

認知面接
目撃者の記憶想起を促す心理学的テクニック

2012年6月20日初版第一刷発行

著　者	ロナルド・フィッシャー＆エドワード・ガイゼルマン
監訳者	宮田洋
訳　者	高村茂・横田賀英子・横井幸久・渡邉和美

発行者	田中きく代
発行所	関西学院大学出版会
所在地	〒662-0891
	兵庫県西宮市上ケ原一番町1-155
電　話	0798-53-7002

印　刷	大和出版印刷株式会社

©2012 Yo Miyata, Shigeru Takamura, Kaeko Yokota, Yukihisa Yokoi and Kazumi Watanabe
Printed in Japan by Kwansei Gakuin University Press
ISBN 978-4-86283-118-7
乱丁・落丁本はお取り替えいたします。
本書の全部または一部を無断で複写・複製することを禁じます。
http://www.kwansei.ac.jp/press/